NOTRE QUATRIÈME MONDE

DU MÊME AUTEUR

chez le même éditeur :

MÉDECIN DES TROIS CORPS
(1980)

LA MÉDECINE DU CORPS ÉNERGÉTIQUE
(1983)

NOS TROIS CORPS ET LES TROIS MONDES
(1986)

Dr JANINE FONTAINE

NOTRE QUATRIÈME MONDE

ÉDITIONS ROBERT LAFFONT
PARIS

ISBN 2-221-05392-3

A ma fille Sylvie,

A mes amis, nommés dans ce livre. M'ayant aidée ou instruite dans le périple, ils peuvent témoigner, en cette fin du XXe siècle, de l'actualité d'une pensée de Parménide (540-470 av. J.-C.) : « LES CHOSES ÉMERGENT DANS L'ESPACE COMME LES PENSÉES DANS L'ESPRIT. »

AVERTISSEMENT

AU NOUVEAU LECTEUR

Il ne vous est pas interdit, si vous ignorez les trois ouvrages précédents, de lire ce livre. Mais il est important de savoir que *Le Quatrième Monde* est le fruit d'un vécu, d'une maturité et non pas d'un saut dans le vide ou le produit d'un imaginaire voyage.

Dans l'ordre : *Médecin des Trois Corps, Médecine du Corps Énergétique* et *Nos Trois Corps et les Trois Mondes* le précèdent et décrivent un chemin initiatique très particulier, puisqu'il s'agit du parcours d'un médecin primitivement inséré dans le monde hospitalier matérialiste et qui va, sous l'effet d'épreuves affectives, s'ouvrir, au travers d'expériences diverses et souvent étonnantes, à d'autres mondes. Ainsi va se réaliser progressivement un élargissement du champ de conscience, lequel aboutira à la remise en question de la médecine matérialiste. Remise en question non seulement théorique, mais aussi pratique, étayée de plus par les lois de la physique quantique.

Dans la mesure où l'on accepte la conclusion des précédentes recherches : que tout se passe comme si nous étions composés de Trois Corps : les corps physique, énergétique, et spirituel, chacun appartenant à un Monde dont les lois de fonctionnement diffèrent, il devient logique d'admettre trois types de médecine : une médecine officielle qui considère l'homme de matière, une médecine à visée énergétique qui considère notre champ vibratoire, une médecine spirituelle enfin. Ces deux dernières touchant à notre CORPS-ONDE.

Ce corps-onde, élément vibratoire, a été totalement négligé par ceux qui n'étaient pas informés de la profonde révolution culturelle entraînée par la naissance de la physique quantique. Par celle-ci, les physiciens modernes ont défini non seulement les propriétés du corpuscule, mais aussi celles de l'onde. En simplifiant à l'extrême on peut dire que si l'on mesure le corpuscule, on ne peut mesurer l'onde, et que si l'on mesure l'onde, on ne peut mesurer le corpuscule. Autrement dit, la matière tout en apparaissant solide à nos yeux est aussi vibration. Et pourtant, ces deux instances ne peuvent être mesurées en même temps. C'est ainsi qu'une confusion s'est établie et que l'on a cru pouvoir définir toutes les qualités de la matière biologique à partir de la seule approche matérialiste, ce qui est une grave erreur. On a négligé de ce fait non seulement les deux tiers de nous-même mais encore les relations vibratoires qui s'établissent avec notre environnement. Notre dernier ouvrage a démontré combien nous sommes intégrés et soumis à la somme d'éléments vibratoires qui nous entourent : nature, habitat, musique, ambiance familiale et professionnelle, lesquels conditionnent non seulement notre personnalité mais aussi notre histoire.

Ce Corps-Onde dont les mystiques et les occultistes avaient eu l'intuition était nommé aura, corps éthérique, corps astral, etc. Beaucoup d'auteurs l'avaient évoqué et utilisé au cours d'approches diverses et dans les romans, mais jamais il n'avait été envisagé sous l'angle d'une étude expérimentale de type scientifique. Jamais il n'avait été clairement défini, ni dans son anatomie, ni dans sa physiologie (fonctionnement normal), ni dans sa physiopathologie (fonctionnement anormal), et sa thérapeutique demeurait une notion vague. Mon métier m'incitant à mettre de l'ordre dans cette dernière, j'ai tenté de le faire, à partir de mon expérience médicale, en respectant les principes de la médecine expérimentale, celle définie par Claude Bernard.

Les médecins, au psychisme verrouillé par les examens et les concours, nous réduisent encore aux seules dimensions fournies par l'étude de l'homme en salle de dissection ou en laboratoire de chimie. On condescend à parler d'affections psychosomatiques ou de spasmophilie, pour donner un nom à des troubles dont l'origine n'est pas identifiée ; mais on passe à côté de l'essentiel. On fait l'impasse sur notre véritable constitution, plus belle et bien plus étonnante que celle annoncée. Le prouver est le but de ma vie, et je m'y emploie, depuis 1970, date à laquelle j'ai quitté l'hôpital où j'assumais la direction d'un service d'anesthésie et de réanimation.

A MES ANCIENS LECTEURS

L'anatomie, la physiologie et la physiopathologie du Corps Spirituel feront l'objet d'un cinquième ouvrage car celui-ci fait référence au Monde des Esprits. Il est en effet impossible d'évoquer le Corps Spirituel sans faire référence au Monde des Esprits.

L'accueil fait aux trois précédents livres me prouve à quel point la vision de l'homme que j'adopte résonne en ceux qui se posent des problèmes existentiels et ne trouvent pas l'aide attendue dans la seule médecine matérialiste. Quand on m'écrit : « J'ai compris mes troubles car vous les décrivez à telle page », ou bien : « J'ai compris de quels problèmes relationnels je souffrais au sein de mon couple ou de mon entourage immédiat, car il est décrit à telle page », il me semble avoir fait œuvre utile, c'est la raison pour laquelle je continue de partager mon cheminement avec mes lecteurs (même s'il m'est, hélas ! impossible de répondre individuellement à l'immense courrier venant de France et de l'étranger, ou de rencontrer tous ceux qui le souhaitent).

Si le corps médical hospitalier et professoral reste enfermé dans un système clos et demeure imperméable, voire méprisant à l'égard du mouvement actuel, lequel correspond à la demande de la population ; si, sous la contrainte absolue de penser comme leurs maîtres pour réussir examens et carrière hospitalière, certains ont perdu la capacité de sentir le monde vibratoire, ne nous en désolons pas trop. Il faut bien admettre que pour faire progresser la médecine matérialiste, il faut vivre dans une ambiance matérialiste. Certaines disciplines performantes étant irremplaçables, réjouissons-nous qu'ils en soient les gardiens. Mais notons le fait que les statistiques de cette médecine classique se trouvent entachées d'erreurs, puisque les malades pratiquent sans oser l'avouer (tant l'opposition est forte) une médecine « douce » d'accompagnement qui soutient la médecine « lourde » et lui octroie une efficacité supplémentaire.

Le patient ne songe qu'à une chose : être soulagé ; il vit mal cette scission des deux points de vue, car c'est à lui que revient la responsabilité de deviner à quel type de médecine il doit faire appel. Bien souvent, c'est *après la succession coûteuse d'examens négatifs qui veulent lui prouver qu'il « n'a rien », et la prise de médications inutiles,* qu'il en vient à réviser sa façon de penser, de s'alimenter, de se soigner ou de vivre, et de considérer son Corps-Onde, coûteusement ignoré du monde médical.

Parfois, au contraire, il s'engage d'emblée dans les médecines du « Corps-Onde », alors qu'il est atteint d'une maladie « organique » (les seuls vrais malades, disent les médecins classiques) alors que ses maux relèvent d'une thérapeutique substitutive ou d'une opération chirurgicale.

Mes livres tentent modestement de faire partager à ce patient mes découvertes afin de l'aider à comprendre ce qui se passe en lui, en son corps, son âme, afin qu'il puisse commencer à faire la part des choses. Mais à chaque patient revient le devoir d'assumer la prise de conscience de la finalité initiatique de la maladie, d'admettre aussi que tout processus de guérison a ses limites et que le passage dans l'Ailleurs nous attend tous.

Je vous invite non seulement à lire les pages qui suivent, mais aussi à relire les ouvrages précédents. Le courrier me prouve qu'avec le temps, des données passées inaperçues deviennent précieuses au cours des lectures suivantes, alors que s'ouvre l'âme.

Au cours de cet ouvrage nous verrons qu'un médecin brésilien retrouve, en les exprimant à sa façon, des notions médicales identiques à celles que j'ai développées jusque-là, alors que nous ne nous connaissions pas. Appartenant à deux continents et deux civilisations différentes, mais tous deux médecins, nous nous écartons radicalement des théories de l'homme-matière biologique actuellement en cours dans le monde occidental.

L'apprenti thérapeute des maladies du « Corps-Onde » rencontrera lui aussi des difficultés. Non seulement en lui-même, mais aussi, autour de lui. Sa mutation déclenchera des remises en question, des inimitiés, des incompréhensions. Tout cela est bien normal car nous vivons la période de gestation qui débouchera progressivement sur une nouvelle ère. Relisez mes difficultés et mes hésitations des premières années... Il faut donner à chacun le temps de s'accomplir au milieu des contradictions. Il s'agit parfois d'une longue et douloureuse mutation avant de se trouver installé dans le nouveau paradigme[1].

Ayant hélas moi-même encore beaucoup à travailler pour

1. C'est une nouvelle façon de penser, voir *Nos Trois Corps et les Trois Mondes.*

atteindre le niveau de connaissance que je me suis fixé, il m'est impossible actuellement de donner un enseignement autre que par le biais du livre. Car la voie intérieure, écrivait Jean Vaysse, demande pour ceux qui s'y engagent « plus de temps et de soins, de formation, de recherches et d'études méthodiques que n'en demande la vie extérieure ».

Les thérapeutes de formations diverses voulant pratiquer une « médecine des Trois Corps » et qui souvent m'écrivent ne souhaitent en fait que s'entendre confirmer ce qui est déjà formulé dans les volumes retraçant mon cheminement. Souvent, eux-mêmes avaient eu l'intuition de ce que j'écris, sans toujours l'avoir mis en mots. Je leur conseille de relire attentivement ces ouvrages qu'ils ne peuvent assimiler qu'à la mesure de leur expérience intérieure.

C'est à la mesure de mes possibilités que j'essaie de m'entretenir souvent, au gré du hasard, avec les uns ou les autres, de leurs capacités de médium, de guérisseur et de leur orientation. De l'ensemble des entretiens, je retire la notion que l'on est souvent trop pressé d'en venir au but. Il est tout d'abord nécessaire de tendre vers une « transparence intérieure » à laquelle la civilisation occidentale, tournée vers l'extérieur, ne nous a pas préparés. Tout en ayant pour but final l'efficacité thérapeutique caractéristique de notre société moderne, il faut lentement développer nos facultés intérieures pour accéder à des niveaux de vie et à des mondes invisibles qui n'étaient pas soupçonnés. Il faut, à l'aube de l'ère du Verseau, modifier totalement notre vision de ce qui est appelé « réalité ».

Mais le piège de l'illusion du savoir et du pouvoir nous guette à chaque pas. En effet, si autrefois l'Enseignement était dispensé dans le secret, l'isolement, la Nature, le calme et la sérénité, par voie orale ou non verbale, par des Maîtres avertis de la puissance, donc des dangers des forces qu'ils manipulaient, tout, aujourd'hui, est délivré pêle-mêle, à tous, par une certaine littérature où les auteurs n'ont pas toujours l'expérience de ce qu'ils expliquent, ce qui peut déstabiliser des êtres au Corps Subtil fragile. D'où une pathologie nouvelle, chez le nouvel impétrant mais aussi chez les nouveaux thérapeutes.

Je relate dans *Médecin des Trois Corps* mon travail fait en sophrologie, travail de groupe, Lowen, Reich, imagerie mentale, etc., lequel me semble être pour les Occidentaux la préparation élémentaire et indispensable à toute évolution. Car il faut affronter la déchirure entre deux éducations. Ce travail permet d'accéder à d'autres niveaux de réalité, de développer sa sensibilité, d'élever son niveau vibratoire, progressivement, en sécurité, tout en conservant les Trois Corps « réunis », sans risque de dédoublement pathologique.

Il est nécessaire de nous relier au Cosmos, non seulement par la pensée, mais aussi par la philosophie, je pense à la philosophie taoïste. Il faut nous pénétrer des Lois des autres Mondes par certaines lectures. J'ai beaucoup profité des ouvrages de Michael Aïvanhof, de ceux de Steiner, de ceux de l'Ordre rosicrucien, mais il en existe d'autres. A chacun sa voie. Disons encore que si le Tao représente la pensée symbolique la plus épurée, l'étude de l'astrologie et des tarots qui familiarise avec une pensée symbolique plus « habillée » est également précieuse.

Sur le plan médical, l'étude de l'homéopathie et de la pensée d'Hahnemann, l'étude de l'acupuncture, de l'auriculomédecine, de l'ostéopathie crânienne, mais aussi le yoga permettent de se familiariser avec le monde de l'énergie et d'en découvrir certaines lois.

Ce qui fut si difficile pour moi (produit de la formation hospitalière) est beaucoup plus aisé pour tous ceux qui n'ont pas eu la même pratique. Si l'on compare le jugement de qui me taxe de « demeurer au ras des pâquerettes » (en ayant comme seule formation la lecture d'aventures dites spirituelles), et l'énorme opposition que je rencontre dans les milieux hospitaliers, on a la mesure de l'incompatibilité entre les deux mondes et les raisons des conflits idéologiques qui s'annoncent. Alors que certains baignent et se perdent dans une nuée vibratoire insubstantielle, d'autres réduisent les dimensions de l'Homme et du Cosmos à leur capacité cérébrale. La Vérité se situant probablement entre les deux, avançons avec prudence mais sans œillères.

J'aborde ici l'idée de la persistance de notre « Corps-Onde ». N'y lisez pas une apologie de la mort, mais la levée d'une angoisse à propos de demain. Si un monde vibratoire invisible nous enveloppe, il ne s'agit pas dans mon esprit de nous faire, à chaque instant, dépendre de lui. Prenons-nous en main, tout en ayant l'humilité de reconnaître que nous ne décidons pas de tout.

Mais pour évoquer le Monde Spirituel, il est certain que la langue française pose quelques problèmes. L'*e*sprit ne désignerait-il pas une entité vibratoire soutenue par l'énergie en rapport avec l'intellect ? L'*E*sprit ne serait-il pas ce qui en nous perdure au-delà de toutes les épreuves de la vie et par-delà la mort ? Une sorte d'énergie lumineuse dense et forte qui, aux périodes essentielles de la naissance et de la mort, s'incarne et se désincarne, nous accompagnant toujours et nous reliant au monde invisible ? *Les Esprits ?*... ceux qui ne comptent plus parmi les vivants ? N'épiloguons pas sur l'*Esprit Saint*.

Soulignons que cette recherche n'est pas d'inspiration mystique, elle est menée par un médecin phénoménologiste libéré des contingences de sa société car :

> « *Il n'y a pas encore de connaissance de l'HOMME,*
> *Car l'HOMME N'EST PAS ENCORE*
> *L'HOMME est tellement grand,*
> *que moi non plus,*
> *je ne le vois pas encore.* »

Gitta MALAZS,
Les Dialogues, tels que je les ai vécus.

Chapitre I

PRÉLIMINAIRES

PREMIÈRES RENCONTRES

L'idée d'un voyage au Brésil s'amorça en l'automne 1983, lors d'un congrès de guérisseurs (groupement nommé le G.N.O.M.A.), auquel je m'étais rendue avec la seule intention d'y voir des amis. Ces derniers évoquèrent un éventuel voyage au Brésil, dans le but d'y rencontrer des guérisseurs locaux. Lequel voyage était suggéré par un Mexicain qui avait l'habitude d'y passer l'hiver. On sut me convaincre de rencontrer cet homme le soir même. Sachant combien il est important d'être solitaire pour s'instruire, je n'envisageais à aucun moment d'accompagner le groupe de guérisseurs français, mais peut-être de les rencontrer ici et là, pour partager nos informations et nos impressions. Ma fille Sylvie, amoureuse du Brésil dont elle connaissait un peu la langue, se joignit à moi, prête à devenir ma traductrice au cours d'un éventuel voyage.

Se présenta un couple superbe : une ravissante jeune femme française... ressemblant à une Brésilienne, accompagnée d'un homme très typé : de longs cheveux, un petit bouc tressé, une originalité dépourvue de laisser-aller. Tous deux élégamment vêtus de blanc. Ils connaissaient mes livres, adhéraient aux idées que j'y défendais ; une sympathie immédiate naquit de cette rencontre.

Dans mon cas, si les projets prenaient corps, le mieux serait de les rejoindre à Bahia où ils allaient passer l'hiver. Là ils sauraient nous donner les premières informations concernant les usages mystérieux du pays.

Mais tout ceci n'était qu'une sorte de rêve caressé qui aurait pu n'avoir aucune suite, mis à part le dîner amical fixé à la semaine suivante.

Entre-temps une lettre me parvenait, datée du 3 octobre. Elle émanait d'un médecin brésilien venu faire des études en France. Voici son contenu :

Chère amie Janine,

Je suis d'origine brésilienne, suis médecin, viens de finir six ans de recherches en France dans le domaine de la psychiatrie et dois rejoindre le Brésil le 15 octobre prochain.

J'apporterai vos deux livres (*Médecin des Trois Corps* et *La Médecine du Corps Énergétique*) avec moi au Brésil ; ils sont le résultat objectif de votre engagement profond et de fond créatif dans la voie qui nous mène à la Connaissance majeure et à l'Amour sans frontières.

Moi qui ai vécu de très près en tant qu'homme de science les phénomènes encore considérés comme « parallèles » par la science « officielle », je peux vous dire sans crainte de manquer à la vérité que des faits comme ceux-là font partie de la vie quotidienne au Brésil, dans ce pays encore peu connu dans sa profondeur (pour peu qu'on tâche de parler de lui sous la forme le plus souvent de clichés). Beaucoup de gens qui y habitent ou y sont de passage subissent l'emprise des événements plutôt que d'essayer de comprendre d'une façon lucide sa dynamique d'expression.

Simplement pour vous en donner un aperçu : la chirurgie médiumnique, l'écriture médiumnique, les guérisons dites spirituelles des maladies mentales et organiques, la psychiatrie dite médiumnique (qui commence à naître dans les hôpitaux appelés spirites), les séances de matérialisation des « Esprits » (je n'aime pas beaucoup le mot « Esprit », mais à défaut d'un autre mot plus en accord avec notre sensibilité, on est obligé de l'utiliser quand même...), etc., sont des facteurs ayant une base culturelle au Brésil où le spiritisme philosophique et expérimental de conception française (élaboré d'abord par Allan Kardec, pseudonyme d'Hippolyte Léon Deniszard Rival, dans la seconde partie du siècle dernier, puis par Léon Denis et Gabriel Delanne, tous les trois français) joue un rôle primordial.

Une chose sur laquelle il faudrait insister au passage, c'est que le courant culturel qui s'avère être le plus déterminant au Brésil n'est ni l'animisme indien (malgré ses beautés), ni l'animisme africain (malgré ses vérités sur lesquelles les médias européens insistent à outrance, quand ils sont présents au Brésil), et encore moins le catholicisme romain (malgré son rôle encore réel), mais sans doute le spiritisme philosophique et expérimental de conception intellectuelle française transplanté culturellement de la France au Brésil au siècle dernier par des intellectuels brésiliens et puis répandu progressivement par tout le pays. L'animisme indien, l'animisme africain et la pratique catholique souple n'ont fait que préparer localement le terrain pour l'adoption spontanée à l'échelon national du spiritisme philosophique et expérimental de conception française qui fonctionne au Brésil (le Brésil qui devrait être considéré comme le plus authentique fils spirituel de la France) comme catalyseur et élément de synthèse d'un nombre incalculable de données culturelles apparemment hétérogènes.

Ce n'est pas possible de parler plus profondément et longuement de ce sujet dans une lettre, car un traitement initial du même sujet a demandé de ma part une thèse de presque quatre cents pages.

Au Brésil, je serai à votre entière disposition et, une fois installé, je vous ferai part de mes nouvelles coordonnées. Là je serai appelé vigoureusement, par la nature même des choses, à rassembler avec mes amis des données essentielles servant à faire que la réalité « parallèle » devienne d'une façon lumineuse « officielle » et par conséquent que cette réalité ne soit plus considérée comme « parallèle » ou « officielle », mais comme la Réalité tout court.

Je voudrais encore vous dire que mon séjour de plus de six ans en France s'est révélé fondamental pour moi, car il m'a permis de prendre conscience des valeurs essentielles qui devraient, partout, régir les échanges entre les gens aussi bien sur le plan individuel que collectif.

... Je suis reconnaissant à la France car c'est bien ici que j'ai appris qu'il est fondamental pour nous de devenir maîtres lucides de notre cœur et de notre esprit, y compris sans doute pendant cette phase déterminante de mutation et de transition que l'humanité traverse en ce moment.

C'est seulement dans la maîtrise de soi et la lucidité qu'il sera possible de réussir la conquête de nouvelles ampleurs de la Connaissance qui illumine et de l'Amour qui libère.

Je suis reconnaissant à la France car c'est bien ici que j'ai pu percevoir que la crise économique actuelle, qui concerne d'ailleurs toute l'humanité, n'est qu'un simple reflet extérieur de la profonde crise morale qui caractérise de nos jours la dynamique d'expression d'une crise de croissance fondamentale, laquelle semble atteindre tous les êtres humains appelés par les lois de la Nature à évoluer et à grandir sans cesse. Je suis reconnaissant à la France car c'est bien ici que j'ai été capable de comprendre que les lois de la Nature ne laissent rien arriver avant l'heure, chaque véritable conquête arrivant, pour chacun de nous et pour tous, au moment exact où les composantes de l'Être individuel et collectif sont prêtes à assumer la totalité des obligations que notre conscience, qui s'élargit de plus en plus, est capable d'assimiler, et cela comme preuve indéniable de notre participation dans le mécanisme naturel d'élaboration de l'univers infini qui nous embrassera éternellement de ses lèvres de miel et sans cesse nous contient.

En vous remerciant de vos efforts continus pour éclairer les gens, je vous salue et vous prie de bien vouloir accepter l'expression de mon amitié.

José ZUMIOTI.

Cette lettre, qui approuvait sans réserve le contenu de mes précédents ouvrages tout en me faisant savoir qu'il y avait encore à découvrir, m'étonna par la qualité de son contenu, mais aussi par son lyrisme, caractéristique, pensais-je, de ce continent ensoleillé.

Prise de contact de ma part. Invitation. Il se joignit au dîner prévu en compagnie du Mexicain Francisco et de Marie-Laure.

Le personnage qui se présenta, fort sympathique, ne détonnait pas avec le style de sa lettre. Son comportement chaleureux et animé contrastait avec la sérénité de Francisco. Plus tard, je compris mieux la nature de son lyrisme et de son langage.

Les conversations entre Francisco et José réunis autour d'un bon dîner me firent alors sérieusement prendre conscience de l'intérêt d'un voyage au Brésil, et je pris quelques renseignements préliminaires qui m'apprirent que si les sept voyages aux Philippines m'avaient semblé coûteux et m'avaient contrainte à des dépenses personnelles importantes (n'appartenant à aucun organisme officiel, j'assume tous les frais de ces recherches), ce qui m'attendait au Brésil était bien pire à divers titres.

Aux Philippines, la langue n'était pas vraiment un problème, on y parle anglais. Le pays était sans risque sur le plan de la sécurité la rigueur du régime du président Marcos ayant dissuadé les bandits de se manifester, de plus les Philippins étaient dans l'ensemble des gens aimables, faciles à vivre.

Le Brésil se présente d'une tout autre façon. Il ne s'agit plus de parcourir et d'explorer la petite île de Luzon, mais une surface de 8 511 189 km^2, presque la moitié du continent sud-américain, environ quinze fois la France ! Les frais de déplacement prennent une autre ampleur. On y parle une langue qui m'est totalement inconnue : le portugais. Un portugais brésilien dont l'enseignement n'est pas très répandu.

L'extrême chaleur m'étant difficilement supportable, il me faudra descendre dans des hôtels à air conditionné, donc assez coûteux.

Ma fille étudiante ne pourra m'accompagner dans les voyages ultérieurs. Quel sera le coût d'un interprète ?

Et que d'incertitudes au niveau des rencontres de personnages intéressants !

De plus, la crainte commence à m'habiter quand j'apprends que l'amie brésilienne de Francisco et Marie-Laure est la veuve d'un homme assassiné par des concurrents ! Le vol à main armée des touristes est fréquent, me dit-on. Il est recommandé de ne porter aucun bijou et d'être vêtue de façon à passer totalement inaperçue. Comment l'être avec des yeux bleus et des cheveux blonds ?

Dans l'immédiat, le Dr José, ne connaissant pas encore le lieu ni les conditions de son futur exercice, ne pourra m'aider.

Faut-il commencer cette enquête, sans savoir s'il me sera possible de la continuer ?

Bien que certaine de l'intérêt du pays, face à ces difficultés, je laisse aller... quand une lettre me parvient le 6 décembre de Brasilia, venant d'une lectrice se prénommant Paulette. Elle décrit des phénomènes « paranormaux » si incroyables qu'il est impossible de ne pas souhaiter les observer un jour sur place. Sont joints des documents sur les travaux menés par un médecin psychiatre de Bahia qui partage mes idées sur la médiumnité. Ne serions-nous que deux médecins à penser la même chose que cela est intéressant, puisque nous émanons de cultures différentes. Il vient malheureusement de quitter Bahia, mais y laisse sa médium principale.

Francisco dit aussi connaître une guérisseuse à proximité de Bahia, nous pourrions donc nous y rendre en louant une voiture.

Mes hésitations tendent à faiblir devant ce faisceau d'opportunités immédiates qui se condensent à Bahia. Ces éléments positifs me permettent de croire qu'il est raisonnable de faire un premier voyage d'information, les risques semblant limités en ces circonstances. Sylvie, devenue interne des hôpitaux de Paris, ne pouvant distraire que deux petites semaines de son temps pour m'accompagner, il paraît donc sage de nous cantonner à l'exploration de Bahia. Francisco nous suggère cependant de faire une incursion à Récife où un chirurgien classique, le Dr Edson Queiroz, diplômé de la Faculté de médecine, pratique un après-midi par semaine la chirurgie spirituelle. Je m'engage dans l'aventure, sans imaginer la somme de péripéties qui m'attendent.

SALVADOR DE BAHIA

Les événements précités ayant donné forme à ce qui n'était qu'éventualité, le premier voyage est décidé. Ma fille m'accompagne. Nous sommes le 31 janvier, jour de son anniversaire, c'est un voyage-cadeau.

Le décalage horaire fait que le jour n'est pas encore levé quand nous atterrissons à Bahia. Comme les contrôles douaniers sont précis, il fait grand jour quand nous sortons enfin de la fournaise de l'aéroport pour rejoindre le *Grand Hotel* de Bahia en bordure de mer, où nous devrions en principe retrouver Francisco ces jours-ci.

Les bagages à la main, Sylvie m'explique qu'il existe deux sortes de taxis : les uns, vingt pour cent plus chers, sont « sûrs », ils dépendent de l'aéroport : aucun risque d'être détourné ou détroussé par les chauffeurs. Pour les autres, privés, la sécurité dépend du chauffeur. Le taxi peut avoir été volé et le voyageur risque alors d'être dépouillé de ses bagages, de son argent, parfois de sa vie... Sylvie fait un choix, discute le prix, et nous voici roulant le long de la côte, éblouies par les éclats de la mer bleue pailletée des lumières de soleil levant. Le paysage défile devant nos yeux ; palmiers, plages de sable fin, pêcheurs attardés près de leurs filets : une carte postale vivante.

Parvenues à l'hôtel, nous apprenons que Francisco y est inconnu. Pas de chambre réservée. Nous voici livrées à nous-mêmes. Une chambre demeure disponible et qui par chance donne sur la mer. Nous l'acceptons. Mais la ventilation étant interrompue depuis la veille, la température y est insupportable. Fuyons vers la salle de bains..., laquelle n'est qu'une cage de verre démunie d'aération, exposée sur une route incendiée de soleil...

C'est la première épreuve... Je me souviens de celles de Baguio, mais elles se conjugueront maintenant sur un autre continent. Serons-nous capables d'y faire face ?

Bien qu'épuisées par le voyage et le décalage horaire, mieux vaut sortir. Et nous voici heureuses de nous baigner dans l'eau de mer trop tiède puis de marcher sur la jetée ombragée.

Le dépaysement est agréable. Des arbres fleuris ici et là. Des personnages hauts en couleur commencent déjà à courir sur la plage. Un 1er février, malgré la chaleur, quel bonheur soudain d'être là !

Mais bientôt la foule surgit. Une circulation intense et bruyante s'installe et envahit cette jetée qui semblait jusque-là paradisiaque.

Comment le paysage heureux du petit matin a-t-il pu devenir vision de cauchemar : foule, bruit, voitures, camions, cars, motos, fumée, sous un ciel brûlant, à plus de quarante-cinq degrés à l'ombre.

Sylvie me suggère de me reposer sur la plage, d'y découvrir un coin d'ombre, pendant qu'elle se rendra à l'autre extrémité de la ville pour y trouver un hôtel plus calme.

Pourquoi n'être pas demeurée chez moi, dans mon cocon, téléphone débranché, au milieu de livres qui m'auraient permis un voyage immobile et confortable ? J'envie les auteurs qui hantent les bibliothèques nationales, les chercheurs en chambre, les rêveurs. Je maudis cette nécessité de tout voir, de tout vivre par moi-même, de me confronter avec la vie « musculairement », ce qui est ma façon de vivre intérieurement.

Sylvie a « trouvé » un lieu qualifié de paradisiaque où nous habiterons dès demain. Nous allons profiter de cet après-midi passé au cœur de la ville pour tenter de contacter les personnes dont nous avons les numéros de téléphone et commencer le plus tôt possible notre enquête...

Mais... nous sommes venues sans penser que nous sommes de l'autre côté de l'équateur ! Ici c'est l'été, donc les vacances. Les institutions dont nous avons les adresses sont fermées...

Serait-ce là un voyage inutile et déjà l'annonce de l'échec ?

J'essaie de positiver la situation en me faisant à l'idée qu'un simple voyage touristique en compagnie de ma fille se suffit à lui-même.

Mais Sylvie tient à rendre ce voyage instructif. Ayant déjà vécu quelques semaines à Bahia, elle retrouve dans ses papiers le numéro de téléphone de quelques amis, dont celui d'un garçon d'origine africaine, et s'emploie à le joindre. Nous aidera-t-il à prendre contact avec des Afro-Brésiliens locaux ?

Absent pour l'instant.

Dès 18 heures, la nuit tombe, la température devient supportable. Nous nous endormons d'épuisement, un petit espoir au cœur.

MOACIR

Réveillées par le lever du jour à 6 heures, nous profitons de la proximité de la plage pour aller nous baigner avant toute chose.

Puis en route pour le nouvel hôtel !

Situé à une centaine de mètres de la plage et de ses cocotiers, il semble bâti dans un désert, pas un arbuste alentour. Mais la température des chambres est agréable.

Sylvie contacte enfin son ami brésilien qui nous rejoint sans tarder.

C'est un superbe garçon de couleur sombre, visage aux traits réguliers, yeux intelligents et bons, belle voix timbrée. Voici notre ange gardien, c'est lui qui va faire l'impossible pour nous relier au pays.

Sylvie lui conte notre histoire... Il veut nous aider, mais avant tout, nous explique que certains endroits de Bahia sont à fuir, surtout à la nuit tombante. Pas d'argent dans les poches, ni bijoux, ni montre. Il avise mon tour de cou auquel est suspendue la médaille donnée par Agpaoa. « Ôtez-la, on peut perdre la vie pour moins que cela. »

Puisque nous venons pour nous instruire, il faut assister à un

Candomblé dimanche soir ; il nous y accompagnera. Il faudrait aussi rencontrer le grand ethnologue Pierre Verger ; il ne sait comment le joindre, mais un de ses amis connaît un professeur français, le père François.

Ne perdons pas de temps, téléphonons à l'ami...

Il est en voyage.

Il ne nous reste plus qu'à visiter la ville sous la haute protection de Moacir !

En sa compagnie rassurante, nous faisons une promenade dans cette somptueuse ville ancienne qu'est Salvador de Bahia et visitons ses riches églises, ses petites rues pittoresques mal pavées qui escaladent les pentes de la ville. Nous embrassons d'un seul regard tous ces toits qui dessinent les escarpements de Salvador et qui donnent l'impression que la ville est faite d'une succession de volumes empilés les uns sur les autres.

Voici enfin la baie et le port, la place, si animée avec ses marchands de pacotille, ses mangeurs de feu et la petite rue des peintres qui descend vers le musée de Bahia (rue plus dangereuse que toute autre, dans laquelle il est classique de se retrouver avec un pistolet dans le dos vous intimant l'ordre de vider vos poches et de décrocher vos bijoux).

La présence de Moacir et sa couleur nous sont une protection. Tout en nous accompagnant, il réfléchit au moyen de joindre le père François et l'appelle depuis un téléphone public alors qu'une bande de poulbots locaux jouent à deviner le numéro que nous formons et nous entourent en riant.

L'employée refuse de lui passer le père. Comment forcer le barrage ? Un peu plus tard Moacir téléphone de nouveau et prétend être le frère d'un ami du père. L'astuce prend. Le père François vient au bout du fil. Moacir explique qu'un médecin français est là et aimerait le rencontrer afin d'avoir les informations les plus directes possible sur le Candomblé. Il se heurte encore à une fin de non-recevoir. Serions-nous venus jusqu'à Bahia pour à chaque instant trouver porte close ?

Une volonté farouche anime Sylvie qui ose rappeler, insiste, obtient le père au bout du fil, le séduit de sa voix et de ses mots. Il accepte de me parler. Armée d'une insistance plus discrète, je lui dis qu'il m'a été présenté comme un spécialiste du Candomblé et lui propose de faire déposer chez lui un livre que j'ai écrit afin qu'il me connaisse...

Il accepte. Mais diabétique, souffrant d'une grosse angine, il éprouve des difficultés à converser. Dans quelques jours, il espère être en meilleure forme et ajoute qu'il sera heureux de faire immédiatement connaissance du « frère » inconnu et lui propose de déposer le livre dès ce soir.

Voici Moacir pris à son propre jeu ! Devant l'urgence, il nous installe dans un taxi et nous renvoie à l'hôtel pendant que lui-même se rendra chez l'ami pour mettre sa famille au courant du subterfuge.

Nous rentrons satisfaites de notre journée. Grâce aux relations nouées par Sylvie lors de son précédent voyage, nous ne sommes plus tout à fait des touristes anonymes perdues à Salvador de Bahia, puisque nous sommes connues de... deux personnes dans cette ville !

LE PÈRE DES SAINTS

Superbe petit matin ! Une immense plage de sable et, tout près de nous vers la droite, une petite forêt de palmiers. Au loin vers la gauche se profile la silhouette du village voisin. Seules des paillotes de marchands de boissons et de petites spécialités locales s'alignent entre route et bord de mer. L'océan tout bleu, le sable frais et doré, le soleil levant s'associent pour nous réjouir... Tout vibre plus qu'ailleurs.

La température montant très vite, dès après le bain il faut rejoindre l'ombre de l'hôtel, prendre le petit déjeuner et attendre Moacir...

Exact au rendez-vous, il pense qu'il serait bon de rencontrer un Père des Saints, c'est-à-dire un des Initiés qui mènent les Candomblés. Nous allons tenter de le surprendre chez lui.

Moacir nous explique que les Candomblés sont des cérémonies religieuses particulières au territoire de Bahia où furent importées les populations de race noire d'Afrique. Ils se pratiquent dans des lieux nommés Terrero du Candomblé ou Casa de Santeria, cadre où officient un prêtre ou une prêtresse qui vont guider les impétrants afin que ceux-ci accomplissent correctement leurs obligations envers l'*Oricha*, par des sacrifices et offrandes.

Après avoir modestement déjeuné sur la plage sous une paillote d'un simple plat local, nous partons pour rejoindre le *terrero*.

Prendre le car vaut la peine à Bahia. Bientôt la fête de

Yémanja, première raison d'être heureux. Les préparatifs du carnaval ont commencé, seconde raison d'être joyeux. Et l'on s'entraîne déjà dans les autobus où malgré la chaleur, on danse. Oui, dans le couloir on danse et sur les sièges on se trémousse en mesure jusqu'à épuisement. Ce car est une boîte de musique ambulante.

Nous sommes sous le signe de la chance, car le père est chez lui. C'est un beau garçon à la peau claire, aux yeux bleus transparents, à l'allure très moderne, bien qu'un peu efféminée, qui nous accueille joyeusement.

Dans sa simplicité, le havre du père a une certaine élégance, on sent l'artiste... Il nous présente une vieille femme, maigre et ridée comme une pomme. Décidée sur le tard à s'initier au Candomblé, elle doit vivre un an ici au service du père pour s'imprégner de sa pensée, de ses vibrations, de sa manière de vivre. Plus tard, elle subira l'initiation.

Le Père des Saints est un artiste qui sort de l'École des Beaux-Arts. Il se hâte de nous expliquer qu'il dessine tous les costumes de son groupe lequel a gagné le premier prix du Carnaval l'an dernier. Il nous fait l'honneur de nous dévoiler ses projets en ouvrant son carton à dessins où l'on voit les modèles des toilettes du prochain Carnaval, et nous invite même à voir les répétitions de danse les jours suivants.

Tout notre entretien va tourner autour de la préparation de ce Carnaval. C'est l'événement de l'année, on y pense onze mois et demi à l'avance. Pas moins. J'essaie d'aborder avec lui le problème des Esprits, des Candomblés, de l'Initiation, mais tout le ramène à parler du Carnaval. Il accepte cependant de nous dire que l'*Oricha* (l'Esprit du dieu auquel chacun est relié par filiation et avec lequel il peut entrer en vibration) se précise par divination, à l'aide d'un jeu fait avec des coquillages. Ce jeu divinatoire ne peut être réalisé que par le Père des Saints, lui seul est habilité à le déterminer... au grand jour. Hélas ! il fait maintenant presque nuit. Il nous invite à revenir et nous fixe très sérieusement un rendez-vous afin de lire le nom de notre *Oricha,* puis nous offre des jus de fruits locaux et nous invite à dîner.

Les contacts, très dynamiques, sont établis moitié en français, qu'il comprend et parle un peu, et moitié en brésilien. Mes livres lui sont remis en cadeau, il les palpe, les retourne, en considère les dessins avec intérêt.

Toujours avec humour et joie de vivre, il prépare un dîner à notre intention. Un voisin vient de lui offrir des coquillages, qu'il accommode avec des champignons locaux. Et c'est délicieux.

Alors que j'espère toujours en venir aux choses sérieuses et d'ordre spirituel, des cris viennent du fond du jardin : un immense boa s'est enroulé autour d'un poteau électrique. La chasse au boa va occuper le reste d'une pittoresque soirée.

Il va nous falloir rentrer « chez nous »... sans plus de conversation. Le Monde des Esprits ne se laisse pas volontiers aborder. Que de contours pour l'apprivoiser ! Mais désormais, nous connaissons... trois personnes. La conquête avance.

LE PÈRE FRANÇOIS

Aucune nouvelle du couple Francisco-Marie-Laure. Notre seul animateur est le précieux Moacir. Tout dévoué, il compose avec son temps de travail pour nous accompagner le plus possible.

Entre-temps, je profite de la présence de ma fille. Très responsable, elle s'occupe des problèmes financiers, veille à notre sécurité, discute des prix avec les chauffeurs de taxi, organise les déplacements en bus, veille affectueusement sur sa mère et me fait remarquer que si autrefois, je la promenais, c'est elle qui aujourd'hui le fait. Je suis heureuse de la voir passionnée par ce nouvel aspect du Brésil dont elle ne connaissait que la « surface touristique ».

A la date prévue, nous reprenons les bus afin de répondre présentes au rendez-vous donné par le Père des Saints afin de connaître notre *Oricha*.

Il est absent. Nous attendons chez lui, dans son jardin, puis au bar qui est à l'angle de « ses » rues (celle qui donne sur la grande avenue et celle qui donne sur la rue du boa). Nous attendons devant un jus de fruits, puis un Coca-Cola, un autre jus de fruits, un café..., et reprenons à l'envers la longue suite des autobus qui nous ont menées jusque chez lui. J'apprends à mes dépens que les rendez-vous sont très approximativement donnés au Brésil. Il faudra m'en souvenir. Nous le rencontrerons plus tard lors d'une grande fête donnée à l'occasion de l'anniversaire de la doyenne des « Mères des Saints ». Il s'excusera de son retard de plusieurs heures causé par l'organisation du Carnaval.

Sylvie téléphone de temps en temps au père François pour

prendre de ses nouvelles. Les voici devenus amis. Mis au courant du subterfuge qui nous a permis de le contacter et qu'il avait deviné, il en rit. Les livres remis par Moacir l'intéressent. En parler avec nous lui ferait même plaisir. Aussi sommes-nous invitées à dîner dans un restaurant au bord de la mer.

A la nuit tombante, doucement, nous partons maintenant en promenade pour le rejoindre. C'est une belle et longue promenade le long de la côte qui nous fait croiser toute une population locale résolument sombre par la couleur de peau et joyeuse par tempérament. Le long de la mer, de multiples petits métiers : marchands de fruits, de glaces, d'arachides, de jus de fruits pressés, de noix de coco, de pains fourrés d'ingrédients les plus divers. Des jeunes gens assis le long du remblai ; beaucoup de rendez-vous amicaux ou amoureux. La route est encombrée de voitures, de bus, de motocyclettes, de bicyclettes. La traverser, même au niveau des passages cloutés, c'est prendre des risques. Les règles de conduite automobile sont interprétées ici avec fantaisie et vitesse. A chacun de prendre garde à sa vie.

Tout à coup, devant nous, surgit un camion monstrueux, haut comme deux ou trois étages, au toit devenu plate-forme pour orchestre. Des instruments de musique et leurs musiciens, brillant d'or et d'argent. Tout à coup la sonorisation, à la mesure du monstre, se met en marche et nous voici prises dans un enfer sonore. L'attroupement se forme, les gens commencent à se trémousser, bientôt à danser.

Je sens Sylvie prête à s'intégrer à la foule. Comment peut-on accepter d'altérer ses tympans et de se priver trop tôt des joies des finesses sonores musicales ? Heureusement, ce n'est pas Nascimento, son idole, qui chante car il m'aurait été impossible de la déloger du camion.

Le dîner prévu va me soustraire à l'épreuve du bruit...

Nous rencontrons le père François maintenant guéri. Son accueil est chaleureux, il semble connaître son interlocutrice téléphonique, Sylvie, depuis toujours. Nous est proposée de la langouste, que nous n'osons refuser. Un bon vin local accompagne le dîner.

Il nous explique sa vie, ses activités et comment, venu ici pour être prêtre, il est devenu professeur. Le catholicisme a vécu des hauts et des bas, à Salvador de Bahia. Il fut durant une époque prudent de prendre l'étiquette d'enseignant. Le calme revenu, il est demeuré professeur.

LE CANDOMBLÉ

Moacir nous accompagne au Candomblé, nous expliquant qu'il a lieu dans un endroit très retiré. Le taxi longe la plage d'Itapoa en direction de Baja. Nous croisons la place où habite père François, empruntons une rue transversale qui monte vers l'intérieur des terres, pour nous perdre dans de multiples petites rues où l'on ne voudrait pas s'égarer seul. Moacir oriente le chauffeur. Nous voici sur le sommet d'une colline, une sorte de terrain vague qui domine la ville illuminée et sur lequel brillent de vieilles boîtes de conserve sous le faisceau lumineux des phares. Serions-nous dans un coupe-gorge ? dans une *favela ?*

Moacir nous rassure. Il se dirige vers un boqueteau laissant filtrer de la lumière et ouvre une porte. Sans transition, nous passons d'un endroit inquiétant, misérable et lugubre à un paysage de rêve : des terrasses se succèdent, éclairées avec art, plantées d'arbres et de fleurs superbes ; un escalier de pierre descend vers une élégante construction de plain-pied.

Sur le seuil, un homme à la peau claire, agréablement roux, nous accueille. Moacir fait les présentations. Notre hôte a pu faire au sein du groupe une partie du chemin initiatique, chose rare étant donné sa couleur ; il est là pour organiser, accueillir, instruire. Il nous explique la cérémonie qui se prépare et les phases qui vont se succéder.

Dans un premier temps, en présence d'un Père et d'une Mère des Saints, les plus jeunes initiés ou Ogouns, sous la direction des plus anciens, vont danser sur des « chorégraphies » différentes pour chaque Ogoun, et entrer en transe, dans le but d'être possédés par l'Esprit d'un Oricha. Chacun des Orichas ou Esprits reconnaîtra son Ogoun grâce aux vibrations caractéristiques qu'il émet, et le chevauchera.

L'Oricha est une sorte d'ancêtre familial qui aurait de son vivant établi un certain contrôle sur un des éléments de la nature. L'un contrôle le vent, l'autre le tonnerre, l'autre la mer, etc. D'autres sont spécialisés dans certaines activités de chasse, le travail des métaux, la connaissance des plantes... Une fois qu'il a quitté le monde terrestre, son âme demeure porteuse de son acquis. Elle aime à revenir sur terre, mais ne peut le faire qu'en empruntant le corps d'un vivant, alors que celui-ci est en transe. « La transe de possession est une sorte de communion entre le croyant et son dieu qu'il n'est pas donné à tout le monde d'éprouver[1] » (P. Verger).

Dans la grande salle décorée de guirlandes, deux pôles retiennent l'attention : l'un, central, où se trouve un siège quasi royal. La Mère des Saints vient bientôt s'y installer, accompagnée de ses « filles ». Le long d'un mur, un autre siège, à peine plus discrètement décoré, pour le Père des Saints. Des sièges destinés au public sont disposés autour de la pièce mais laissent libre un pan des murs à l'intention des musiciens.

Nous avons la chance, ce soir, d'assister à une première, car pour l'un des fils, récemment initié, c'est aujourd'hui l'intronisation officielle. Il est, pour cette occasion, tout de blanc vêtu. C'est un médecin.

Hommes et femmes, Fils et Filles de Saint, entrent en file indienne et commencent à danser au son des tambours.

On reconnaît, grâce à leurs vêtements et à leurs attributs, les différents Ogouns. Chaque Ogoun possède un vêtement particulier, un attribut spécifique, un jour précis de vénération, un style de danse, des plats préférés, un cri spécial pour le saluer. Enfin et surtout il correspond à un tempérament caractéristique. Il est syncrétisé avec un saint appartenant à la religion catholique.

Pendant que les danseurs défilent, devinons le nom des Orichas d'après leurs vêtements, leurs danses et leurs attributs.

Essayons de les identifier. Les astrologues ne manqueront

1. « Pendant la période de l' " initiation ", le novice est plongé dans un état d'hébétude et de docile suggestibilité, causé par les breuvages et les ablutions où ont macéré certaines feuilles ; sa mémoire semble momentanément lavée du souvenir de sa vie antérieure. Dans cet état de vacuité et de disponibilité, l'identité et le comportement de l'*Oricha* ou *Vodoun* peuvent lui devenir familiers. Plus tard, après la fin de l' " initiation ", le novice retrouvera son ancienne personnalité et oubliera à l'état de veille tout ce qui se sera passé pendant cette période d'Initiation, mais il restera sensibilisé dans son inconscient aux rythmes des tambours particuliers à son dieu, lesquels agiront comme stimulant d'un réflexe conditionné et auront tendance à le faire tomber en transe, succombant à cet appel de son dieu. En d'autres termes ces appels l'incitent à extérioriser un archétype de comportement conforme à ses aspirations réprimées » (voir *Nos Trois Corps et les Trois Mondes* et *Légendes des Orichas* de Pierre Verger).

pas de reconnaître dans ces descriptions certaines caractéristi ques planétaires.

Echou, le plus fin et le plus rusé des Orichas. Il en profite pour provoquer des malentendus et des disputes, des querelles entre les gens, et leur jouer de mauvais tours. Pouvant être très méchant si on oublie de l'honorer, il faut lui faire des offrandes de farine de manioc, d'huile de palme, d'alcool ou un coq tout noir avant tout autre Oricha. Le lundi est le jour de la semaine qui lui est consacré.

Son symbole est un trident de fer. Les gens qui recherchent sa protection portent des colliers de perle en verre noirs et rouges.

« Les caractéristiques des gens choisis par Echou sont celles de personnalités ambivalentes, à la fois bonnes et mauvaises. Elles ont l'air d'inspirer la confiance et d'en abuser. Par contre, elles ont la faculté de comprendre les problèmes d'autrui avec intelligence et celle de prodiguer de judicieux conseils avec d'autant plus de zèle qu'elles espèrent en être récompensées. Les cogitations intellectuelles trompeuses et les intrigues politiques leur conviennent particulièrement. Ce sont leurs plus sûres garanties de succès dans la vie.

« Au Brésil, Echou a été à tort syncrétisé avec le Diable. Cependant ceci n'inspire pas une grande terreur, car on sait que convenablement traité, il peut travailler pour le bien. »

Ogoun, Oricha du fer et des forgerons, dieu de la guerre et des guerriers, a pour symbole sept instruments de fer, enfilés sur une même tige de métal, et des franges de palmes effilochées. Célébré le mardi, il est syncrétisé à Bahia avec saint Antoine et avec saint Georges à Rio. Ses adeptes sont violents, querelleurs, impulsifs, mais francs et sincères.

Ochoss, Oricha des chasseurs. Son symbole : un arc et une flèche en fer forgé ainsi qu'un chasse-mouches, signe de dignité. Ses danses miment la chasse et le tir à l'arc, la poursuite du gibier. Ses adeptes sont vifs et rapides, pleins d'initiatives, généreux, hospitaliers, mais changeant facilement d'activité et de lieu. Il est syncrétisé avec saint Georges.

Chango, Oricha du tonnerre, est symbolisé par une hache double appelée *oché.* Ses gestes imitent le lancement des pierres de foudre vers la terre. Il est syncrétisé avec saint Jérôme. Les personnes qui lui sont dédiées sont coléreuses, volontaires, énergiques, hautaines, ne tolérant pas la moindre contradiction, mais conservent un profond sentiment de justice.

Oya-Yansan, Oricha du vent et des tempêtes, des cornes de buffle et un cimeterre sont ses symboles. Elle est syncrétisée avec sainte Barbe.

Audacieuse, autoritaire, parfois violente, jalouse et de tempérament sensuel, ce qui la porte vers de multiples aventures.

Ochoun, Oricha de la rivière ou « Reine des Eaux Douces ». Sa danse rappelle les gestes d'une femme coquette. Son symbole est un éventail de cuivre au centre duquel se trouve placé un miroir. Elle est syncrétisée avec Notre-Dame de la Chandeleur. « Ces femmes cachent sous leurs apparences gracieuses une grande volonté et un grand désir d'ascension sociale. »

Obalouaye a la tête couverte d'un bonnet pointu avec des franges qui dissimulent le visage, il est entièrement couvert de raphia. Les gens consacrés à Obalouaye ont des tendances masochistes. Ils aiment exhiber leurs souffrances et leurs tristesses dont ils éprouvent secrètement une satisfaction, satisfaction qu'ils ne peuvent ressentir quand la vie leur est clémente. Ils sont capables de se consacrer au bien d'autrui, en faisant complètement abstraction de leurs propres intérêts et de leurs besoins vitaux. Il est syncrétisé à Bahia avec saint Lazare ou saint Roch et saint Sébastien à Recife. Il est bon de le signaler car il porte un vêtement très caractéristique permettant de le reconnaître aisément au cours d'un Candomblé.

Yemanja est bien connue de tous. D'énormes fêtes lui sont consacrées. C'est la Reine des Eaux, « la Mère dont les fils sont des poissons ». Ses adeptes sont vêtus de bleu clair, décorés de colliers de pierre transparente. Son symbole est un éventail de métal blanc. En dansant ses initiés imitent les mouvements des vagues. Elle est syncrétisée avec Notre-Dame de l'Immaculée Conception. Pourtant la grande fête populaire à Bahia est le 2 février, jour de Notre-Dame de la Chandeleur.

Ses filles sont volontaires, fortes, protectrices, hautaines, parfois impétueuses et arrogantes ; elles ont tendance à mener une vie somptueuse.

Ochaguiyan a pour symbole un pilon de métal blanc, lequel rappelle ses préférences gastronomiques. Syncrétisé avec le Seigneur de Bonfim. Les personnes qui lui sont dédiées sont élancées, robustes, galantes, joyeuses, appréciant les joies de l'existence. Souvent ironiques, malicieuses, bavardes, elles ont l'intuition du futur et sont en avance sur leur temps.

Ochaloufan, le « Roi au Pagne Blanc », le plus grand et le plus vénéré des dieux yorubas, le premier à être créé, il eut pour mission de modeler le corps humain. Son symbole est une grande canne de métal blanc.

Les personnes dédiées à Ochaloufan sont caractérisées par leur calme et leur dignité. Respectables et réservées, elles sont soutenues par une volonté inébranlable.

Les Ogouns se présentent, saluent, dansent les uns après les autres, et tous ensemble. L'assistance se laisse petit à petit prendre par l'ambiance. Soudain une des danseuses révulse les yeux, vacille. Une aînée la retient. On l'entoure afin de lui éviter une chute. La voici accomplissant la danse spécifique de l'Oricha qui l'habite. Les uns et les autres vont successivement être animés par la transe et habités par l'Oricha.

Soudain dans la foule une femme entre en transe. On l'accompagne dans ses mouvements, on la dirige bientôt vers une petite salle. Elle est « appelée » à l'Initiation.

La fête se termine lorsque tous les personnages présents sont entrés en transe. Tous vont s'incliner vers le Père ou la Mère des Saints à divers moments de la cérémonie. Exténués, à bout de force, tard dans la nuit les participants achèvent leurs tours de piste et leurs danses.

Nous sommes alors entraînées par l'homme qui nous accueillit dans un jardin situé à l'arrière de la demeure, et là, tous les participants se restaurent, fêtant l'Oricha d'aujourd'hui en dégustant du vin du pays.

Puis les participants se dispersent progressivement.

Selon Pierre Verger, ces relations établies avec les Esprits ont des vertus thérapeutiques :

« Si une personne victime de problèmes non résolus est " choisie " comme Fils ou Fille de Saint par l'Oricha dont l'archétype correspond à ses tendances cachées, c'est pour elle l'expérience la plus soulageante et la plus réconfortante par laquelle elle puisse passer. Lorsqu'elle est en transe, elle se comporte inconsciemment comme l'Oricha de son archétype, ce qui est exactement ce à quoi aspirent ses tendances secrètes réprimées. Tout ceci restant dans le domaine de l'inconscient, le résultat de l'intervention de l'Oricha peut être comparé à celui des psychodrames de Moréno, mais avec cette différence que, au lieu d'être une expérience tendant à libérer un malade de ses angoisses dans le milieu déprimant d'une clinique, l'inexprimable est poétiquement extériorisé dans une atmosphère de plaisante exaltation, au cours d'une fête brillante où règne l'amicale approbation d'admirateurs émerveillés et fascinés. »

Pour mon compte, ce genre de thérapeutique me séduit qui permet à chacun, dans la joie, de renouer les contacts avec son archétype élémentaire. Il s'agit d'une « remise en forme vibratoire », à partir de ses énergies constitutives primitives.

La fête achevée, nous voici maintenant sur le terre-plein si peu accueillant il y a quelques heures. Il m'inspire toujours de la crainte. Moacir nous le fait rapidement quitter pour descendre à pied dans le noir le plus absolu, sur un sol inégal où nous nous tordons les pieds, avant d'atteindre enfin un quartier urbanisé. Des jeunes traînent à cette heure tardive et l'endroit évoque les images du film *West Side Story*.

Moacir filtre les taxis qui passent, choisit le nôtre selon ses critères personnels, et décide prudemment du prix avec le chauffeur avant le départ de la course et nous souhaite une bonne nuit.

YEMANJA

Continuons de nous familiariser avec les Esprits vénérés à Bahia puisqu'aujourd'hui est le jour de Yemanja. Depuis quelques jours déjà toute la ville se prépare à la fête. Tout ici se célèbre dans la joie. Face au délire populaire qui s'annonce, au risque d'être ballottées par les foules, mieux vaut nous faire encadrer par une organisation touristique. Nous sommes menées jusqu'au port, et nous promenons alentour, admirant les étalages de fruits, négociant avec les marchands en plein air qui vendent des alcools de tous fruits, des souvenirs typiques, des sacs tressés, des fripes colorées, des broderies et des pâtisseries... Ne pas oublier les fleurs qu'il faudra offrir à la déesse de la Mer.

L'embarquement s'annonce. Nous voici sur un bateau de tête, celui qui va suivre le bateau de la déesse.

Le plus beau, le plus décoré, le plus fleuri, c'est le sien.

La déesse se présente, bien que portant une couronne de petites ampoules éclairées sur le front, plus telle une mariée juchée sur une pièce montée que comme une sainte. Son bateau, une sorte de palais enluminé, percé de multiples fenêtres, déborde de guirlandes de fleurs. Il amorce un départ lent et majestueux. Nous le suivons, nous écartant de la côte, de ses sinuosités noires de monde.

La musique se déchaîne sur terre et sur mer. Les embarcations invitées suivent. Ainsi se constitue progressivement une énorme procession fleurie qui avance sous le soleil, sur les flots bleus et scintillants, au son de chants accompagnés de guitares et d'instruments locaux. La musique est aussi sur notre embarcation. Des boissons alcoolisées sont servies qui font monter le niveau vocal et musical.

Avec solennité le défilé se forme, s'avance, s'étire, la majestueuse embarcation de Yemanja en tête. Nous la suivons respectueusement de tout près. Tout est en ordre... Mais bientôt les parasites surgissent, sous forme de bateaux à moteur qui viennent contrarier l'ordre fier du grandiose défilé hiérarchique pour faire des ronds dans l'eau et prendre des photos.

Le rivage au loin laisse deviner la foule, les banderoles, la fête.

Une heure plus tard environ, nous sommes en pleine mer. Assez loin pour que Yemanja puisse retrouver ses origines, les fonds profonds. Et voici l'heure attendue, celle du coucher de soleil.

Le signal est donné. De tous côtés, lancées depuis les barques, fleurs et pétales de fleurs s'égaillent à la surface de l'océan transformé en pelouse bleue fleurie. Spectacle incroyable.

Alors, le palais de Yemanja est extrait de sa barque à banderoles et déposé sur l'eau. Doucement il s'enfonce... Disparition progressive, étage après étage, de cette pièce montée lumineuse qui tout à coup bascule, s'enfonce et disparaît dans les profondeurs de l'océan. Disparition accompagnée de chants montant de toutes parts.

Tout est fini, l'enthousiasme tombe. Les pétales de fleurs se dispersent, ballottées par la vague. On les voit tour à tour s'immerger en douceur, pour émerger ensuite au sommet d'une vague en perdant de leur fraîcheur.

La pelouse bleue fleurie se transforme et bientôt prend l'allure souillée d'un après-marché. Le charme est rompu...

Demeure la poésie du coucher de soleil et celles des vapeurs roses qui traînent, de la silhouette pittoresque de Bahia vers laquelle nous faisons cap, en reconnaissant une à une les célèbres baies, caractérisées par leur forme ou leur style de bâtisse.

Par une nuit épaisse, nous accostons au port, étourdies de soleil, de musique et de poésie vivante.

Nous avons célébré la déesse.

UMBANDA

Il faut bien avouer que c'est un peu au hasard que se font nos rencontres avec les différentes familles des Esprits. Pourtant, grâce à Moacir nous avons déjà pu connaître les rapports que nouent avec eux ses descendants africains. Comme en ce dimanche, nous sommes livrées à nous-mêmes, et puisque Moacir travaille, Sylvie me propose de nous rendre à un village qu'elle connaît et dont elle garde un merveilleux souvenir : Cachoeira. Il faut y aller, dit-elle, car Francisco l'a évoqué en disant qu'un Pagé pratiquant l'Umbanda y habitait. Ma curiosité rejoint ses désirs.

Cachoeira, situé au bord d'un fleuve, a le charme d'un petit village colonial. Le lieu d'habitation du Pagé est bien connu dans le secteur. Sa maisonnette est au sommet d'une petite colline. On y accède par un chemin mal empierré bordé de baraques qui s'imbriquent les unes dans les autres. Des femmes bavardent en lavant du linge, des enfants jouent, des poules picorent.

Le Pagé est absent, mais il va revenir sous peu, nous dit son voisin.

Comme il est l'heure de déjeuner, on nous conseille de visiter mais aussi de nous restaurer dans un ancien couvent portugais, endroit frais, harmonieux, paisible et confortable : des arcades, des tables couvertes de jolies nappes, un léger courant d'air. Nous tombons d'aise devant une table accueillante.

Allons voir si le Pagé est de retour. Entrons dans sa courette close de murs et asseyons-nous sous un arbre. Du sommet de la colline, la vue est superbe qui embrasse la courbe du fleuve et les toits du village. Bientôt il apparaît, ravi, semble-t-il, de notre visite, et nous laisse volontiers entrer dans son « antre ».

Nous pénétrons un monde étrange. Voici une sorte de catafalque recouvert d'un drap de couleur, des fleurs artificielles, des christs, des croix, des vierges. A première vue j'ai l'impression de me trouver devant un cercueil. Sylvie croit comprendre que là s'allonge la personne en initiation et qui subit la transe. Des bancs sur le côté laissent supposer qu'il s'agit d'une pièce où l'on se réunit. Le Pagé s'exprime moitié en brésilien, moitié en dialecte.

Puis il nous fait entrer dans une salle échappant à toute description, mais dont je peux énumérer les ornements : des étagères, pressées les unes au-dessus des autres, sur lesquelles sont alignées des bassines blanches en émail soulignées de noms. Dans ces bassines, un peu d'eau. Cette armée de cuvettes blanches est d'un curieux effet. A quel commerce se livre-t-il ? Viendraient s'y reposer les âmes de ceux et celles qui adhèrent à la religion et participent pleinement aux cérémonies initiatiques.

Par terre des plantes, des pierres diverses, des bassines encore qui semblent destinées à recueillir les âmes des Grands Esprits défunts en visite. Des bocaux contenant des insectes et bêtes de toute espèce, et même des choses non identifiables. Suspendus aux murs, ou descendant du plafond, des masques, des amulettes, des fétiches, des croix, des Jésus, des vierges vêtues de façons diverses, des bouquets de fleurs artificielles.

Si je n'étais pas accoutumée aux forces invisibles, je paniquerais !

Sur une table dans un coin, mille choses entassées. Le Pagé s'y installe, nous propose une consultation, allume ses bougies, renverse une sorte de ludion, se concentre.

Dans cette ambiance sinistre, ce Pagé noir réussit à m'impressionner. A-t-il le pouvoir d'agir sur mon corps invisible auquel je désire conserver son intégrité ? Il est très difficile de comprendre son langage. J'apprends tout de même qu'un Esprit m'habite et que je vais être malade. Opposante, je réponds que je me porte très bien. Sylvie consulte à son tour. Nous le remercions en monnaie trébuchante, ce qui nous vaut d'être invitées à la fête nocturne.

Le soir tombe vite. C'est bientôt l'heure de la réunion. Sylvie et moi, assises sur le rebord cimenté du jardin, tout en admirant ce village dont les lumières scintillent à nos pieds, assistons à l'arrivée des participants.

De couleur sombre pour la plupart, ils découvrent un sourire éclairant leur visage tout en passant devant nous.

Puis, bonnes dernières, hésitantes, nous pénétrons dans la

salle. On se pousse pour nous faire une petite place sur le banc le long du mur.

Il faut bien maintenant avouer que je ne comprends strictement rien à ce qui se passe ; étonnée avant tout de voir l'usage que l'on fait des attributs de la religion catholique : la croix, l'image du Christ, celle de la Vierge ou d'une sainte. Je ne sais s'il s'agit d'un culte catholique arrangé sauce locale ou d'une séance de musique nègre dans un cabaret. Cela doit se nommer le syncrétisme.

Autour de moi on chante, je chante aussi, répétant avec un temps de retard les syllabes devinées sur les lèvres pour mieux entrer en communication avec le groupe. Des encens, des révérences à la Vierge devant qui chacun passe. Comme tout un chacun, je m'exécute.

Des chants, des chants, des chants encore. La chaleur monte un peu trop et je souhaite partir. On me supplie de rester, me conviant avec gentillesse à partager la nourriture à la fin de la fête.

... Polies, nous acceptons les mets qui passent, mets au goût étrange, souvent puissant, et buvons ce que l'on offre pour faire plaisir, du bout des lèvres. Ni palmier ni pot de fleur pour discrètement, comme au cinéma, et sans faire de peine éviter de boire. J'avale. On est si affable, si souriant, si content de me faire partager ces coutumes avec une mimique signifiant : « C'est bon ! n'est-ce pas ? » que je me sens contrainte de faire signe que oui.

Le Pagé avait raison, le lendemain, je suis malade. Les mets, les épices, des microbes qui ne sont pas mes familiers en sont responsables.

Un gros travail me reste à faire : comprendre l'Umbanda, pour connaître les forces qu'elle met en jeu et comment ses « prêtres » les utilisent.

GUÉRISSEURS

Un appel téléphonique venant du *Grand Hôtel* de Baya nous apprend que nos amis Francisco et Marie-Laure sont dans la ville. Nous sommes ravies à l'idée de les voir et d'élargir le cercle restreint de nos relations salvadoriennes. Le jour même, nous les rencontrons au bord de la piscine de l'hôtel et passons la soirée avec eux.

Francisco nous montre un article qui évoque sur le journal les succès d'une guérisseuse « habitée » par l'esprit du Dr Fritz. Chose étrange, c'est le même esprit qui habite le Dr Queiroz de Recife, le chirurgien spirite classique. Francisco l'a contacté, ils sont convenus pour moi d'une rencontre à Recife. J'aurais côtoyé, si tout se passe bien, à la fois les Esprits africains, les Esprits indiens et les Esprits du spiritisme expérimental au cours d'un seul voyage.

Dès le lendemain, nous partons vers l'adresse indiquée sur le journal.

La foule obstrue le couloir qui mène à la pièce de traitement. Les gens sont agglomérés d'une façon si dense qu'il est impossible de se glisser jusqu'à la salle. Francisco, toujours de blanc vêtu, petite barbe du menton tressée, impressionnant autant par sa taille que par son aspect, réussit à se glisser entre les patients, à entrer dans la salle de traitement, à obtenir enfin un rendez-vous pour une rencontre d'information.

Le lendemain nous voici, huit personnes réunies chez cette femme : Francisco et Marie-Laure, Sylvie et moi, à nous se sont joints deux couples de dentistes, rencontres de Francisco.

Nous sommes priés d'attendre et bavardons. Les dentistes, deux frères et leurs épouses viennent passer plusieurs mois à Salvador chaque hiver en y louant un appartement pour quatre. Pieds-Noirs, heureux sous ce brûlant soleil, ils mettent leurs cabinets en gérance durant l'hiver européen et se reposent, pour ne pas avoir à transformer leur peine en impôts.

Le temps passe, nous sommes là depuis une heure, mal installés sur des sièges à demi défoncés. Je pense au rendez-vous manqué avec le Pagé de Moacir..., la même aventure se renouvellerait-elle ? Pourtant, on nous affirme que la femme va arriver, le rendez-vous est inscrit sur le carnet.

La voici enfin avec une heure et demie de retard. Banal, au Brésil !

Elle se met immédiatement en frais pour Francisco, joue à la devineresse, émet des banalités, lui dit qu'il est médium. Un des dentistes le serait aussi. Ayant appris que je suis médecin, ne dit rien à mon sujet. J'ignore s'il s'agit de discrétion ou d'incompétence... Agpaoa avait vu ma constitution immédiatement. Comment fonctionne-t-elle ? Est-il possible que ses possibilités n'émergent que lorsqu'elle est « habitée » par l'Esprit ?

La testant alors discrètement, les informations subtiles reçues ne laissent deviner chez elle aucune vibration particulière. Est-ce la nuit tombante qui dissimule à mes yeux, à mes sens, ses forces ?

Elle évoque l'esprit avec lequel elle travaille. Il s'agit de l'esprit du Dr Fritz. Un Allemand qui commit tant de meurtres sauvages durant la guerre qu'il a choisi de travailler, depuis l'autre monde, et aider ses frères. Les explications s'embrouillent quand on lui fait remarquer que le Dr Edson Queiroz travaille déjà avec cet esprit, tout comme Arigo le faisait.

Francisco obtient que nous assistions au traitement du lendemain.

Nous voici donc chez elle. J'espère beaucoup apprendre de cette séance.

Un magnétophone distille des *Ave Maria* en continu. Mon opinion est rapidement faite sur les capacités de cette femme : scandalisée, prête à quitter les lieux quelques minutes plus tard, mais retenue par Sylvie plus calme, me voici contrainte de demeurer là et d'assister à un spectacle invraisemblable. Alors qu'il est dit par le journal qu'habitée par l'esprit du Dr Fritz, elle « opère » sans anesthésie et sans douleur, je la vois percer aveuglément à l'aide de l'extrémité pointue d'un bistouri les tympans d'un enfant qui hurle, immobilisé durement... sans le moindre scrupule et sans le moindre soupçon d'asepsie. Je sens ma colère monter chaque minute un peu plus en voyant des enfants maintenus de force et soumis à de violents traitements !

Un autre bistouri, moins effilé, passe chez les vieillards, entre paupière et conjonctive de l'œil, pour « opérer » leur cataracte ou rendre la vue. Quel abus de confiance ! Une sinusite ? Elle incise le long des sourcils et sur les parties latérales du nez, en bordure des joues, au risque de défigurer une jeune fille. Une sciatique ? Elle tire sur le membre, incise légèrement et fait saigner la peau le long de la colonne vertébrale. En somme, il s'agit d'une acupuncture « coupante » et aveugle.

Contrainte de retenir ma colère et d'observer, je lui concède un talent : celui de faire des pansements extraordinairement impressionnants, de savoir prescrire avec tranquillité des médicaments classiques puissants, anti-inflammatoires, cortisone, antibiotiques, entremêlés de prescriptions de plantes locales qui vont servir de paravent au soi-disant guérisseur !

Et Sylvie ne veut toujours pas quitter les lieux !

Comble d'insolence, la femme signe non pas de son propre nom mais s'attribue le nom de « docteur Fritz », donnant des « ordonnances » imprimées en haut et à gauche : « Docteur Fritz. » Quant à l'adresse indiquée, qui pourrait être « Le Ciel » ou « Le Purgatoire » ou « L'Enfer », c'est bien la rue X, n° Y, là où nous sommes. Se prétendant incorporée, elle s'attribue sans le moindre trouble un titre et des pouvoirs !

Je la soupçonne en fait d'avoir eu le loisir de fréquenter le milieu médical dans une consultation hospitalière ou d'avoir été secrétaire d'un médecin.

Pourtant quelque chose d'inattendu et d'authentique va survenir dans cette ambiance malsaine. Une femme qui « sert » dans un centre thérapeutique fermé pour raison de vacances (un de ceux que nous espérions voir sans doute) amène ici, après lecture du journal, une de ses voisines qui souffre d'une sciatique n'ayant pas été soulagée par le médecin. Se présentant comme une des médiums d'un centre, elle dit ses espérances en le Dr Fritz.

La pseudo-guérisseuse entre en action, tirant brutalement sur le membre en demandant à la médium d'immobiliser la patiente. Tout à coup, l'accompagnatrice change de visage, entre en transe, gémit, se plaint avec les mots déjà utilisés par la malade et souffre d'une façon identique. Bien entendu, la médium, la vraie guérisseuse, c'est elle ! Le transfert thérapeutique s'est effectué entre la malade et l'accompagnatrice, laquelle a « épongé » les troubles de la patiente qui au même instant voit disparaître sa douleur.

Petit à petit, la médium récupère son état antérieur, la malade dit son soulagement, la pseudo-guérisseuse réclame son dû (une somme, me dit-on, équivalente à quinze jours de travail d'un ouvrier non qualifié).

Elle se tourne vers nous, fière de sa réussite, ignorante sans doute du mécanisme de l'amélioration.

Il s'agit en faitd'une « transthérapeutique » nommée ainsi par Elysée Mendes, un médecin psychiatre brésilien dont Paulette m'avait communiqué les travaux. Nous l'évoquerons plus tard, lors d'une rencontre.

N'aurai-je traversé l'océan que pour ne voir que cela (que je pratique et que j'ai décrit dans mes ouvrages) qui peut se produire dans les situations les plus inattendues, et mon voyage se trouverait justifié.

Francisco nous propose une autre expérience. Il a rencontré l'an dernier, à quelques heures d'ici, une femme qui, dans la campagne, fait également recette. Un peu particulière... car elle les accueillit, lui et ses amis, en brandissant tout d'abord une fourche pour les chasser.

Elle fait partie des richesses pittoresques de la région.

Tous au pied de la voiture, nous sommes là, prêts de bon matin, avec une exactitude militaire. Et bientôt nous roulons, six personnes dans une voiture faite pour quatre, sur la route, puis dans des chemins creux, sous un soleil de feu.

La coutume veut qu'on lui apporte des parfums. Une minuscule baraque en est pourvue, peu avant son domicile. Bonne organisation.

Une maisonnette d'habitation, une deuxième maisonnette, de soins sans doute puisqu'une quinzaine de personnes vêtues de blanc sont là, recherchant l'ombre, assises sur des chaises ou sur les quelques marches du bâtiment. Autour de nous une garrigue brûlante.

Nous prenons la file d'attente où l'on entend « évoquer » les miracles que réalise la guérisseuse sur des maux qui ont échappé aux soins des médecins. Au travers des paroles, dont je devine la signification, ou des phrases qui me sont traduites, j'essaie de me forger une opinion préalable. Est-elle médium, voyante, guérisseuse, habitée d'un Esprit ? Impossible de le deviner en se fondant sur les critères qui me sont proposés. Il nous faut aussi recenser les maux qui justifient notre présence... Pas grand-chose... Fort heureusement les secousses des chemins creux ont réveillé des douleurs dorsales.

Après une longue attente, nous pénétrons dans la salle de soins. D'abord relégués au fond d'une grande salle très sombre, tous volets fermés pour se protéger de la chaleur, nous distinguons une femme à une table à l'autre extrémité de la pièce. Quelques personnes assises autour de la salle.

La fourche, debout dans un coin, n'est pas loin d'elle. Va-t-elle s'en servir ? Non. Avons permission de nous approcher et de déposer les bouteilles de parfum, puis de nous glisser le long du mur tous les six bien alignés. Elle devine assez bien les faiblesses de mon dos, maltraité lors de la chute d'un ascenseur, découvre un médium en la personne de Sylvie et quelques babioles chez les amis. Mais impossible de nous traiter aujourd'hui, il faudrait être de blanc vêtus. La décision est sans appel. En effet tous, dehors, attendent en vêtements blancs.

Toute cette route faite pour ne rien voir, ne rien faire !

Comme elle nous paraît être d'une classe supérieure à celle de la précédente, nous persistons dans notre intention et prenons rendez-vous pour le lendemain. Mais le retour vers Bahia l'après-midi sous un soleil de plomb, secouée dans cette voiture-boîte à sardine, me laisse sur la sensation d'avoir goûté l'enfer.

Et tout est à recommencer.

Nous sommes contraintes de parcourir la ville brûlante pour dénicher une longueur de tissu blanc bon marché, et de trouver aiguilles et fil blanc pour nous bâcler une sorte de robe blanche.

Ce nouveau matin nous sourit car nous disposons d'un meilleur confort pour voyager. Un ami bahianais utilisera la voiture de location pour son travail et met la sienne, plus vaste et mieux suspendue, à notre disposition. Seule la température ambiante n'en sera, hélas ! pas pour autant changée ! Même jeu, même scène, route, chemins creux, parfums, et tous vêtus de blanc, nous nous présentons.

Accueillis assez aimablement, mis en rang pour défiler l'un après l'autre devant elle tout en déposant sur la table les cadeaux d'usage, je m'entends susurrer à mi-voix des paroles qui me sont traduites, mais ne laissent pas grand souvenir dans ma mémoire.

Puis elle me conseille de m'allonger à plat ventre sur une latte, les yeux fermés. Appelant mes amis autour de moi, elle les utilise pour une sorte de petite cérémonie, puis retourne à sa table, commande le silence et travaille mentalement à distance.

Attentive à toute vibration, je perçois une légère circulation d'énergie au niveau de mon dos, rien au niveau de l'omoplate droite, la plus sensible car aussi la plus sollicitée par le travail.

Le dos est délassé, aucune amélioration de l'épaule.

Contrairement à la guérisseuse de Bahia, celle-ci dispose d'une certaine force bien que je n'en perçoive qu'un faible reflet. Mon énergie se laisse d'autant moins mobiliser qu'elle atteint un haut niveau, le transfert d'énergie devient difficile à réaliser, quel que soit le guérisseur. C'est par concentration mentale qu'elle réussit à induire une légère circulation d'énergie[1]. Il est intéressant, pour le pittoresque, d'avoir rencontré cette femme, mais en temps que guérisseuse, elle ne mérite pas deux détours.

Enfin sur la plage, sous des parasols, nous récupérons des forces. Marie-Laure me confie sa joie de rentrer à Paris, bien avant Francisco) sous le prétexte de préparer un examen. La chaleur l'épuise, la démoralise. Elle rêve la nuit de pluie, de brouillards délicieux, de neige ! Chose étrange, nos rêves sont identiques, la Normandie et ses vertes prairies mouillées que nous évoquons deviennent pour nous la plus délicieuse région à vivre ! La neige, les sports d'hiver, quel rêve !

Et nous évoquons toutes deux, en catimini, pour ne pas offenser les amateurs de chaleur (Mexicain et Pieds-noirs) qui nous accompagnent, le tendre brouillard, la douceur de la pluie, le charme des ciels couverts, la grâce des nuages, la fraîcheur du vent !

La rencontre avec le Dr Edson Queiroz est ardemment espérée. Pour le médecin, ancienne anesthésiologiste que je suis, connaître un chirurgien-guérisseur est un événement ! Après les Esprits africains et indiens (Candomblé et Umbanda), s'annonce maintenant le Monde des Esprits européens.

Le Dr Queiroz part ce soir à l'autre bout du pays donner une conférence et sera à Recife dans quarante-huit heures. Nous aurons le temps de faire l'aller et retour avant de rentrer en France. Déjà, est retenue la chambre d'hôtel à Recife. Hélas ! le lendemain, les journaux nous apprennent que l'avion qui transportait Edson Queiroz a été détourné par des bandits, événement tout à fait exceptionnel dans ce pays. Il s'est trouvé dans la situation de soigner leur enfant malade, lequel a été mis sous perfusion, annonce le journal... Tous nos plans s'écroulent.

Aller le rejoindre en coup de vent, à l'autre bout du pays où une seule province est plus grande que la France, représente le prix d'un aller-retour Paris-Bahia. La seule solution logique est de programmer un nouveau voyage. Ainsi en décide le sort.

1. Voir le processus dans *Médecine du Corps Énergétique, Nos Trois Corps et les Trois Mondes.*

PREMIER BILAN

Après avoir fait la découverte quelques années plus tôt, près d'Antonio Agpaoa, de certaines capacités de l'être humain (qui m'apparaissaient nouvelles puisqu'elles étaient complètement ignorées du médecin hospitalier et occidental que j'avais été), me voici mise en alerte et avide de nouvelles révélations à la suite d'informations étonnantes venues du Brésil. Ce voyage est d'abord envisagé comme une simple prise de contact, mais par impatience et intolérance au climat, j'en viens vite à espérer avoir fait le tour de la question en un seul voyage. Le détournement de l'avion où se trouve Edson Queiroz va me contraindre à plus de sagesse.

Qu'ai-je appris ? Bien que n'ayant pas encore rencontré ses grands spirites, je sais maintenant que la France est affectivement liée au Brésil par Allan Kardec.

Le syncrétisme religieux rencontré me démontre que les Brésiliens, qu'ils soient d'origine africaine ou indienne, ont tout comme Kardec, *ajouté le Monde des Esprits au catholicisme importé.* Et ces contacts se réalisent au cours de fêtes, dans la joie. Il en résulte un point d'interrogation face aux principes de la religion. Un autre point d'interrogation à propos de la mort. Deux arguments supplémentaires pour remettre en question la conception adoptée chez nous à propos de l'anatomie de l'homme.

Le Candomblé subsiste à la tradition africaine, et l'Umbanda à la tradition indienne. L'un et l'autre établissent des contacts avec le Monde des Esprits. Pour bien comprendre la finalité de ces contacts, il me faut maintenant en faire l'approche théorique. C'est à la thèse de José que j'emprunte les renseignements qui suivent, avec sa permission.

Les anciens esclaves africains

Faire connaissance du Brésil à partir de Salvador de Bahia est une bonne chose, cette ville étant considérée comme l'enclave noire du pays. Les Africains y furent importés par les colons brésiliens qui en firent des esclaves. Et plus de trente races africaines s'y sont retrouvées. Dissemblables par leur apparence physique et leurs caractéristiques anthropologiques mais aussi par leurs pratiques religieuses, leur culture et leur langue, ils sont unis par le caractère animiste et fétichiste de leurs croyances. On distingue Soudanais et Bantous.

Les *Soudanais* (originaires du Soudan et du Nigeria) sont installés au nord-est dans l'État de Bahia, et appartiennent à la culture « yoruba ».

Les *Bantous* (originaires du Congo et de l'Angola) sont concentrés autour de Rio de Janeiro, dans le Minas Gerais et à São Paulo.

La culture des *Yorubas* l'a emporté sur les autres, même dans les régions où l'élément bantou était originellement dominant. Cette religion n'a pas un culte possédant une structure capable d'être isolée des autres manifestations de la vie, elle en fait partie. Et comme la théogonie yoruba ressemble singulièrement à celle des catholiques, l'amalgame des concepts respectifs a été facilité et les « prêtres » africains ont pu conserver leurs propres rites sous le couvert du catholicisme... africanisé.

Certaines pratiques fétichistes indiennes ont même pu s'y greffer dans la mesure où elles n'interféraient pas avec les explications divines des événements de ce monde. C'est donc la théogonie yoruba qui est à la base des pratiques religieuses afro-brésiliennes du « Candomblé ». C'est à Salvador de Bahia que cette culture prédomine. Elle y a conservé son intégrité, à cause de la concentration très forte de Noirs et de mulâtres.

Nous avons vu que la cérémonie du « Candomblé » a pour but d'appeler (en langue native africaine) les esprits des dieux africains par le tambour, la danse et les chants les invitant à descendre vers le médium pour l'incorporer. Il existe autant de type d'extases que de types de dieux. Il s'agit d'une transe de possession, expression de la communion de la conscience individuelle avec celle d'une conscience cosmique. Cette incorporation est suscitée, dirigée, contrôlée tout au long par le groupe social, car elle s'insère dans un rituel dansé. La danse y est vécue comme une réjouissance, une adoration, une supplique, un remerciement. Elle est pour ces adeptes ce que le discours est aux groupes plus civilisés.

Chaque espèce d'Oricha ne peut entrer en accord vibratoire qu'avec un être humain appartenant à la même famille vibratoire que lui-même. Nous retrouvons l'importance du Corps-Onde au-delà de la mort. Les caractéristiques vibratoires de l'humain sont détectées par la cérémonie des Coquillages, faite par un Père des Saints ou une Mère des Saints.

Comme la religion officielle obligatoire fut longtemps le catholicisme, le culte aux dieux fut rendu clandestin. La race noire, en s'inspirant des estampes religieuses, a fait, par nécessité, un rapprochement entre ses dieux et les saints catholiques, c'est ce qu'on nomme le syncrétisme. Ainsi, la déesse de la Mer, Yemanja, serait l'équivalence de Notre-Dame de l'Immaculée Conception. Pourtant l'indépendance des religions est revendiquée par les « Mères » et « Pères » des Saints sur leur *terreros.*

Par contre, là où vivaient les descendants bantous, le catholicisme et le spiritisme de conception française marquèrent plus fortement le mélange religieux au détriment de l'héritage africain.

Les Indiens brésiliens

Les Indiens brésiliens appartenaient à la population initiale du pays, avant qu'elle ne subisse les invasions étrangères. Leurs traditions se sont perpétuées dans l'Umbanda[1]. Elles intéresseront tout particulièrement les guérisseurs. Mais il est bon avant d'aller plus loin de définir les termes les plus courants du langage qui va être utilisé.

Les Indiens sont des *animistes,* c'est-à-dire qu'ils croient à l'intervention des Esprits sur les phénomènes naturels.

L'Indien utilise la *magie,* c'est-à-dire une technique permettant de faire intervenir au bénéfice du groupe, des forces dites à tort surnaturelles, car tout est dans la Nature. Elles sont dites surnaturelles car elles appartiennent au Monde Invisible dont les lois diffèrent du monde ordinaire. Ceux qui ne connaissent que le monde ordinaire ne peuvent ni les produire (si ce n'est pas le fait du hasard, voire de l'erreur) ni les comprendre. Pourtant ces forces sont une évidence pour les popu-

1. J'emprunte des informations à la thèse de José et parfois à l'intéressant livre de W. W. da Matta E Silva écrit en brésilien : *Mistérios e práticas da lei de Umbanda.*

lations qui vivent dans le symbolisme et en particulier pour les *Payés* qui en ont étudié les lois.

Le *fétichisme* est une conduite magique dans laquelle les objets fonctionnent comme des êtres dotés de pouvoirs surnaturels. Ces objets font office de symboles, lesquels vont devenir les supports de la manipulation d'énergie.

Dans le *totémisme,* un objet ou totem sert à désigner un clan ou une tribu. Par l'intermédiaire de cet objet, l'ensemble du groupe ethnique entre en correspondance avec l'ensemble du monde de la vie sociale. L'objet devient en somme le symbole d'une aura collective, d'un « champ d'énergie » collectif[1].

Les Indiens et spécialement les peuples *Tupy-Nambas et les Tupy-Guaranis* appartiennent à une race très ancienne qui remonte à deux millions d'années. Ils étaient parvenus à la fin de leur cycle évolutif[2] quand les Portugais vinrent avec Cabral envahir le Brésil. Bien qu'en décadence, la race indienne laissait subsister des vestiges intéressants quand les Européens arrivèrent autour de 1500 : vivaient alors dans l'ultime phase de leur décadence de l'ère précambrélienne les populations des *Tupy-Nambas et des Tupy-Guaranis.*

Ils avaient une civilisation aussi avancée que celle des autres peuples de l'Amérique du Sud, les Maïas ou les Quechuas. Leurs conceptions, leur mystique, leur théogonie étaient d'une grande

---

1. Voir *Nos Trois Corps et les Trois Mondes, Forces et intelligences organisatrices* et *Le Temps des incertitudes.*

2. Pour comprendre cette question de décadence des races, il faut faire appel au phénomène de « migrations spirituelles ». Un beau jour les Esprits cessent progressivement de s'incarner dans une race, pour aller animer, dans de nouvelles conditions, une nouvelle culture, un nouveau mouvement de réincarnations et construire une nouvelle race. En fonctions des ordres d'une Loi Supérieure Karmique, une race entre en décadence par son nombre, sa résistance, sa force. Faute du dynamisme des réincarnations, elle s'éteint. L'humanité obéissant à la Loi des Cycles et des Rythmes évolue constamment à travers les diverses races. Une race passe par une ascendante de progrès à laquelle succède une phase de décadence.

Divers facteurs physiques, psychiques ou moraux, des causes biologiques, cosmiques, etc., contribuent à la décadence et à la disparition des races préhistoriques et des civilisations.

On reconnaît suivant l'antique Tradition : la race préadamique, la race adamique, la race lémurienne, la race des Atlantes, et la race aryenne qui est la nôtre.

Il existe sept cycles karmiques, donc sept cycles évolutifs, donc sept races.

pureté et d'une grande maturité spirituelle. La langue, le *nheengatu* ou idiome sacré, était une langue polysyllabée qui s'était trouvée policée à travers les millénaires et avait donné naissance à divers idiomes très anciens. Elle possédait des phonèmes, un style métaphorique, des racines.

Les Indiens croyaient et adoraient un Dieu suprême, maître de toutes choses et qu'ils nommaient avec beaucoup de vénération, le dieu *Tupan ou Tupa* (*tu* qui signifie « bruit » et *pan* qui signifie « haut et clair »). Tupan était le Suprême Manipulateur, celui qui manipule la Nature et les Éléments, le Divin Forgeron qui bat sans cesse l'enclume cosmique.

Ils vénéraient Guaracy, Yacy et Ruda qu'ils présentaient comme la *Triple manifestation* du pouvoir de Tupan.

Guaracy est le Soleil ; de *guara,* « vivant », et *cy* « mère ». C'est la représentation visuelle, physique, du Pouvoir Créateur qui à travers lui, créa les éléments de la nature, les choses, les êtres, etc. De Guaracy sortent des flèches de feu car il est aussi l'élément feu, le père de la nature.

Yacy est la Lune, de *ya,* « plante », et de *cy,* « mère » ou « progénitrice ». C'est la mère des végétaux de la Nature.

Ruda ou *Peruda* est la divinité qui préside à l'amour et à la reproduction.

Ainsi, Guaracy représente l'éternel masculin, le principe vital positif uni par Ruda, l'amour, à Yacy, l'éternel féminin. Ruda est l'intermédiaire entre les deux principes créateurs de la Nature. On devine ses affinités avec la planète Vénus. Ce détail est intéressant car je prétends que les énergies du guérisseur passent par la longueur d'onde des affects.

Dans la langue la plus ancienne de la terre qui avait pour nom *l'abaheenga,* la déesse de l'Eau se nomme *Muyrakitan.* On la vénérait par un culte spécial, car on croyait en ses pouvoirs magiques et thérapeutiques, ceci au travers d'une substance spéciale recueillie au fond de certains lacs et que l'on transformait en amulettes ayant la forme de disques.

Des jeunes filles vierges lui étaient dédiées. Elles attendaient la pleine lune pour recueillir l'argile verte qui se trouvait au fond du lac sacré. Après une préparation magique et ritualiste durant laquelle on invoquait les fluides de la Lune à travers des cantiques, elles s'avançaient dans la forêt, jusqu'au bord de l'eau, puis elles y plongeaient pour recueillir l'argile. Pendant ce temps d'autres jeunes filles chantaient des mélopées rythmées et magiques jusqu'à l'aube. Cette argile était transformée en amulettes en forme de disques qui allaient servir de talismans après avoir séché et durci au soleil.

Ces amulettes de couleur verte, plus précieuses encore si elles étaient de couleur blanche, se nommaient *itaobymbae.* Portées aux oreilles par les femmes, aux lèvres par les hommes. Ils prenaient le nom de *tembeta,* talismans de couleur verte en forme de T qui pendaient à la lèvre inférieure, à travers une perforation.

Itaobymbae et tembeta réunis représentaient la force magique de Tupan, le dieu unique.

Le *Tuyabae-cuaa* est le nom du savoir des vieux *Payé* qui possédaient la tradition occulte, conservée au travers de millénaires de Payé en Payé, de Maître en Maître, de magicien en magicien, lesquels possédaient toutes les connaissances magiques, thérapeutiques, spiritualistes, ritualistes, etc. Le Payé se distingue du *karayba* qui est le féticheur qui s'adonne à des pratiques d'inspiration nègre.

La tradition des vieux mages nous apprend que dans le passé *Yupitan* (enfant blanc illuminé par le soleil, l'Enfant Jésus fut envoyé par le dieu Tupa ?) Quelques générations plus tard vint de l'Orient un vieillard à barbe blanche qui s'appelait Suman chez les Tupy-Nambas et Yurupary chez les Tupy-Guaranis. Il enseigna la Loi Divine. Un jour il disparut après avoir laissé tous les secrets du Tuyabaé-Cuaa. Aussi fut-il considéré comme le père du savoir. Pour les Tupy-Guaranis, il était le *Messie, l'incarnation du Christ planétaire.*

Ces peuples adoraient la *Croix* et faisaient du feu en frottant deux morceaux de bois mis en croix : c'était le Feu Sacré, conservant la tradition sumer.

Ils lisaient dans le fruit de la passion ou *maracuja* le mystère de la Croix : la fleur de la passion s'ouvre quand le soleil se lève et se ferme quand le soleil se couche. On reconnaît sur la fleur les épines, les clous, la couronne, symbole du martyre du fils de la Vierge.

Ils pratiquaient un *baptême par immersion.* Il est étonnant de constater combien leurs croyances étaient proches de celles de la religion catholique.

Une prophétie leur avait annoncé que des étrangers viendraient en portant la Croix. Les Indiens voyant la Croix sur le drapeau des catholiques portugais les accueillirent comme des amis, comme des frères. Mais quand les jésuites vinrent d'Europe, ils n'acceptèrent pas que des Indiens puissent connaître sans avoir été évangélisés par eux les grands archétypes du Feu Sacré, de la Croix, du Christ planétaire, de la Passion. Pour se démarquer de la civilisation indienne, ils donnèrent de celle-ci une interprétation bien particulière : de ce Christ Cosmique ils firent le Diable.

Ces Indiens connaissaient la musique et toutes les pratiques de la médiumnité. Ils étaient des maîtres dans l'art de guérir des maladies que la médecine officielle aujourd'hui ne sait guérir. Dans certains cas on fait parfois appel, même aujourd'hui, à la science de leurs descendants qui possédaient le secret de la culture des plantes et de leur préparation.

Prenant soin des Esprits, ils faisaient des fumées propitiatoires pour *Anhanga,* l'Esprit des âmes qui sont dans la peine.

Ils prenaient grand soin des médiums, ces femmes qui tombaient en transe et avaient le don de prophétie. Ils préparaient les cérémonies au cours desquelles se feraient les révélations à l'aide de fumées de plantes, jouaient de la musique sur des calebasses dans lesquelles ils mettaient des petites pierres et chantaient des mantras spéciaux pour faciliter l'extériorisation du Corps Astral. Ils posaient sur leur front le *mbaraca,* calebasse dans laquelle ils mettaient des amulettes et qu'ils utilisaient aussi à des fins hypnotiques. Les médiums tombaient à terre, en transe, se relevaient un peu plus tard et prophétisaient.

Le Payé pratiquait couramment des sortes de cessions à fins médiumniques au cours desquelles il invoquait *Ra-Anga,* l'Esprit de Lumière. Maître dans l'art de la magie il en connaissait tous les secrets. Le savoir des vieux Payés s'appelait le *caa-yary.*

Un Allemand, Sans Standen, qui fut longtemps le prisonnier des Tupy-Nambas, a pu assister et décrire les phénomènes étonnants produits par les Payés. Un autre témoin digne de foi, le père Simon de Vasconcelos, relate dans le livre II des *Chroniques de la Compagnie de Jésus des États du Brésil* le cas de la *massue sanglante* qui est la démonstration du pouvoir des féticheurs, les *karaybas.* Il raconte comment des Indiens fixèrent deux morceaux de bois fourchus dans le sol, y attachèrent une massue de bois entourée de plumes. Dansant, chantant autour d'elle, soufflant sur elle, il se fit que la massue se détacha toute seule, s'envola, disparut au loin, puis revint, ensanglantée, se replacer entre les deux fourches de bois.

Si chaque tribu d'Indiens brésiliens possédait son propre système de croyances et de rites, toutes avaient pourtant en commun la croyance au surnaturel, le culte des morts, la conviction que la maladie était l'œuvre des Esprits malins, la nécessité de la présence d'un Payé devenu aujourd'hui *Pagé*, à la fois guérisseur et prêtre pour les guider.

Pour ces Indiens animistes, hommes et animaux sont censés avoir un Esprit qui leur survit. La jungle avec ses bêtes exotiques, ses plantes étranges, ses mystères profonds, marque puissamment sa présence dans les danses fétichistes, la symbiose « homme-animal » fait partie des croyances des habitants de la jungle.

Ils croient donc à la survivance de l'âme.

L'âme de l'être humain a pour nom *Ekwe*. Quand son propriétaire est décédé de mort naturelle, il abandonne son enveloppe charnelle pour aller résider éternellement dans le village des supraterrestres, là où l'abondance « est » sans limite, le travail obligatoire inexistant et la mort inconnue. Par contre, si le trépas a été « sinistre », s'il y a eu transgression des lois sur l'inceste ou si la fin a été provoquée par des manœuvres de sorcellerie, alors l'*Ekwe* se mue en *Azang*, lequel va se mettre à errer par les forêts ou s'établir dans un cimetière.

Les situations les plus variées sont attribuées aux agissements de l'Esprit maître des eaux et de leurs habitants, ou encore de l'Esprit maître de la forêt et des animaux, et même de l'Esprit errant d'un mort.

Chaque tribu d'Indiens brésiliens possède son assortiment compliqué de dieux et de déesses qui « résident » dans les arbres, sous les rochers, dans les cours d'eau, dans le ventre des poissons, dans le corps des animaux, dans les nuages, dans les montagnes, etc. Ils croient à ces Esprits et en ont peur. Ils n'ont aucune notion des microbes ou de la maladie et pensent que si un homme tombe malade, c'est parce qu'un Esprit mauvais est entré dans son corps. Cette notion est aujourd'hui nommée envoûtement.

Le Pagé

Aujourd'hui encore, chaque tribu a comme autrefois, dans son sein, un homme capable de chasser les Esprits mauvais. Le don se reconnaît par la facilité avec laquelle le sujet est capable de tomber en transe. Un garçon qui tombe facilement en transe et « qui parle avec les Esprits » est un sujet tout désigné pour être formé par le sorcier-guérisseur auquel il va être confié. Comme ces Indiens ne savent ni lire ni écrire, le jeune garçon, qui a souvent moins de dix ans, vit avec le sorcier et apprend par cœur ses secrets.

Il apprend comment souffler la fumée sur les parties du corps malade afin qu'elle trouble les Esprits et assainisse ces régions, comment faire chanter, et secouer la calebasse pleine de cailloux pour effaroucher l'Esprit. Il apprend comment entrer en transe pour attirer l'Esprit mauvais du corps malade dans le sien et à le chasser ensuite hors de lui. (On reconnaît les actions successives du médium et du guérisseur.)

A chaque transe nouvelle, la figure du médium se transforme, sa vie change, il est vieux ou jeune, femme ou homme ; il est devenu l'Esprit lui-même, descendu dans son corps et qui parle par sa bouche, pour transmettre une parole d'espoir au malheureux qui l'écoute, recommander une tisane au malade qui souffre, réunir les couples désunis, ou désunir les couples unis, car ce « prêtre » peut devenir aussi un sorcier redoutable. Il existe un culte indien pour le bien et un autre pour le mal !

Selon les croyances indiennes, la maladie peut-être provoquée par un objet spécifique appelé *Ymae,* qu'un être surnaturel a introduit dans le corps de sa victime. Cela peut être un fruit, une graine, un os, une arête, etc. La forme et la substance variant selon l'Esprit qui l'utilise. (On pourra retrouver une analogie avec les objets que fera « cracher » le pasteur protestant à Bençao, ce qui sera décrit dans le second voyage.)

Chacun des Esprits possède son Ymaé spécifique, et seul le Pagé est en mesure de les identifier les uns et les autres.

Pour que l'officiant soit capable d'extraire l'objet néfaste du corps de l'affligé et le guérir, il doit être un « familier » de l'Esprit malfaisant, afin d'être en mesure de collaborer avec lui après l'avoir appelé. Autrement dit entrer en vibration avec lui [1]. Le Pagé le plus populaire, le plus puissant, a pour « familiers » un grand nombre d'Esprits. Il travaille en aspirant longuement la fumée d'une cigarette indienne (laquelle possède un pouvoir

1. Nous retrouvons l'utilisation des propriétés du Corps-Onde, et le phénomène de la mise en résonance vibratoire.

hypnotique) jusqu'au moment où l'Esprit le pénètre. Il tombe alors en transe hypnotique. (Nous reverrons ce phénomène chez le Dr Edson Queiroz, ultérieurement, mais l'induction en sera différente.)

Le Pagé souffle souvent la fumée d'une de ces cigarettes dans le creux de ses mains qu'il passe ensuite sur le corps du patient. Ensuite, il masse le cou, le torse du patient, dirigeant « cela » vers un endroit déterminé, applique sa poitrine contre celle de l'autre, essayant de faire passer l'Ymae du malade dans son corps à lui (il fonctionne en médium). S'il n'y réussit pas, il se met à sucer avec sa bouche, jusqu'à ce que finalement, il parvienne à extraire l'Ymae. Parfois nul ne peut voir Ymae qui n'est que vibrations ; parfois ces vibrations peuvent se matérialiser et des Indiens reçoivent du Pagé l'objet extrait de leur corps.

On attend aussi de lui de savoir lire dans l'avenir, de dire qui a jeté le mauvais œil sur des membres de sa tribu, de faire pleuvoir quand tout est si sec, qu'il n'y a plus rien à manger à l'exception de l'écorce des arbres et des sauterelles. « Il doit également conseiller le chef de la tribu pour gouverner, célébrer les mariages et les funérailles, servir d'intermédiaire entre sa tribu, les autres tribus et les Blancs. »

Caa-yary est aussi l'Esprit protecteur des plantes médicinales. Le Pagé connaît les feuilles qui soulagent les maux d'estomac, les racines qui, réduites en poudre, calment les douleurs, et comment faire un cataplasme de boue, de cire d'abeilles et d'herbes pour retirer le poison après une morsure de scorpion ou de serpent. Ses secrets magiques tiennent compte des transits des astres.

Il occupe le second rang dans l'ordre hiérarchique de la tribu après le chef. Il lui est interdit de se marier et d'avoir des enfants.

« Il est supposé ne pas commettre d'erreurs. S'il ne réussit pas à guérir un malade, à faire tomber la pluie, à frapper d'un fléau une tribu ennemie, il peut craindre le bannissement, voire la mort.

« Lorsqu'un sorcier vieillissant sent son pouvoir diminuer, il le remet entre les mains de son protégé, mais l'on a vu quelquefois le protégé, impatient de commencer à faire ses preuves, tuer son maître et prendre la tribu en main. »

Évolution de la religion de l'Indien brésilien

« La religion de l'Indien brésilien est une religion sans danse, une religion de chambre fermée des gens pressés entre quatre murs, dans la fumée des herbes aromatiques » qui chassent le mauvais esprit « à la lueur fumeuse de cierges, autour d'une table de bois sur laquelle trône la " princesse protectrice ". » La vie de l'Indien brésilien, en effet, reste imprégnée en toutes ses phases d'un animisme, d'un totémisme, d'une magie sexuelle qui ne pouvait que se communiquer à la civilisation des Portugais colonisateurs.

« Celui-ci, devenu brésilien, a gardé de la civilisation animiste et totémiste indigène une attitude inconsciemment totémiste et animiste face aux plantes et aux animaux. L'imagination populaire a doué ces derniers d'une malice véritablement humaine, parfois même d'une intelligence supérieure à celle de l'homme : le folklore, les contes populaires, les superstitions, les traditions au Brésil le montrent bien. »

C'est parce qu'elle ne correspondait plus aux besoins sociaux que la langue tupy fut supplantée par la langue portugaise. En échange, de nombreux mots du vocabulaire indigène sont venus enrichir la langue portugaise. De même, mythes, légendes, superstitions, coutumes locales indigènes se sont incorporés au folklore brésilien. Leurs connaissances sur la forêt, les plantes alimentaires et médicinales, les instruments de pêche, les méthodes de chasse, de tissage, leurs recettes culinaires ont enrichi le savoir brésilien. L'influence culturelle s'est fait sentir en architecture, en poésie, sur les danses populaires.

L'Umbanda

L'Umbanda s'est constituée après 1547, quand les racines africaines et amérindiennes se sont fusionnées au cours d'un cérémonial qui s'est nommé *Adjunto de Jurema.* Premier signe de dégénérescence du culte Yuréma qui fut un des aspects les plus purs du culte primitif de Muyrakitan déjà évoqué. Puis surgit quelques années plus tard une espèce de rite qui fut connu sous le terme de *Candomblé de Cabloco.*

Le rite Umbanda actuel n'existe que depuis une cinquantaine

d'années. Il est né du besoin des classes moyennes et inférieures de la population urbaine de croire à quelque chose de moins simpliste que les rites africains de Bahia et intellectuellement moins compliqué que le Spiritisme Philosophique et Expérimental de conception française.

Tandis que dans la Candomblé, seuls sont incorporés les Esprits africains, dans le culte Umbanda les médiums incorporent non seulement les Esprits africains, mais aussi des Esprits indigènes et les Esprits des Blancs décédés.

« *L'Umbanda utilise l'Esprit des morts pour soigner et guérir les malades.* Les médiums sont censés incorporer les Esprits des vieux sages noirs, d'anciens Pagés indiens et d'anciens docteurs blancs décédés. Par l'imposition des mains, par des gestes et des paroles " magiques " les médiums " chassent les esprits malins qui tyrannisent les malades. Par le discours oral, les médiums donnent de bons conseils aux patients, prescrivent un rituel magique à suivre chez soi, afin de se libérer d'un problème, ou prescrivent des médicaments à base d'herbes ".

« Les médiums travaillent souvent debout dans le " sanctuaire " imprégné d'encens où des objets fétiches se mélangent avec les images de saints catholiques, de dieux africains, voire indiens. Prières et chants collectifs accompagnent le départ des Esprits incorporés et le retour des médiums de l'état de transe à l'état ordinaire de conscience. »

Cette fusion a encore dégénéré, elle est devenue le *Catimbo.*

On l'appelait ainsi parce que les assistants des cérémonies utilisaient le tambour (*timbo*) et fumaient la pipe.

Il existe des manuels relatifs au Catimbo. Ceux-ci, pratiqués dans les *terreiros* au milieu de la nuit, sont préjudiciables à la conservation de la Tradition, car ils n'utilisent malheureusement que les forces du bas astral. De multiples sous-groupes se sont créés, altérant dans leurs pratiques les rites primitifs, souligne Da Matta E Silva.

Certains *babàs* et *tatas* ont remplacé les danses et les rites sacrés par des danses et des rites sacrilèges.

La *quimbanda* en est un exemple. Elle n'applique plus aux tambours les soins pris autrefois avant de les utiliser pour en chasser le mauvais esprit nommé l'*exu-pagâo* (ou Diable des catholiques).

Tous ces mélanges donnent la *macumba*[1], la magie nègre, et dans certains États le *canjere, paljelança, batuque,* lesquels depuis cinquante ans ont été mêlés de spiritisme venant d'Allan Kardec.

Les *Cablocos* sont les Esprits de ceux qui vivaient autrefois dans le véritable rituel de l'Umbanda. Ils interviennent actuellement, dit-on, au cours des cérémonies pour inciter les pratiquants à retrouver les lois originelles. Un mouvement d'épuration et de retour aux sources est en cours.

De la véritable Umbanda, je retiens comme étant particulièrement intéressante la notion des *Sept Forces,* qui sont les vibrations originelles liées aux sept planètes et à leurs forces électromagnétiques car elles me sont familières.

La première vibration originelle est celle d'*Oxala* qui a le niveau vibratoire le plus élevé et qui est en rapport direct avec le Christ.

Elle contrôle les autres lignes et manipule la magie positive, les élémentaux ou Esprits de la Nature en rapport avec le courant électromagnétique du Soleil.

La seconde est celle de *Yemanja,* elle manipule la magie positive avec les élémentaux de l'Eau et les courants électromagnétiques de la Lune.

Puis vient la ligne de vibration de *Yori,* liée aux enfants, elle manipule la magie positive avec les élémentaux de la Terre et de l'air et les courants de la planète Mercure.

La quatrième est liée à *Xango,* elle manipule la magie positive ou magie blanche, encore liée aux Esprits de la Nature, le Feu et l'Eau, et la planète Jupiter.

La cinquième est *Ogoum,* elle manipule la magie positive ou blanche, liée aux Esprits du Feu et de l'Eau, et la planète Mars.

La sixième est *Oxossi,* à la fois masculine et féminine, elle manipule la magie liée aux élémentaux de la Terre et de l'Air et à la planète Vénus.

La septième enfin, *Yorima,* manipule la magie liée aux élémentaux de l'Air et de la Terre et à la planète Saturne. Elle se manifeste sous la forme des *preto-velhos* et des *pretas-velhas* (qui

1. Il est étonnant de constater que toutes ces données concernant le Candomblé, l'Umbanda, etc., décrites d'une façon si précise et si caractéristique à partir de leurs origines, de leur évolution et des types de cérémonies, par des Brésiliens comme José et Da Matta E Silva, sont mêlées sans distinction, unies dans un même ensemble dans *Le Dictionnaire des religions,* P.U.F.

sont les anciens magiciens noirs) et manipule l'énergie positive sous tous ses aspects.

Il est intéressant de voir que ces liens avec les énergies planétaires étaient connus de cette ancienne culture. Ce fait me frappe d'autant plus que je m'adresse depuis bien des années à ces mêmes énergies pour soigner et ai constaté l'efficacité de ces interventions. (Dès *Médecin des Trois Corps,* je signale qu'il est souvent possible au *feeling* de reconnaître les caractéristiques d'une planète piquée sur l'ascendant de la carte du ciel !)

Chapitre II

ENTRE DEUX VOYAGES

ALLAN KARDEC

Ma connaissance d'Allan Kardec se limite à sa tombe, toujours fleurie, dit-on. Deux expériences ont cependant marqué ma vie :

Pendant la guerre de 1939-1940, alors que mes parents m'avaient emmenée passer des vacances en Normandie profonde dans un petit hôtel de la région de Sées, où l'on était assez bien nourri malgré le rationnement infligé par l'occupation allemande, vint un jour s'installer une institutrice, accompagnée de son mari et de ses enfants. Alors que nous étions inquiets d'entendre passer les avions au-dessus de nos têtes, elle nous annonça qu'elle pouvait nous renseigner sur les sujets qui nous intéressaient en faisant tourner la table.

Motivés par l'anxiété, nous voici tous cédant à sa proposition. Les hôteliers sont priés de trouver une table ronde à trois pieds. (Il faut que la table, pour basculer aisément, soit légère et de préférence munie d'un nombre impair de pieds.) Puis, le dîner terminé, les tables débarrassées, la séance commence.

L'institutrice désignant, d'après je ne sais quel critère, ceux qui vont participer à l'expérience, pointe son doigt en ma direction. Inquiète, j'observe cette femme, yeux écarquillés et l'écoute, oreilles tendues. « Nous sommes, dit-elle, entourés par les Esprits des morts, lesquels peuvent communiquer avec nous par l'intermédiaire de coups frappés par la table : un coup c'est oui, deux coups, c'est non ; ou encore, un coup c'est A, deux coups B, trois coups C, quatre coups D, etc. », dit-elle. Je pense alors que la conversation doit traîner en longueur ! Le cœur battant à l'idée de pénétrer dans l'intimité des morts, je place mes jeunes mains, doigts écartés, au contact des pouces et des auriculaires de mes voisins... Il faut attendre patiemment que la table chauffe... Tout à coup, quelques craquements...

« Esprit, es-tu là ? dit l'institutrice.

— Je suis là », dit l'Esprit, secouant une fois la table.

Cette table basse est placée sur deux tables de restaurant rapprochées l'une de l'autre. En s'agitant, la voici qui dépasse les limites permises et menace de sauter de son perchoir. Les non-participants se précipitent pour éviter la chute au sol.

Alors commencent les questions :

« Qui es-tu ?

— Napoléon. »

Napoléon en personne vient nous renseigner ! C'est à la fois impressionnant et réconfortant en pleine guerre !

Grâce à Napoléon nous serons quotidiennement rassurés sur l'issue de la guerre.

Ces séances prennent rapidement pour moi l'allure d'un jeu et je n'y attache alors pas plus d'importance. Mais l'idée fait son chemin. A tel point que de retour à la maison, je recommence l'expérience avec une petite table basse à quatre pieds obliques, faute de mieux. La table, non seulement se met à bouger, mais aussi à sauter, empruntant la porte de ma chambre, comme pour sortir de celle-ci.

... Effrayée par tant d'activité, je l'abandonne lâchement pour ne plus jamais recommencer l'expérience.

Beaucoup plus tard, passant quelques jours dans un petit village des Philippines au milieu des médiums, après prières et méditation, je suis invitée à ce genre de pratique. Et cette ambiance, des médiums appelant les Esprits dans la pénombre, laisse en moi un souvenir inoubliable.

Comme de simples chemins traversent le village, les side-cars servant de taxis soulèvent-ils en saison sèche des nuages de poussière. Poussière qui se dépose sur les feuilles des arbres bordant le chemin et s'infiltre dans les maisons de bambous. La luminosité en est modifiée et plus encore celle que fournit la lumière des bougies quand vient la nuit. On est déjà placé dans un monde irréel, nuageux, coloré ici et là par des taches de couleur qui appartiennent aux vêtements des médiums.

Dans l' atmosphère encore chaude malgré l'heure tardive, mes poumons respirent difficilement cet air épais. Aussi l'Esprit venant me rencontrer éprouve-t-il des difficultés de communication (?) car je n'écris qu'une suite de mots indistincts... Agpaoa ne m'ayant jamais proposé cette expérience, j'ignore ce qui se serait passé en sa présence.

Pour m'instruire, aujourd'hui, me voici donc, comme au premier temps de mes recherches du début des années 1970, errant dans les librairies, achetant des livres sur le Monde des Esprits ; un peu au hasard, en ayant l'impression de redoubler des classes, une bonne douzaine d'années après ma quête initiale, et n'osant dire à mon entourage qu'après l'aventure philippine, je m'engage dans celle des Esprits.

Un psychiatre brésilien venu faire une thèse de médecine en France sur Kardec, des dizaines de millions de kardécistes en Amérique du Sud, cela mérite réflexion. Munie de quelques livres dont une *Introduction pratique sur les manifestations spirites, Le Livre des Esprits* et *Le Livre des Médiums* d'Allan Kardec, me voici essayant de faire connaissance avec ce héros méconnu des Français.

H.-L. Rivail est né à Lyon en 1804 d'une famille de magistrats ; il mourut en 1869, âgé de soixante-cinq ans. Il était professeur.

A l'âge de cinquante ans, des amis l'entraînèrent à assister à une séance de tables tournantes. Rivail-Kardec reçut une communication émanant d'un Esprit protecteur lui disant qu'ils s'étaient l'un et l'autre connus dans une existence antérieure au temps des druides, dans les Gaules. Rivail portait alors le nom d'Allan Kardec. Ce correspondant lui promit de le seconder dans la tâche qui l'attendait. C'est ainsi que bravant les calomnies et le ridicule auquel on peut s'attendre quand on vit en France, Kardec, sous ce nom, et fort de cet appui, se mit au service des Esprits, créa la *Revue spirite* et rencontra ainsi les spirites du monde entier.

M. Delanne relate sa première rencontre : « Sa conversation, comme vous le pensez, fut des plus attrayantes. Ses relations avec des intelligences supérieures, son acquis scientifique, ses lectures, que l'on désigne sous le nom de progrès, embellissaient sa conversation. Il avait le culte de tout ce qui était beau, grand, généreux, ainsi que le respect de toutes les opinions. Il tirait une leçon de toutes les controverses ; il ne perdait pas de vue son objectif favori : la fusion de tous les cultes, de toutes les religions en une philosophie universelle sur le nom générique de " *spiritisme* ". »

Puis l'auteur donne le compte rendu d'une réunion : « Nous vîmes une douzaine de médiums des deux sexes obtenir des communications écrites très rapidement, répondant aux questions posées par Allan Kardec lui-même comme président de l'assemblée. On lut des correspondances de province et de l'étranger. Rien de plus intéressant, de plus attrayant que l'envoi de ces mille faits obtenus par des personnes étrangères les unes aux autres et qui cependant concordaient d'une manière irrécusable. Ici on était sur le domaine purement expérimental. C'était donc un double enseignement. »

Allan Kardec, « habité » par l'esprit scientifique autant que par les Esprits..., commence par choisir et définir les mots qu'il allait utiliser :

Opposant *spiritualisme* à *matérialisme,* il choisit le mot de *spiritisme* pour parler de sa doctrine, laquelle a pour but de faire découvrir les relations du monde matériel avec les Esprits ou les Êtres du monde invisible. Puis il essaie de donner des définitions. On pressent déjà qu'il va faire du spiritisme une *science expérimentale.*

Ainsi qu'est-ce que *âme ?* Trois hypothèses se présentent :

— selon les *matérialistes :* c'est le principe de la vie matérielle organique sans existence propre et qui cesse donc avec la vie, l'âme est *l'effet et non la cause ;*

— selon une certaine variété de *panthéistes,* l'âme est le principe de l'intelligence universelle dont chaque être absorbe une portion. L'âme universelle serait Dieu et chaque être une portion de la divinité.

Cette âme unique distribue ses étincelles entre les divers êtres intelligents pendant leur vie, mais chaque étincelle retourne à la source première et commune pour se confondre dans le tout après la mort. Donc pas d'individualité possible ;

— selon les *spiritualistes,* l'âme est un être distinct, indépendant de la matière, capable de conserver son individualité après la mort. *L'âme est la cause et non l'effet* (voir les ouvrages précédents, diverses observations sont en faveur de ce fait).

Kardec constate avec regret que notre langue ne possède

qu'un seul mot pour exprimer plusieurs idées. Il essaie de mettre de l'ordre en différenciant :

— l'AME : l'être immatériel et individuel qui réside en nous et survit au corps (si cet être n'existait que dans l'imagination, il faudrait un quatrième mot pour le désigner !) ;

— le PRINCIPE VITAL : lié à la vie organique, abstraction faite de la faculté de penser (il est présent chez les plantes et l'homme) ;

— le FLUIDE VITAL, qui à cette époque désigne un fluide spécial universellement répandu que chaque être pendant sa vie absorbe et assimile, tout comme les corps inertes absorbent la lumière. Ce fluide vital est aussi appelé *fluide magnétique*. De nos jours il se nomme « Énergie » ;

— enfin, Kardec note qu'*intelligence et pensée* sont des facultés propres à plusieurs espèces organiques mais que *l'homme seul est doué d'un sens moral*.

Ainsi les choses deviennent claires :

— l'*âme vitale* est commune à tous les êtres organiques : plantes, animaux, hommes ;

— l'*âme intellectuelle* est le propre des animaux et des hommes ;

— l'*âme spirite* appartient à l'homme seul.

Quant aux Esprits, le fait qu'ils nous fournissent des informations laisse supposer qu'une intelligence venue d'Ailleurs existe et se manifeste.

Les coups frappés par la table se levant et retombant suivant un code en est une preuve. Les réponses développées à l'aide de l'alphabet et les corrélations avec la question posée en seraient une autre.

Trouvant le moyen de correspondance de la table long et incommode, Kardec suggère d'adapter un crayon à une corbeille, de poser le tout sur une feuille de papier, pendant que les doigts des participants se placent sur le bord circulaire de cette corbeille. Mis en mouvement par la même puissance occulte, le crayon se met à tracer des caractères qui forment des mots, des phrases et des discours entiers sur plusieurs pages, avec autant de rapidité que si l'on écrivait à la main.

Ce fut fait à Paris, le 10 juin 1853.

Plusieurs personnes peuvent poser le doigt sur la corbeille et chacun entrer successivement en communication avec un Esprit.

Chose étrange, suivant l'Esprit qui se manifeste, l'écriture change.

D'autres, depuis, ont remplacé la corbeille par une planchette.

Enfin, on reconnut que tout cet attirail n'était qu'un appendice à la main, car un médium prenant directement le crayon peut se mettre à écrire les messages, la main étant animée par une impulsion involontaire.

Plus étrange encore est l'écriture directe par l'intermédiaire des Esprits sans concours de la main, du médium ou du crayon...

J'ai vécu depuis le début de mes recherches des choses si étranges que je veux bien aujourd'hui tout entendre sans formuler de critique définitive.

LÉON DENIS

Sur les conseils de José, qui connaissait parfaitement la bibliographie du spiritisme, j'ouvris le livre de Léon Denis, *Après la mort,* et fus remplie d'admiration devant la maîtrise avec laquelle il démontrait que l'homme avait été en contact avec le monde des Esprits aussi loin que l'on puisse remonter dans le temps. Les médiums étaient alors appelés des prophètes.

Dans ce livre, avec respect il évoque Jésus-Christ, lequel fit une partie de son éducation sur les rives de la mer Morte avec les Esséniens, groupe d'initiés dont la colonie s'étend jusqu'à la vallée du Nil et qui conservaient la pure doctrine. Mais il déplore l'évolution du christianisme dans le temps : « Le catholicisme a dénaturé les belles et pures doctrines de l'Évangile par ses conceptions de salut par la grâce, de péché originel, d'enfer et de rédemption. L'Église a dominé le monde par l'épouvante, par la menace des supplices, alors que Jésus voulait régner par l'amour et la charité. Elle a armé les peuples les uns contre les autres, élevé la persécution à la hauteur d'un système et fait couler des flots de sang. [...] Le catholicisme prête à l'Être suprême toutes nos faiblesses. Il en fait une sorte de bourreau spirituel qui voue aux derniers supplices les êtres débiles, ouvrage de ses mains. Les hommes créés pour le bonheur succombent en foule aux tentations du mal et vont peupler les enfers. Ainsi son impuissance égale son imprévoyance et Satan est plus habile que Dieu !

« Et Dieu pour sauver le monde qu'il avait mal bâti aurait

sacrifié son fils ! Dieu tuant Dieu pour apaiser Dieu ! peut-on dire en paraphrasant Diderot.

« Le catholicisme a obscurci les consciences par la superstition, troublé les intelligences par l'idée sombre et terrible d'un Dieu vengeur. Il a déshabitué l'homme de penser, il lui a appris à étouffer ses doutes, à annhiler sa raison et ses plus belles facultés, à s'éloigner de tous ceux qui cherchaient librement et sincèrement la vérité, à estimer seulement ceux qui portaient librement le même joug que lui.

« Pourtant, continue Léon Denis, les premiers chrétiens se livraient aux évocations et communiquaient avec les esprits des morts (Actes des Apôtres VIII,26,XXI,27,28 ; XVI,6,777,XXI,4). Quelques grands de l'Église se sont élevés contre les dogmes : saint Grégoire de Nysse par exemple qui pensait que " l'âme immortelle doit être guérie et purifiée, et, si elle ne l'a pas été dans sa vie terrestre, la guérison s'opère dans les vies futures et subséquentes ". »

Je comprends pourquoi le spiritisme a été étouffé par la religion et considéré comme un péché. Ces raisons furent pressenties en 1970, au moment où la perte de ma mère me contraignit à mettre de l'ordre dans mes opinions afin qu'elles devinssent mes idées. Et je devins critique à l'égard de l'Église, ne trouvant nul secours dans ses dogmes, nulle lumière capable d'éclairer l'épreuve, et refusant de croire aveuglément à ce qu'elle appelait ses mystères.

Si chacun, par les épreuves de la maladie, ou par le travail effectué dans les vies successives, devient responsable de lui-même, si la mort n'est plus un objet de terreur, alors l'Église et ses prêtres perdent de leur pouvoir, de leur raison d'être.

C'est ainsi que pour conserver ses prérogatives, l'Église décida que les échanges avec les Esprits seraient commerce avec le Démon et donna à Satan toute son importance.

« La nuit qu'ils voulaient pour les autres se fit en eux-mêmes. »

« La vérité quitta les autels pour se dissimuler, allant inspirer d'humbles missionnaires, des apôtres obscurs, qui sous le nom d'Évangile de saint Jean cherchèrent à rétablir la vérité. »

Alchimistes, templiers, rose-croix, etc., en conservèrent les principes et furent victimes du despotisme religieux.

A l'intention des incrédules, rappelons entre autres qu'aucun témoignage de l'intervention des Esprits dans l'histoire des peuples n'est plus célèbre que l'histoire de Jeanne d'Arc.

Le protestantisme tenta de se rapprocher de la vérité, mais son dogmatisme limita son effet.

« En repoussant les dogmes de l'Église considérés comme inacceptables, un grand nombre d'esprits cultivés ont du même coup déserté la cause spritualiste et la croyance en Dieu. Écartant les conceptions métaphysiques, ils ont cherché la vérité dans l'observation directe des phénomènes, dans ce qu'il est convenu d'appeler la méthode expérimentale. »

Léon Denis cite un texte qui a le mérite d'être toujours actuel et qui répond aux hypothèses les plus récentes sur l'origine de notre corps physique. Le voici, il s'agit du chant du barde Taliesin, notre ancêtre célèbre dans toute la Gaule.

« Existant de toute ancienneté au sein des vastes océans, je ne suis point né d'un père et d'une mère, mais des formes élémentaires de la nature, des rameaux du bouleau, du fruit des forêts, des fleurs de la montagne. J'ai joué dans la nuit, j'ai dormi dans l'aurore ; j'ai été vipère dans le lac, aigle sur les cimes, loup-cervier dans la forêt. Puis marqué par Gwiyon (esprit divin) le sage des sages, j'ai été marqué par l'immortalité. »

Je rencontre un superbe ouvrage, intitulé *Clara ou le Livre des Esprits*. On y lit deux avertissements sur lesquels il est bon d'insister immédiatement avant d'aller plus loin dans le Monde des Esprits, car ils préviendront bien des mésaventures :

« *Gardons-nous de vouloir transformer en vérités générales les imaginations de nos sentiments, les inventions de nos désirs ; car alors il n'est plus de frontières... Seuls les esprits les plus ordonnés devraient traiter la question d'une vie future, seuls les esprits sereins s'approcher des régions du silence et de la sérénité éternels. Nul ne devrait se consacrer à cette recherche, qui n'ait acquis dans la nature qui nous entoure un fond solide et impérissable, sur lequel il construise ses pensées. Seul devrait parler de la mort et de la vie future celui qui comprend la vie présente. Tout savoir qui néglige notre état actuel, tout savoir qui n'est pas pur développement à partir du présent et du réel et qui se saisit d'emblée d'un objet auquel ne l'a pas mené le cours naturel de l'esprit est condamnable et conduit à l'exagération sentimentale et à l'erreur.* »

« *Comme ils sont nombreux ceux pour qui une connaissance en contradiction avec leur état moral se transforme en poison et les amène en agitant toute la masse d'impuretés qui est en eux, à des accès de rage et de terribles débordements ! Combien d'autres ai-je vus se faner entièrement dans l'effort pour atteindre une connaissance pour laquelle ils n'étaient pas mûrs ! Peut-être chaque nature exige-t-elle d'avoir une intelligence des choses tempérée à sa mesure, une connaissance dans laquelle, seule, elle puisse se sentir bien.* »

Un autre ouvrage, offert par une lectrice consciente que mon chemin n'était pas terminé, vint renforcer mon désir d'éclaircir le mystère qui pèse sur le Monde des Esprits. Il s'agit du *Dialogue avec l'Ange,* qui fut vécu en Hongrie pendant la guerre. Quatre jeunes filles : Hanna, Lili, Joseph et Gitta, ont reçu pendant dix-sept mois, dans des circonstances souvent tragiques, un extraordinaire enseignement qui allait bouleverser leur existence.

Gitta, la survivante, a témoigné dans *Le Dialogue avec l'Ange,* après avoir noté mot pour mot tous les entretiens. Après des années de silence et de réflexion, Gitta a publié récemment : *Les Dialogues tels que je les ai vécus,* qui éclairent le précédent livre assez abstrait. Ces livres renforcent l'hypothèse de l'existence d'êtres invisibles et celle d'une organisation hiérarchisée du Monde invisible.

MANIFESTATIONS

Soyons sincères, voici maintenant les faits qui ont véritablement provoqué la recherche évoquée dans ce quatrième ouvrage. Les diverses sollicitations plus haut citées n'ont de valeur que parce qu'elles ont trouvé en moi un terrain tout préparé par une expérience douloureuse mais que je n'ai pas voulu dévoiler dès le début de ce livre.

Nous étions au mois de mars 1983. Depuis quelques semaines, mon oncle, frère de mon père, âgé de quatre-vingt-deux ans, souffrait de quelques troubles digestifs.

Comme un chirurgien l'avait examiné sans rien noter d'anormal, je lui avais donné quelques médicaments homéopathiques et demandai au médecin voisin de faire pratiquer des clichés radiologiques pour vérifier son état.

Ce dimanche matin, en lui téléphonant, je m'aperçus que sa voix n'était plus la même. De claire, enjouée, elle était devenue subitement celle d'un vieillard. Il m'apprit que les clichés radiologiques n'avaient pas été faits, le médecin ne prenant pas ses troubles au sérieux. Je lui conseillai d'insister sur la nécessité d'un bilan. Une voisine et un vieil ami venaient le voir et prenaient soin de lui, me disait-il.

Dans l'après-midi, une impulsion me fit prendre la voiture et partir seule lui rendre visite. Il habitait dans la banlieue parisienne une maison entourée d'un jardin dont il prenait grand soin.

L'avertisseur signalant ma présence ne déclencha aucune réponse de sa part. J'en fus étonnée car mon oncle apparaissait habituellement derrière les vitres, au seul bruit de ma voiture s'arrêtant devant sa porte. La porte de la grille se laissant ouvrir, je fis l'inspection du jardin tout en l'appelant. Aucune réponse. Toujours l'appelant, en regardant par la porte vitrée de la cuisine qui donnait sur l'arrière de la maison, je constatai que celle-ci était vide. Était-il chez ses voisins ou dans sa chambre au premier étage ?

J'entrai. Et comme j'allais monter à l'étage, passant devant sa salle à manger, je le vis, dans le grand fauteuil, yeux clos, insensible à mes appels. *Autour de lui, assis sur des chaises, les membres de notre famille décédée l'entouraient.*

Ma mère me vit la première et dit à l'assemblée : « Voilà Janine. »

Ma grand-mère, décédée dans sa centième année peu d'années auparavant, et qui me tournait le dos, se retourna pour me voir. Tous me regardaient : mon père, ma mère, ma grand-mère paternelle, ma tante, et tout au fond à droite, un peu caché, mon grand-père paternel. Normalement vêtus, bien présents, peut-être un peu moins denses que les individus ordinaires, tous entouraient mon oncle endormi.

Le premier instant de stupéfaction passé, je me demandai pourquoi ils étaient là. Je reçus de moi-même, en forme de reproche, la réponse : mon oncle était seul pour mourir, ni son fils ni moi n'étions près de lui. La famille, contrainte de se substituer à nous, était venue et se manifestait. Peut-être était-il déjà mort ! A cette idée, je me précipitai vers lui. Le seuil de la pièce à peine franchi, famille et chaises s'évanouirent comme par enchantement.

Je l'appelai, le secouai, le temps de réponse me parut infini. Enfin, il ouvrit les yeux après un temps anormalement long. Il m'est impossible de dire s'il s'éveillait ou s'il revenait d'une étape de transition grâce à mes secousses, mes appels et ma transmission d'énergie.

Lui parlant, le stimulant, je l'aidai à reprendre conscience. La première chose qu'il me dit fut qu'il se sentait bien las et qu'il ne pourrait plus jamais vivre seul; il serait bon pour lui de vivre dans une maison de retraite. Il accepta l'idée d'être surveillé les jours suivants dans une clinique. Ni l'un ni l'autre n'avons parlé de ce qui venait de se passer.

Une semaine plus tard, le jour du printemps, il attendit pour mourir que je fusse près de lui, au cours d'une succession de crises qui évoquaient l'embolie pulmonaire. Nous nous accrochions l'un à l'autre dans ces derniers instants. Sous l'effet conjugué de ma volonté et de la sienne, il partit et revint trois ou quatre fois. (Nous étions les deux derniers membres d'une famille, et proches l'un de l'autre.) Le réanimateur de la clinique vint, le mit sous une perfusion de sédatifs. Il avait raison. Il ne fallait plus se battre. L'heure était déjà passée.

« On » m'en avait averti huit jours plus tôt.

Tout me parut être tellement intégré au quotidien que je ne me posai même pas de questions dans l'immédiat car la charge émotionnelle prédominait. Mon oncle, dernier témoin de mon enfance, d'une vie familiale chaleureuse venait de disparaître. Tout mon passé s'effilochait. La maison qui accueillait mes dimanches et les petites vacances, le jardin où adolescente, je m'installais au calme pour préparer des examens allaient être vendus...

Puis vint le moment de l'enterrement. Durant la messe, j'entrai en vibration avec « quelque chose » d'indistinct dans sa forme, mais de bien présent et qui se trouvait au sommet du chœur de l'église, juste au-dessus du corps. J'eus la conviction qu'il s'agissait là de son âme, ascensionnée, déjà séparée du corps. Oui, j'étais certaine d'y reconnaître son âme, bien qu'aujourd'hui je sois incapable de la décrire. C'était plus une présence qu'une forme réelle, car « cela » vivait sur un autre plan. Il ne me paraissait pas nécessaire de l'analyser alors, mais plutôt d'accompagner la prière du prêtre, écoutant son sermon, celui, par chance, d'un homme averti : pas de banalités ni de phrases toutes faites, mais une pleine conscience de l'invisible, tout était bien. Et l'âme était là au sommet du chœur, tout en haut, prête à s'échapper plus haut encore.

A l'issue de la messe, alors que le corbillard s'avançait vers l'entrée du cimetière, j'eus la sensation nette que cette âme redescendait à la façon de l'oiseau qui plonge vers une proie, afin de me retrouver un instant, s'intégrer à moi-même, pour un dernier adieu avant de s'éloigner.

Cette double expérience réalisée autour de la disparition de mon oncle pouvait m'interroger, elle avait assez de poids pour que je lui trouve une signification. Laquelle ? J'en vins à la conclusion qu'il me faudrait un jour me pencher sur ce Monde des Esprits. Six mois plus tard, toutes les rencontres évoquées déclenchèrent le premier voyage.

Le vrai détonateur qui enclencha le premier voyage au Brésil fut donc cette première expérience vécue.

Je n'étais sans doute pas la première à laquelle ce genre d'aventure survenait, et je ne découvrais rien. Mais les récits ne me permettaient pas de distinguer clairement la part qui revenait à l'authentique de celle qui relevait de la fabulation, des hallucinations ou des coups de pouce donnés à l'histoire. Cette fois, j'étais directement concernée.

Claude Bernard écrivait : « La médecine scientifique que j'ai à enseigner n'existe pas ; je ne la vois pas. » Cette phrase pouvait être mienne en la circonstance.

Je commençai à m'interroger sur les raisons qui faisaient de mon oncle une âme si « libérée ». Était-ce le dévouement qu'il avait montré à ma grand-mère, sa familiarité avec la Nature ? A ma connaissance, il n'avait jamais fait un travail personnel particulier, mais il était relié à la Nature, il pouvait avoir été un médium ignoré tout comme l'avait été mon père.

En tant que guérisseur, lui avais-je communiqué une énergie supplémentaire, une vibration porteuse de son âme ?

Dans ces conditions, on peut imaginer qu'au-delà de la guérison physique, le guérisseur, tout comme le véritable prêtre, peut aider au transfert de l'âme. Ainsi les soins apparemment inutiles que je suis parfois contrainte de donner, contre ma raison, aux cas désespérés ne seraient peut-être pas tout à fait inutiles. Mon souci d'efficacité (qui tient à ma formation d'anesthésiste et de réanimateur) qui me fait ne vouloir soigner que les états qui relèvent de mes compétences, avec résultats à la clef, est-il une erreur ? Cela revient-il à dire que tout bon prêtre doit être médium et guérisseur ? Mais on s'écarte là radicalement du dogme en cours. Le problème demeure posé.

Chapitre III

LE PASSAGE

Que m'était-il arrivé ce dimanche, quand, s'inscrivant brutalement dans mon quotidien, « *ils* » (nos morts) s'étaient *imposés* à moi ?

Les questions qui s'étaient posées face au problème des guérisseurs (considérées comme scandaleuses dans notre monde occidental) étaient bien moins perfides que celles-ci. Certes, je pensais avoir compris l'essentiel du mécanisme de la guérison, lequel échappe aux matérialistes qui ignorent le Corps-Onde. Mais comment me donner le droit d'étudier ouvertement le Monde des Esprits face à mes confrères ?

Certes, je les ai vus..., d'autres aussi ont vécu l'expérience ! Mais comment systématiser cette étude à notre époque matérialiste, et quand on est médecin ? Me semblent logiques autant que nécessaires quatre attitudes :

1) Adopter une attitude expérimentale valable, et celles de Husserl et de Claude Bernard sont universellement reconnues.

2) Observer les populations qui vivent en relation étroite avec ce monde. Et les Brésiliens semblent être le peuple élu par le hasard qui me dirige.

3) Approcher le corps médical de ce pays pour me rendre compte de la façon dont ils l'utilisent, et quelle attitude thérapeutique en découle.

4) En poursuivant mon objectif, guidée par la certitude intérieure que nous sommes bien différents de ce que l'on m'a fait apprendre en faculté de médecine, voir quelles sont les retombées philosophiques de ce fait.

A tous les incrédules, je dédie ce texte, découvert dans un livre intitulé *Clara ou le Monde des Esprits :*

« Il faut plaindre « Ceux-là qui ne peuvent entendre le mot de " Monde des Esprits " sans tomber dans cette peur des Esprits qu'ils portent en eux; une maladie qui en son plus vif degré peut aller jusqu'à l'angoisse de reconnaître à l'homme un esprit, même pour désigner son propre être intérieur. »

Globalement il me faut donc définir le plus rationnellement possible les principes sur lesquels je vais m'appuyer pour mener cette enquête, afin de n'être engagée dans l'aventure qu'appuyée sur des bases solides.

Sur le plan philosophique, il est bon de continuer d'adopter, ainsi que je l'ai toujours fait, le principe de la *phénoménologie de Husserl,* méthode définie comme « *celle qui nous fait retrouver une âme nue et ingénue de façon à nous retrouver branchés sur les choses elles-mêmes* ».

En nous présentant l'esprit vierge des idées reçues, il nous est permis de considérer les phénomènes qui se déroulent avec un regard neuf. Cette attitude est différente de celle adoptée par la majorité du corps médical qui vit plus souvent sur des idées reçues.

Il faut aussi connaître les principes de base de Claude Bernard et les utiliser à bon escient.

LA PENSÉE DE CLAUDE BERNARD

Les principes de la médecine expérimentale définis par Claude Bernard sont les suivants :

1) on *constate* les faits bruts (pour s'assurer de leur existence) ;
2) on *observe* les faits (pour chercher leurs rapports, leurs lois) ;
3) on *analyse* expérimentalement les faits (pour chercher leurs causes et agir sur la manifestation des phénomènes).

La constatation des faits

Chaque science passe nécessairement par une époque destinée à la collection des faits, lesquels sont nommés matériaux scientifiques. Ce stade est appelé l'*état empirique* de la science.

« Ce genre d'observation doit toujours être la base première de la science, sans quoi on fausse ou on tronque l'observation si on veut lui donner une signification avant de la connaître en elle-même. (...) Mais cependant jamais la médecine d'observation pure n'a pu suffire ni au médecin ni au malade » (Claude Bernard).

Peut-on d'une façon expérimentale reproduire ces phénomènes ?

« *Jamais un savant dans les sciences expérimentales ne peut se former en dehors de la science pratique, c'est toujours là qu'il doit débuter pour posséder une science solide, pour avoir une idée exacte des choses qu'il doit expliquer expérimentalement* », souligne Claude Bernard. Suis-je alors enfermée dans l'impasse ? Dois-je cesser de considérer le problème ?

Il est donc utile de détailler les stades évolutifs de la médecine tels qu'il les conçoit.

La médecine fut tout d'abord mystique

« Celui qui exerce la médecine agit d'après l'inspiration d'un être surnaturel qui lui a révélé ce qu'il doit faire (médecine révélée). »

C'est la période primitive, anté-scientifique ou héroïque qu'il nomme encore la médecine surnaturelle ou état théologique de la médecine. Nul doute, la vision de ma famille relève de ce stade.

Claude Bernard cite alors un livre sacré hindou (*veda*), dont le contenu a été révélé à son auteur, « Sursruta, par le bienheureux *Dhanvantari,* sorte d'Esculape indien qui lui-même avait recueilli la science de la bouche de Brahma ». Susruta rédigea l'*Ayurveda* sous la dictée de son maître.

« Ce livre contient d'ailleurs la description des maladies, la prescription des médicaments ; il indique les devoirs du médecin en même temps qu'il fait connaître les divers moyens thérapeutiques ou médicaments tirés du règne animal, le tout associé à des moyens mystiques, à des enchantements et à des cérémonies religieuses. »

Des hôpitaux existaient déjà, où les bouddhistes secouraient indistinctement hommes et animaux. Pourtant il était ordonné de ne jamais donner de soins médicaux ni aux scélérats ni aux chasseurs, ceci en vertu de la croyance en la métempsychose.

Combien il est intéressant de savoir que celui qui est considéré comme grand maître de la raison, lisait... les maîtres de la mystique !

A la page suivante, il évoque la médecine grecque :

« Le malade qui venait chercher du soulagement dans les *asclepions* (ou temples) était d'abord soumis à quelques préliminaires qui, sous un aspect religieux, l'obligeaient à des jeûnes prolongés, à des purifications, à des ablutions, à des onctions de toutes sortes. Ainsi préparé, il entrait dans le temple et y passait la nuit, c'est ce qu'on appelait *l'incubation.*

[...] Pendant la nuit, le Dieu lui apparaissait et lui prescrivait les remèdes nécessaires. Le lendemain le malade racontait sa vision et était soumis en conséquence au traitement ordonné. »

C'était aussi la période où l'on poursuivait des chimères : comme la prétention d'obtenir l'immortalité à l'aide de boissons ou d' « élixir de longue vie ». (La mise au congélateur des morts avec l'espoir de les réanimer est la nouvelle chimère matérialiste.)

Le surnaturel fut supprimé de la médecine par Esculape qui voulut le considérer comme une science d'observation, dès 460 avant Jésus-Christ.

La médecine mystique devient l'empirisme instinctif

« [...] l'homme qui exerce la médecine n'a plus recours à l'inspiration d'un être surnaturel ; il agit d'après ce qu'il a vu et appris, mais il agit en quelque sorte aveuglément, au hasard, et comme instinctivement, sans remonter à la loi naturelle des phénomènes (médecine empirique). »

Ici commence le stade empirique. « L'*empirisme* n'est rien autre chose qu'une sorte d'*expérience inconsciente et comme instinctive,* acquise par l'habitude et par la pratique même des choses. »

« L'empirique pur croit que son sentiment lui suffit et qu'il n'a à rendre compte à personne, pas même à lui... »

Et c'est maintenant la critique de l'empirisme non éclairé par l'esprit critique, ce que je souhaite précisément éviter :

« Ne croyant qu'à lui-même et non à la science, l'empirique peut se vanter de tout ce qu'il voudra et affirmer qu'il guérit tous les maux. Il trouvera toujours assez de gens pour l'encourager dans son charlatanisme, car l'humanité est ainsi faite qu'elle a besoin d'être trompée, qu'on aime mieux le merveilleux que le réel et qu'on préfère croire à la science infuse plutôt que croire à la science acquise. De même qu'aussi on est souvent plus porté à tirer vanité des facultés qu'on a apportées en naissant que de celles qu'on a acquises par le travail. »

Mais j'ajouterai pour mon compte que le merveilleux est parfois réel, et qu'il peut se dissimuler aux yeux de certains. On peut le rencontrer sans le reconnaître. Bien des médications actives n'ont aucune explication scientifique. L'important en médecine est l'effet thérapeutique.

Claude Bernard reconnaît cependant que l'*empirisme instinctif doit nécessairement exister au début de toute science.* Ainsi les chiens et les chats savent se purger avec du chiendent mouillé par la rosée et les geais, les merles, les perdrix le font avec les feuilles de laurier... C'est toujours par le hasard que tout commence, mais le sentiment scientifique doit faire traverser l'empirisme et empêcher d'y croupir.

A l'empirisme instinctif succède la médecine de l'empirisme scientifique

« L'empirisme scientifique n'est plus, comme l'empirisme non scientifique, une expérience acquise par l'observation de faits vagues et confus ; mais bien une expérience acquise par *l'observation consciente et volontaire de faits précis et déterminés.* [...]

« Seulement on doit renoncer provisoirement à toute espèce d'explication de ces faits d'observation. De sorte qu'en réalité l'empirisme scientifique réside dans la constatation précise de faits que le hasard ou les circonstances fortuites nous présentent, il faut que cette constatation soit pure et simple, sans mélange d'aucune interprétation ni hypothèse... *Les sens seuls doivent agir et la raison et le raisonnement se taire* » (je souligne). L'empirisme scientifique se place donc au seuil de la science, celle-ci étant fondée sur la rationalisation des faits, c'est-à-dire sur « une explication théorique qui relie rationnellement les phénomènes à leur cause ».

Vint enfin la médecine scientifique expérimentale

« Enfin, l'homme qui exerce la médecine veut remonter à la loi des phénomènes pour comprendre théoriquement, c'est-à-dire rationnellement ce qu'il voit et ce qu'il fait. »

J'accepte avec Claude Bernard le fait que la science ne s'édifie que par l'association bien équilibrée de l'empirisme et du rationalisme et que de tout temps de grands médecins « ont été frappés des funestes conséquences pour la science de cette précipitation de l'esprit à expliquer et à systématiser avant d'avoir complètement observé ».

Écoutons Clara du *Livre des Esprits* poétiquement l'exprimer.

« *L'arbre qui tire à soi de la terre, force, vie et sève, a bien le droit de pousser jusqu'au ciel sa cime toute chargée de fleurs ; mais les pensées de ceux qui dès le début croient pouvoir se séparer de la nature, même celles qui ont vraiment de l'esprit, sont comme ces fils délicats que l'on voit à la fin de l'été en suspens dans l'air, également incapables de toucher le ciel et de parvenir par leur propre poids jusqu'à terre.* »

C'est donc en me situant dans le cadre de l'empirisme scientifique de Claude Bernard mais en naviguant dans les « mondes non ordinaires » que je pratiquerai ma recherche.

ÉVOCATION DE LA MORT

En les accordant avec les sciences empiriques, je me suis donné la permission de continuer mes recherches et d'émettre l'hypothèse que nous sommes pourvus d'une âme immortelle capable de se manifester et même de se réincarner au cours de vies terrestres successives.

Mais, en toute logique, avant d'étudier le Monde des Esprits, vient le temps d'évoquer le passage de la vie à la mort.

Puisque nos cellules se renouvellent perpétuellement d'une façon cyclique et que chaque organe possède son propre rythme de renouvellement, pourquoi ne pas accepter l'idée qu'un jour, l'ensemble de notre corps physique, usé, soit appelé à être globalement remplacé ?

Et malgré le renouvellement cellulaire, n'avons-nous pas la sensation d'une constante existence ? En dépit du vieillissement du corps, ne sommes-nous pas toujours nous-mêmes en secret ? C'est la raison pour laquelle on peut oublier d'adapter mode de vie, rythme de vie, costume à l'aspect extérieur. Bien souvent ce ne sont que les handicaps du corps qui peuvent nous rappeler que le temps passe.

A l'intérieur de nous demeure un être mystérieux qui ne vieillit pas.

A partir de la conception des Trois Corps on peut imaginer qu'au moment de la mort, le Corps-Onde se sépare du corps physique représenté par le noyau. Notre Corps-Onde, vivant à l'état de vibrations, assume ainsi notre pérennité. Ce qui est considéré comme la mort n'est que la libération de ce Corps-Onde, par un corps physique rendu inutilisable par l'usure du temps.

« *Chaque fois qu'une incarnation s'achève, comme un papillon s'élance de sa chrysalide, le corps spirituel se dégage de ses haillons de chair. L'âme se retrouve entière et libre et, en considérant ce manteau fluidique qui la recouvre, dans son aspect splendide ou misérable, elle constate son propre état d'avancement* » (Léon Denis, *Après la mort*).

Ce terme de papillon m'interpelle à plusieurs titres : le soir de la célébration de la sortie du Bardo de mon Maître Agpaoa, nous vîmes, à la fin de la cérémonie, voler autour de nous, accompagnant les déplacements du groupe, un immense papillon coloré. Je ne me souviens pas avoir jamais vu un papillon de cette taille au cours de mes six voyages précédents (et nulle part ailleurs). L'un d'entre nous dit, voyant le papillon : « C'est l'âme d'Agpaoa. »

Puis, participant à un Congrès Transpersonnel en compagnie du Dr Kubler-Ross, je fus frappée de l'entendre dire que les enfants prévoyaient leur mort, souvent en rêvant de papillons. On leur faisait même dans un Centre porter des chapeaux en forme de papillon pour les familiariser avec l'événement.

Les enfants prévoient leur mort en état de bonheur, ils disent qu'ils vont aller au Ciel, même si on ne leur a pas inculqué ce langage ; tout est beau, or et argent, ils voient Jésus, ils entendent une belle musique.

Le mérite de Mme Kubler-Ross est d'avoir démystifié l'agonie, d'avoir osé évoquer les expériences hors du corps, et les souvenirs précis qu'en a l'enfant à l'instant du retour : « Une petite fille, qu'on avait cru perdre au cours d'une opération cardiaque très critique, raconta qu'elle avait été abordée par un frère, près de qui elle s'était sentie très heureuse, comme s'ils s'étaient toujours connus. Or, elle n'avait jamais connu son frère. Le père, très ému par le récit de l'enfant, reconnut qu'elle avait eu un frère mais qui était mort avant sa naissance » *(La Mort et l'enfant).*

Les enfants parlent spontanément de la réincarnation, des éventualités de choix de vie à cet instant, etc. Quand on demande au petit garçon ce qu'il éprouve à l'idée de quitter maman, il répond : « Je me sens un peu triste de la quitter, mais si elle accepte de mourir je pourrai être avec elle. Et quelquefois si on le veut, on peut revenir sur terre avec son esprit et revoir ceux qu'on aime, vous savez. »

Alors que nous étions conférencières dans un même congrès, j'entendis Mme Kubler-Ross dire, à ceux d'entre nous qui avions parlé de notre expérience de l'Invisible, à peu près ceci : « Je n'ai pas eu besoin d'aller en Orient (peut-être l'allusion s'adressait-elle à moi) ? ni de faire l'usage de drogues (peut-être à l'intention de Stanislav Grof) pour m'intéresser à cela, il m'a suffi d'observer ce qui se passait dans les hôpitaux au chevet du malade. » Il faut bien dire que ses conditions de découvertes et d'observation sont celles d'une *enseignante de psychiatrie et non pas d'un thérapeute en action.* Ceci n'enlève rien à la valeur de son travail que j'admire.

Encore anesthésiste et réanimateur, combien de fois ai-je eu envie d'interroger les patients qui sortaient d'un arrêt cardiaque ? Mais en milieu chirurgical, est-il bon d'évoquer le « haut-risque » ?

En outre, infirmières et médecins sont d'abord préoccupés par des problèmes de soins quotidiens, par la nécessité de faire fonctionner un service, d'harmoniser les activités du personnel médical et infirmier, avant que de se préoccuper de la mort.

Je me souviens avoir vécu une période particulièrement cruelle à l'époque où la chirurgie cardiovasculaire en était à ses débuts ; les cœur-poumons artificiels, pas encore au point, nous trahissaient souvent. Pour ne pas perdre mon sang-froid ni le contrôle de moi-même dans les périodes critiques, pour ne pas laisser l'affectif supplanter l'intellect, il m'était devenu nécessaire de ne plus entrer dans la salle où étaient hospitalisés les enfants, afin d'éviter de les connaître. Il est nécessaire de se forger un bouclier pour faire face aux agressions affectives qui nous sollicitent de toute part dans notre métier, si nous voulons survivre et conserver notre efficacité.

Nous craignons tous d'évoquer la mort, et plus que tout autre, le réanimateur, puisqu'il entre en lutte immédiate et directe contre Elle, la seule ennemie. Si le corps médical lutte contre la maladie, le réanimateur, lui, lutte contre la Mort. Le paradoxe est que ceux qui sont le plus concernés par ce passage ne songent pas à l'étudier.

La mort, dans les hôpitaux, n'a pas sa place. Sa survenue est synonyme d'échec. Pourtant on l'y rencontre plus qu'ailleurs puisque par définition, l'hôpital est fait pour les malades graves et qu'on y dépose aussi souvent l'aïeul qui s'en va.

Il est impossible de ne pas souligner le vide d'informations qui pesait sur ce sujet durant mes études médicales alors que nous, médecins, allions être en permanence confrontés avec elle et plus encore dans nos services de réanimation.

C'est dans son livre *La Mort dernière étage de la croissance*, qu'Élisabeth Kubler-Ross raconte comment elle en est venue à parler de la mort. Arrivant d'Europe, enseignante de psychiatrie à Denver dans le Colorado, elle constate « que plusieurs professeurs étaient franchement ennuyeux et se contentaient de répéter à ces jeunes étudiants le contenu des manuels de psychiatrie qu'ils auraient mieux fait de lire eux-mêmes ». Cherchant le moyen de garder les étudiants éveillés pendant deux heures, il lui apparut que la mort et le mourir seraient un sujet intéressant pour tous ces étudiants qui devraient y faire face un jour. Comme il n'existait guère de textes à ce sujet, il ne lui restait qu'à parler des rites et des coutumes face à la mort dans les diverses cultures. Pour donner plus de pertinence et de portée clinique à ce cours, elle compléta l'exposé par le compte rendu d'un entretien avec une jeune fille de seize ans atteinte de leucémie et qui allait mourir : « ... les étudiants étaient nerveux, craintifs, figés ou très académiques, montrant bien plus d'angoisse que la jeune mourante. »

C'est ainsi que pendant plusieurs années, se servant d'une glace sans tain pour protéger leur intimité, elle demanda aux patients terminaux de servir de professeur et d'évoquer leur mort avec elle devant les étudiants.

Par ses recherches, elle est parvenue à détailler quatre stades nommés : dénégation, rage et colère, marchandage, dépression et acceptation. Ceci bien entendu en dehors des morts accidentelles et subites :

1er stade : « Non pas moi. » Cette dénégation aide à amortir l'impact de la prise de conscience de la mort inéluctable.

2e stade : « Pourquoi moi ? » alors que les autres resteront vivants. (Dieu est souvent la cible de la colère.)

3e stade : « Oui, moi, mais... » On essaie de gagner du temps en marchandant avec Dieu. Même si jamais on ne lui avait parlé avant, on lui fait des promesses en échange d'un sursis.

4e stade : « Oui, moi. » On pleure sur les épreuves passées, les choses faites, les torts commis, on entre en état de deuil. Quand un malade ne veut plus vous voir, c'est le signe qu'il a réglé tout ce qu'il avait à régler avec vous ; c'est une bénédiction ; maintenant il peut s'abandonner paisiblement.

5e stade : Acceptation : « Mon heure est arrivée, et tout est bien », vide de sentiments, ce n'est pas un stade de résignation, en fait c'est une victoire.

Ce paradigme n'est pas absolu dans son ordre, mais il aide à comprendre les étapes que vit celui qui va bientôt mourir.

Ont été créés sous cette impulsion quelques hospices pour mourants sur le modèle de Saint Christopher de Londres organisé par Miss Sanders.

Ces hospices se présentent comme des hôtelleries agréables accueillant des pèlerins dans la phase ultime de leur pérégrination. Ici pas d'acharnement thérapeutique. Le malade reçoit des cocktails de calmants soigneusement dosés, de manière à lui préserver un maximum de lucidité tout en lui épargnant la douleur.

Déjà en Inde existaient « les maisons des morts », lieu plus que simple au bord du fleuve où les cendres seront dispersées. Les grands malades y viennent où y sont amenés et demeurent là quelques heures ou quelques jours avant de mourir.

Ne pourrait-on, dans les pays occidentaux, redonner à la mort sa véritable dimension ?

LES ÉTAPES DU PASSAGE

Qui va nous préparer à la dislocation de nos corps ?

Qui va nous aider à mourir ? Nos prêtres, trop rares, n'en ont plus le temps. Et comme aujourd'hui c'est à l'hôpital que l'on meurt le plus souvent, les médecins hospitaliers ont-ils la possibilité d'aider à mourir ? C'est improbable. Il faudrait que certaines personnes spécialisées, recrutées peut-être au sein du corps infirmier, puissent s'y intéresser.

Il existe de multiples rites d'approche de la mort suivant les religions ou les croyances, de nombreux livres y sont consacrés. Ce qui m'importe, c'est de savoir ce qui se passera dans l'invisible au moment de la mort, au-delà de la première expérience relatée dans *Médecin des Trois Corps* et succédant à un accident. Ce qui m'importe c'est le... *Transit.*

Transitement

Je ne sais si ce mot existe en français, mais il me vient sous les doigts à l'instant de choisir le titre de cet entretien. Ce mot rime avec enfantement, bercement, facilement, tranquillement... heureusement.

Il est moins sec que transit. Il désigne en douceur le passage d'un lieu à l'autre, un mouvement de bascule.

Il n'évoque plus l'allégorie consacrée à la mort, culpabilisante, hideuse et repoussante du squelette faucheur, il évoque le psaume 18,10-11.

« Il chevaucha un chérubin et vola, planant sur les ailes du vent. »

Sa représentation la plus heureuse est certainement *L'Ange des Splendeurs* de Jean Delville à Bruxelles.

C'est donc sous le signe du mieux-être et du bonheur à la fin d'un travail accompli sur notre Terre que je situe le Transitement.

Le Transitement a besoin d'être remis à l'honneur. D'autres que moi se sont déjà attelés à cette œuvre. Mais quand on sait comment les choses continuent à se faire dans notre sphère occidentale, il est bon d'y revenir encore et encore.

On ne peut vivre les expériences que j'ai vécues et accepter qu'il soit mis sous le boisseau, escamoté, repoussé, ridiculisé. On en rit même pour dissimuler l'angoisse personnelle. On va jusqu'à le nier, comme on nie l'existence des Corps Subtils.

Bien que tout ait été dit à propos de Lobsang T. Rampa et que ses informations soient données sous forme d'ouvrages romancés, certains passages m'apparaissent comme criants de justesse. Aussi, le passage de la mort du père de Timon dans *La Treizième Chandelle,* inspiré du Bardo, m'apparaît comme une description concrète qui sonne juste à mon cœur et dans ma tête. Elle déplaira peut-être au puriste, mais sera appréciée de beaucoup d'autres. J'aimerais, pour mon compte, recevoir un support vibratoire de cette sorte et entendre ces paroles au moment du départ.

Comme nous n'avons que rarement un lama averti au moment du départ pour nous aider et nous diriger, il est bon à la lecture de ce texte de se souvenir des grands principes déjà largement détaillés dans mes ouvrages précédents, je fais allusion à la labilité des formes-pensées qui ne résistent ni à l'énergie-information bien dirigée ni à la pensée positive.

Voici résumé l'essentiel de ce chapitre qui décrit le chemin de l'âme en transit et note les conseils éclairés du directeur de conscience, qui n'a jamais autant mérité ce nom, ici c'est naturellement un lama. Résumons-en les circonstances :

Timon qui n'a pas dix ans est réveillé dans la nuit par sa mère. Son père est mourant, il doit aller chercher le lama ; son passage dans l'autre monde sera plus aisé sous la direction d'une âme expérimentée.

Le lama, mené par l'enfant affolé, arrive dans la nuit pour aider le moribond. Il s'assoit dans la position du lotus au côté du mourant et, posant ses mains sur ses tempes, prononce immédiatement quelques paroles apaisantes, alors que son jeune acolyte allume le premier bâton d'encens.

Plaçant d'une certaine façon les mains sur la tête du mourant :

« Ô Esprit qui est sur le point de quitter cette boîte de chair, nous allumons le premier bâton d'encens pour attirer ton attention, pour te guider, pour que tu puisses prendre un chemin facile, à travers les périls que ton imagination désorientée suscitera en toi. »

Un étrange apaisement envahit le visage humecté de transpiration du mourant.

L'acolyte allume alors un second bâton d'encens.

« Ô Esprit qui es sur le point de partir pour la Réalité Supérieure, la Vraie Vie au-delà de celle-ci, le moment de la délivrance est arrivé. Prépare-toi à garder la conscience fermement fixée sur moi, même si tu quittes ceci, ton corps présent, car j'ai beaucoup à te dire. Fais attention. »

Le lama place ses doigts entrecroisés sur le sommet de la tête du malade dont la respiration jusque-là stertoreuse devient irrégulière, puis qui dans un hoquet, succombe.

Le troisième bâton d'encens est allumé.

« Esprit libéré maintenant du corps souffrant, fais attention avant de partir pour ton voyage ; fais attention, car par suite de tes connaissances erronées, de ton imagination erronée, tu as tendu des pièges qui peuvent entraver ce voyage, ton voyage. Fais attention, je vais te détailler les démarches à faire et le chemin qu'il faut suivre. Fais attention ! »

Après avoir fermé les yeux du cadavre et posé de petits cailloux sur les paupières afin de les tenir closes, posé un bandeau sous le menton, à son signal, un quatrième bâton d'encens est allumé.

« Ô Esprit, tu as quitté le corps qui est devant nous ; le quatrième bâton d'encens a été allumé pour attirer ton attention et te retenir ici pendant que je parle, pendant que je t'entretiens de ce que tu vas trouver. Ô Esprit, tu es sur le point de t'en aller, tiens compte de mes paroles, afin que ta migration puisse être dirigée. »

Puis il décrit le lama attentif aux mouvements de l'aura du défunt : « cette flamme étrangement colorée, multicolore, qui tournoyait et serpentait autour d'un corps vivant ».

« Maintenant, quand il regardait le cadavre, il pouvait voir que la flamme était presque éteinte. Au lieu de couleurs nombreuses, celles de l'arc-en-ciel et bien d'autres, il n'y avait plus qu'un tourbillon gris bleuté virant au noir... Mais, s'élevant du corps, ce gris bleuté montait jusqu'à environ deux pieds au-dessus de la dépouille mortelle. Là, il y avait une activité, un mouvement violent, on aurait dit un essaim de lucioles volant à toute vitesse, des lucioles entraînées comme des soldats et qui cherchaient à trouver la place qui leur avait été préalablement assignée.

« Et voilà qu'apparaît bientôt la réplique du cadavre sous la forme d'un vivant jeune homme. Cette forme ténue, flottante, s'élève et retombe faiblement au fur et à mesure que le corps, d'abord transparent, devient plus substantiel, devant le troisième œil du lama.

« La lumière gris bleuté du corps physique disparaît petit à petit pendant que la lumière multicolore du corps flottant devient plus vive.

« Finalement le corps fantôme se gonfla, eut une secousse et se renversa, tête en l'air et pieds en bas. Le lien très mince qui subsistait entre la chair morte et l'esprit vivant se rompit et désormais l'esprit fut une entité complète, vivant en totale indépendance du corps dont il était l'hôte antérieurement. Immédiatement la petite chambre fut envahie par l'odeur de mort...

« Maintenant la forme planait, flottait plus haut et descendait plus bas, flottait et attendait les instructions télépathiques du lama, un lama dont toute la vie était vouée à aider ceux qui quittaient cette Terre.

« Une teinte faiblement verdâtre se répandait sur l'entité flottante qui avait été un homme, il remua faiblement. Une faible ondulation le parcourut d'un bout à l'autre, puis il retomba dans son inertie. Mais on avait la sensation, mal définie cependant, que cette entité était maintenant sur le point de s'éveiller du coma résultant du passage de la mort sur Terre à la naissance sur le plan de l'Esprit. »

Puis le lama parla télépathiquement à l'Esprit :

« Ô Esprit récemment libéré des liens de la chair, écoute-moi. Un cinquième bâton d'encens est allumé pour attirer ton attention vagabonde afin que tu puisses être guidé.

« Ô Esprit libéré, psalmodiait-il, ton âme doit devenir attentive. Tu t'es trop longtemps flétri sous le poids des superstitions des ignorants. Je t'apporte le savoir. Le sixième bâton d'encens est allumé pour t'apporter la connaissance ; car tu dois te connaître toi-même avant d'entreprendre ton voyage.

« Depuis le berceau jusqu'à la tombe, ta vie a été empêtrée dans la superstition et les fausses frayeurs. Sache que beaucoup de tes croyances ne sont pas fondées. Sache que beaucoup des démons dont tu crains qu'ils te hantent sont de ta propre invention. Le septième bâton d'encens est allumé pour te retenir afin que tu puisses être instruit comme il convient et préparé comme il faut pour le voyage que tu vas entreprendre.

« Nous ne sommes que des marionnettes de l'Un qui est Très

Haut ; nous avons été mis sur Terre pour qu'il puisse expérimenter les choses de la Terre. Nous ne ressentons que faiblement notre droit d'aînesse, nos associations éternelles et du fait que nous les éprouvons si obscurément, nous avons peur et nous rationalisons. »

Le lama pendant ce temps observait la forme qui planait devant lui. « Il constatait son réveil graduel, son retour à la conscience. Il comprenait sa panique, son incertitude ; il pressentait, dans une certaine mesure, le choc terrible qu'éprouvait cet être arraché à son entourage et aux choses qui lui étaient familières. »

Il lui demanda télépathiquement de converser avec lui, le gémissement de l'âme effrayée se fit entendre.

« Je suis perdue dans le désert, disait-elle. J'ai peur de tous les démons qui me cernent. Je redoute ceux qui voudraient m'entraîner dans les régions inférieures et me brûler ou me geler pour toute l'éternité. »

« Ô Esprit effrayé, le huitième bâton d'encens est allumé pour que tu puisses être guidé [...] Toi, Esprit, tu crains que les démons ne te cernent. Pourtant les démons n'existent pas sauf ceux que tes pensées ont fait naître et qui disparaîtront comme une bouffée de fumée sous l'effet d'un grand vent, si tu reconnais ce qu'est la vérité. Autour de toi, il y a des esprits élémentaires, des formes indifférentes mais qui se contentent de refléter tes idées de terreur comme un étang d'eau calme reflétera tes traits si tu t'y penches. Ces esprits élémentaires sont indifférents, ce ne sont que des créations du moment, tout comme les pensées d'un homme ivre. N'aie aucune crainte, il n'y a rien qui puisse te causer quelque mal. »

Geignant de terreur la forme spirituelle répondit :

« Mais je vois des démons, je vois des monstres qui produisent des sons inarticulés en tendant dans ma direction leurs mains griffues. Ils vont me dévorer. Je vois les traits de ceux à qui j'ai fait du tort dans la vie qui maintenant viennent réclamer mon châtiment. »

« ... Regarde fixement le pire de tes tortionnaires imaginaires. Regarde-le sévèrement et pense fortement qu'il s'en aille. Représente-toi qu'il disparaît comme une bouffée de fumée et il disparaîtra, car il n'existe que dans ton imagination enfiévrée. Pense, MAINTENANT, je te l'ordonne. »

(Notons que ces images surgissent dans certains états tels le *délirium tremens,* les obsessions, les délires, les états de dédoublement... et même au cours de certaines initiations sauvages.)

« La forme spirituelle se souleva et vacilla. Ses couleurs flamboyèrent selon toute la gamme du spectre et alors, s'éleva le cri télépathique du triomphe : " CELA A MARCHÉ, ILS SONT PARTIS. "

« La forme spirituelle vacilla, se dilata et se contracta, exactement comme un homme de la Terre pantelant après un grand effort.

« " Vous devez entreprendre l'étape suivante vers la Lumière. "

« La forme spirituelle brillait maintenant de couleurs fraîches, elle manifestait maintenant de la confiance et montrait qu'elle avait cessé d'avoir peur.

« " Maintenant, dit le lama, il est temps pour toi de continuer ton voyage. Quand je te libérerai tu ressentiras une forte envie de flotter. N'y résiste pas. Les courants de vie te porteront à travers des nuages tourbillonnants de brouillard. D'horribles figures te scruteront à travers l'obscurité, mais ne les crains pas, sur ton ordre elles disparaîtront... Tu arriveras bientôt sur une agréable pelouse verte où tu ressentiras la joie de vivre. D'aimables auxiliaires viendront au-devant de toi et te feront bon accueil. Réponds-leur, car là tu ne POURRAS pas rencontrer ceux qui voudraient te nuire. [...]

« " Bientôt ces auxiliaires t'escorteront amicalement jusqu'à la Salle des Souvenirs, ce lieu qui est le dépôt de toutes les connaissances, ce lieu où sont consignées toutes les actions bonnes ou mauvaises que n'importe quelle personne a faites. Tu entreras dans la Salle des Souvenirs et toi seul verras ta vie telle que tu l'as vécue et telle qu'elle aurait dû être. Toi et toi seul jugeras du succès ou des autres résultats de tes efforts ? Il n'y a pas d'autre jugement, il n'y a pas d'enfer, sauf celui que ta conscience coupable créera pour toi. Il n'y a pas de damnation éternelle, ni de supplices. Si tu as échoué dans la vie, alors toi et toi seul peux décider de retourner plus tard à la vie sur Terre pour faire un nouvel essai.

« " Ô Esprit qui es instruit maintenant, dit-il, continue ta randonnée. Voyage en paix. Voyage en sachant que tu n'as rien à craindre, sauf de craindre... EN AVANT. "

« Lentement la forme spirituelle s'éleva, fit comme une pause pour jeter un dernier regard sur la chambre ; puis elle pénétra dans le plafond de la pièce et disparut, soustraite aux regards humains. »

Dans le bouddhisme tibétain on insiste sur l'importance de l'attitude mentale au moment précédant la mort. L'agonisant ne doit être troublé ni par le désir ni par la haine. Ces inclinations susciteront en effet une impulsion ayant un retentissement sur les penchants des incarnations futures. Des états mentaux libres d'anxiété, livrés à des sentiments bénéfiques favoriseront des réincarnations heureuses. L'entourage présent doit participer à l'établissement d'un climat de détachement, de paix et d'amour afin de diriger l'esprit vers la Lumière.

L'être intermédiaire bénéficierait de la totalité des cinq sens et de la clairvoyance ainsi que la capacité de se déplacer là où il désire se rendre, de percevoir aussi les êtres intermédiaires de sa propre espèce.

Il aurait la capacité de choisir son lieu de renaissance au cours de sept périodes de sept jours, soit quarante-neuf jours.

Les aller et retour

On ne peut faire l'impasse sur le succès du livre du Dr Moody qui à la suite des travaux d'Elisabeth Kübler-Ross écrivit *La Vie après la Vie,* montrant l'intérêt que tous nous portons à cet espace de temps durant lequel il nous est possible, après une incursion dans l'Autre Dimension, de revenir sur cette Terre. J'ai moi-même vécu le temps d'un choix et la période d'un aller et retour sur un mode particulier à l'occasion d'un accident (voir « L'accident » de *Médecin des Trois Corps*).

Il s'agit d'une valse-hésitation, le Corps-Onde hésite à quitter ce corps physique qui peut encore servir longtemps. Nous avons même parfois le choix — et ce fut mon cas — de demeurer ou de partir.

Ces circonstances s'opposent à celles de l'accent brutal qui provoque la rupture soudaine des attaches ou à celles de la maladie qui détériore le corps physique jusqu'au point où il ne peut plus être un véhicule valable.

Un psychologue de l'université du Connecticut Kenneth Ring *(Life at Death),* aidé de cinq chercheurs, contacta plus de cent personnes ayant frôlé la mort, les soumit à un interrogatoire systématisé, puis les données furent soumises à l'interrogatoire par l'intermédiaire de l'ordinateur.

A la lumière des statistiques, les aller et retour forment un scénario se découpant en cinq étapes :

— 1re étape, sensation de *flottement et perte de la pesanteur,* phénomène intéressant à relever quand on sait combien les manipulations d'énergie peuvent jouer sur les phénomènes de pesanteur (voir les observations des ouvrages précédents). 60 % des personnes interrogées se sentaient flotter, légères, avec une sensation de bonheur et de paix.

— 2e étape : la personne embrasse une *vue panoramique de la scène,* elle voit son corps étendu sur le lit ou sur la route, ou coincée entre les tôles froissées d'une voiture. Elle se sent immatérielle, transparente.

37 % ont vécu ce stade. Elles peuvent après coup se souvenir des diverses scènes auxquelles elles ont assisté, en rapporter les paroles, les faits, les gestes de chacun.

— 3e étape : le tunnel. Aspirés à toute vitesse dans un *tournoiement* qu'ils comparent au passage dans un tunnel, une vallée, un cercle, un puits, un noir plus noir que celui que nous connaissons.

23 % ont vécu ce stade.

— 4e étape : vient alors la lumière, *une lumière dorée,* brillante, éblouissante, dont il émane des vibrations d'amour et de chaleur qui les plongent dans le ravissement. Comblés, ils se sentent bénis, reçus, inconditionnellement acceptés.

10 % seulement n'atteignent que le dernier stade, l'*entrée dans ce soleil.*

Le voyageur ressent autour de lui des présences invisibles, il peut reconnaître des parents ou des amis morts. Sa vie défile devant lui à une allure vertigineuse. Il traverse des paysages, des rivages somptueux, des cités indescriptibles. Mais toujours un obstacle l'arrête : une barrière, un mur, un étang. Une voix lui dit de faire demi-tour.

Mon expérience personnelle m'entraîne à penser qu'il peut y avoir l'entrée dans une autre forme qui est celle de l'ovale.

L'ovale lumineux, argenté, brillant dont j'ai le souvenir pourrait s'identifier à une forme lunaire et non pas à une forme solaire.

Il y aurait donc la possibilité d'une forme intermédiaire avant l'entrée dans ce soleil. Ce n'est pas étonnant, car si *la Lune est le symbole de la gestation et de la naissance lors de notre arrivée sur*

Terre, elle peut logiquement être aussi une étape intermédiaire entre la mort à la Terre, et la naissance à l'Au-Delà.

Agpaoa se révélant à moi à la sortie du Bardo, s'éveillant après un temps de quarante-neuf jours, se présenta sous la forme d'un soleil doré [1].

Le retour dans le corps est instantané et douloureux, accompagné de l'impression de peser une tonne ! Plus de la moitié des personnes pensent avoir réintégré volontairement leur corps par conscience d'un devoir inaccompli.

5 % se sont trouvées contraintes à revenir par une force qui les dépassait.

« Les voyageurs l'affirment tous : la langue humaine est impuissante à traduire la volupté de leurs sensations. Ils reviennent éblouis, rassérénés, joyeux. Pour la plupart, cette expérience a été la plus belle de leur vie », écrit Kenneth Ring qui a créé une association : International Association for New Death Studies (I.A.N.D.S.).

Divers pays ont entrepris ces recherches. Je suis prête à recueillir toute information de ce genre.

L'étude de ce stade nous apprendra plus sur ce qui nous attend et sur notre réelle constitution. Ce qui permettra de donner ses justes limites aux efforts de réanimation et à la mise en survie artificielle au cours des maladies terminales et des comas dits « dépassés ».

On n'ose imaginer quel martyre on fait subir au sujet prêt à détacher son Corps de Survivance, son Corps-Onde, de sa dépouille corporelle et que l'on retient ici-bas.

Quant à conserver un corps mort sous congélation en espérant que l'âme viendra un jour quérir ce vieux corps, cela me semble être de la dernière stupidité. Nous verrons, en évoquant la réincarnation, qu'on a mieux à faire.

L'après-mort

Le départ d'Agpaoa *(Médecine du Corps Énergétique)* m'avait laissé trois impressions successives émanant de l'au-delà :

— un stade précoce, une présence immédiate lui laissant la possibilité de consoler ma peine ;

1. Médecine du Corps Énergétique.

— une phase de repli : alors que chacun pensait qu'il allait aider son Centre, son âme m'apparaissait silencieuse, immobile, telle une chrysalide en mutation. Pendant ce temps, nul contact avec moi-même ne fut établi ;

— à partir de la sortie du Bardo, au 49e jour, sa disponibilité et ses manifestations furent possibles.

La sortie du Bardo correspond à l'étape de vraie libération.

En lisant les ouvrages de spiritisme français, on peut se familiariser avec l'idée de la mort et démystifier tout ce qui l'entoure.

Connue plus tôt, la Charte des Spirites adoptée dès 1869 m'aurait appris ce que j'ai découvert seule, plus tard, dans une interrogation douloureuse, à savoir que l'homme est composé de trois principes :

1) le corps matériel, support, moyen d'action de l'esprit ;

2) l'esprit, cause de conscience, d'intelligence et de volonté ;

3) le périsprit, lien fluidique qui relie ces deux corps, qui accompagne l'esprit après la mort terrestre et lui sert de nouveau corps (ce que je désigne sous le nom de « Corps Énergétique). Au moment de la mort, le périsprit se détache progressivement du corps matériel qu'il abandonne comme un vêtement désormais inutile. Quand le lien qui unissait le périsprit au corps est définitivement rompu, l'homme est mort pour les gens de la Terre, il vient de naître à l'Espace.

Pendant le début de cette séparation, l'Esprit ne se rend pas compte du nouvel état où il est, il reste dans le trouble, il ne croit pas être mort et ce n'est que progressivement qu'il a conscience de son nouvel état. Il se voit alors entouré de ses parents, de ses amis, de tous ceux qu'il croyait morts et qui sont maintenant les seuls vivants pour lui.

Par le périsprit, il voit sa famille de la Terre, ou ses amis.

L'esprit ne peut apparaître aux vivants tel qu'il est, ni sans qu'eux-mêmes ne s'y prêtent en alliant leur fluide magnétique (leur périsprit incarné) au périsprit du défunt. Il cherche à leur montrer qu'il est encore près d'eux, et pour cela, il agit sur les objets matériels qui les environnent. De là ces coups, ces craquements multiples, ces phénomènes « inexplicables ».

Dans son nouvel état, l'Esprit progresse d'abord par ce

qu'il voit, ensuite par les enseignements d'autres Esprits, enfin sous l'influence des bonheurs, des bonnes pensées et des prières de ses proches restés sur Terre.

L'âme humaine tend vers un perfectionnement indéfini. Le moyen de réaliser ce perfectionnement est de passer par des incarnations successives. L'âme, accompagnée de son périsprit, se réincarne autant de fois qu'il est nécessaire à son progrès. Entre chaque incarnation, elle flotte dans les espaces interplanétaires et peut entrer en communication avec ceux qui l'appellent [1].

« *Les disciples demandent à Jésus : " Pourquoi les scribes disent-ils qu'Élie doit tout d'abord venir ? " Jésus leur répond : " Élie en effet viendra tout d'abord restaurer toutes choses. Mais je vous dis qu'Élie est déjà venu et ils ne l'ont pas reconnu. " Et les disciples comprirent qu'il leur parlait de Jean le Baptiste* » *(Matthieu 17,9).*

1. Voir en dernière page les dix-neuf points de la Profession de Foi définie par la 5e Convention des Spiritualistes des États-Unis.

CHAPITRE IV

SECOND VOYAGE

Sachant par expérience que l'hiver français correspond à l'été brésilien, qu'il est mieux d'éviter la période des vacances laquelle évince du lieu de travail ceux qu'il faut rencontrer, je situe en novembre, printemps brésilien, le second voyage.

Bien que pas très rassurée par la perspective d'une aventure solitaire dans un pays immense dont la langue m'est inconnue, j'y suis propulsée par une force inexpliquée. Cette pulsion dépasse la puissance de ma raison, laquelle invente toute sorte de motifs pour ne pas affronter la difficile aventure.

Pourtant, me sentant incapable de me fier aux informations qui me tombent sous la main, ni aux interprétations qui leur sont données, il me faut partir, convaincue que c'est dans le vécu, l'action, l'épreuve prise à bras-le-corps, ressentie dans le cœur et la chair que l'on décode la vérité.

Les sottises écrites en leur temps et toujours colportées à propos de Tony Agpaoa, la méconnaissance de la réalité derrière les apparences me servent d'argument pour continuer à observer d'un regard neuf les phénomènes liés au vivant.

Des aides, heureusement, se profilent. A Brasilia, où vit Paulette, lectrice du premier jour et toute dévouée. A Bahia, ville devenue familière, où doit être possible la rencontre avec la médium d'Éliezer Mendes. A São Paulo enfin, où travaille le Dr José Zumioti.

Sur le plan pratique, un ami français, avec lequel j'étais demeurée de loin en loin en relation, avait pris sa retraite au Brésil. Passant en France l'été 1984, il me fit signe, me promettant à la fois de venir m'accueillir à l'aéroport, de me retenir une chambre d'hôtel à Rio le jour de mon arrivée et d'assumer les contacts téléphoniques préliminaires.

Embarquons-nous pour Rio.

L'arrivée au petit matin à Rio de Janeiro m'éblouit. Inutile d'insister sur l'effet que produit cette baie, vue d'avion. L'ami précité m'y attend, les contacts téléphoniques nécessaires sont pris avec Brasilia, prochain point de chute.

En ce premier jour, connaissance est faite des *churrascarias* où les serveurs passent dans les rangs, coupant au-dessus de l'assiette de leurs clients la viande toute chaude, grillée sur feu de bois. Les diverses pièces de l'animal sont successivement présentées..., représentées..., servies à volonté. C'est une bénédiction pour qui apprécie les bonnes viandes. Toutes sortes de légumes sont déposés sur la table pour les accompagner. Un vrai festin.

Sieste méritée, promenade sur la chaude plage de Copacabana, vivante, bruyante, grouillante, peuplée de toutes races qui courent. Non pas qu'ils soient pressés comme nous le sommes tous à Paris, non, ils font du jogging.

LE MIND CONTROL

Dès le lendemain, sans trop demeurer dans cette somptueuse mais dangereuse ville de Rio, où règnent comme à Bahia vol et criminalité, embarquons-nous pour Brasilia.

L'avion survole cette étrange ville perdue dans l'immensité du pays. Le lac bleu se détache sur la terre rouge. Superbe atterrissage !

Paulette m'est inconnue, mais un *Médecin des Trois Corps* à la main me la désigne, alors que la photo post-couverture de l'auteur l'aide à me reconnaître. Immédiatement cette femme enthousiaste, dynamique, pleine d'humour attire ma sympathie. Une amie souriante, Josette, l'accompagne, bon chauffeur me dit-on.

A peine le temps de poser mes bagages à l'hôtel, et déjà me voici entraînée dans une conférence que donne Alberto Dias le soir même.

Une grande salle pleine de monde. Quelques personnes, qui,

lisant le français, connaissent mes livres, surtout *Médecin des Trois Corps* qui datant de 1980 a eu le temps de pénétrer Brasilia plus que *Médecine du Corps Énergétique,* paru en 1983. Il est émouvant d'être lue et de rencontrer des amis si loin de chez soi.

Alberto Dias enseigne la méthode de José da Silva, créateur du *Mind Control,* fort connu au Brésil. Bien que ne comprenant pas le brésilien, j'entends très vite que ce groupe et moi-même avons des préoccupations communes.

La conférence se termine par des exercices pratiques, lesquels m'amènent à entrer en contact muet avec Alberto Dias par le seul intermédiaire des vibrations. Intéressé par mon niveau vibratoire, il essaie de me convaincre de rencontrer José da Silva en personne... Il m'est dans l'immédiat plus aisé d'être renseignée sur le personnage et ses théories que de me rendre au Texas.

Le Mind Control est une méthode très voisine de la sophrologie, puisqu'il s'appuie sur la pensée positive et sur le développement de l'imagination créatrice. Alors que Caycedo est allé chercher ses sources en Inde, il semble que José da Silva les ait trouvées dans les études de l'électronique et de l'hypnose. J'emprunte les éléments d'information au livre intitulé *La Méthode Silva,* publié aux éditions du Hameau.

Il s'agit d'une modification de l'état de conscience, telle que la pratiquent toutes les disciplines de méditation et de prière. Le Mind Control ne fait intervenir ni médicament ni matériel biofeedback d'aucune sorte. Pour parvenir à ce nouvel état de conscience, l'instructeur dit : « Descendez à votre niveau », ou encore : « Descendez au niveau Alpha. »

C'est que la méthode fait en théorie référence aux aspects électro-encéphalographiques enregistrés au cours de la méditation :

Les *ondes Bêta* qui reflètent l'état de conscience dit normal, ou niveau de conscience extérieur et se situent au-delà de 14 cycles par seconde.

Les *ondes Alpha* se situent entre 7 et 14 cycles par seconde et coïncident avec un état de relaxation, état de protection contre les agressions extérieures.

Les *ondes Thêta* se situent entre 4 et 7 cycles par seconde, on les retrouve dans le sommeil.

Les *ondes Delta* se situent en deçà de 4, significatrices du sommeil profond, de l'état d'inconscience.

La vie nous conditionne à fonctionner en Bêta (sans jeu de mot), les états Alpha et Thêta sont négligés. Nous ne les connaissons qu'aux frontières du sommeil. L'entraînement nous permet de passer volontairement à ces états de conscience et d'en exploiter les possibilités.

Trop souvent l'exploration de ces niveaux se fait par l'usage des drogues, de plantes asservissantes alors que leur exploitation à partir d'une technique simple mais systématisée permet l'épanouissement de l'esprit et l'acquisition de facultés supplémentaires.

Caycedo puis Agpaoa m'avaient appris, à leur façon, comment cultiver ces états de conscience, plusieurs chemins menant au cœur de la chose.

Mais on peut remarquer une différence entre la technique de relaxation des deux auteurs ; Caycedo inspiré par l'Inde commence sa relaxation par la tête, et da Silva par les pieds...

Ce soir-là Mgr Airlindo et moi-même sommes présentés l'un à l'autre. Cette rencontre, inattendue, va être le point de départ d'une profonde connivence. Peut-être est-ce l'une des trois ou quatre rencontres les plus étonnantes, les plus déterminantes de ces voyages.

Au sein du monde religieux déjà, en France, le révérend père Biondi et moi-même, nous retrouvant ici et là au hasard des congrès, nous étions liés d'amitié et professions des idées voisines ; quoi d'étonnant à ce qu'à Brasilia Mgr Airlindo, parlant et lisant le français, me considère avec amitié et m'invite chez lui un jour prochain.

LE VALE DE ALMANHECER

Mais le lendemain, c'est dans la vallée d'Almanhecer, chez « Tia », que Paulette et Josette m'emmènent en voiture...

Une vieille voiture fragile, une longue route, des rires, des bavardages et de précieuses informations.

Avec le ton que l'on prend pour conter une bonne farce, Paulette me dit les choses les plus invraisemblables, sur le mode de celle qui n'en croit pas un mot. Avec doigté et légèreté elle m'habitue doucement à l'invraisemblable (considéré comme tel en Europe).

En voici une, venant... précisément d'Europe, mise sous mes yeux. C'est la traduction d'un article du journal *Espirita* n° 102, décembre 1983, qui relate un phénomène de combustion spontanée chez un jeune Italien, Benedetto Supino, garçon de seize ans. Ainsi, le 6 août 1983, le journal que celui-ci venait de poser sur la table s'est mis à brûler. Ces incidents ont commencé en octobre 1982, quand le jeune homme travaillait dans la menuiserie de son père dans une ville près du golfe de Gaeta. Les fusibles de la menuiserie sautaient dès que Benedetto touchait un interrupteur. Le père, lassé du phénomène, a placé son fils ailleurs que chez lui, l'envoyant dans un chantier naval où les incidents se multiplièrent, ce qui rendit le cas public. Des fusibles électriques aux petits incendies domestiques, on passa aux combustions de matériaux, tels que le plastique et le caoutchouc. Le plus grave survint une nuit où son propre lit commençant à brûler, Benedetto lui-même fut brûlé aux jambes.

Le psychiatre Sandro Bartolomes fut obligé de constater que le jeune homme possédait quelque chose que la science normale ne pouvait expliquer. La famille pensa que le démon était en cause et le fit exorciser par un prêtre de la paroisse contre Satan et les Esprits malins, sur autorisation du vicaire de Formia. Tout fut inutile. Ne sachant plus que faire, les parents sollicitèrent l'aide de Sandro Pertini.

L'unique explication scientifique paraît indiquer que Benedetto accumule de l'énergie électrique pour s'en décharger au moment le plus inattendu.

Je peux à mon tour lui présenter une belle histoire, celle des apparitions de Medjugorje qui ont entraîné cinq millions de pèlerins en Yougoslavie et restent au premier plan de l'actualité italienne. Flaminco Piccoli, président national de la démocratie chrétienne, fut plusieurs fois le témoin de ces apparitions et a préfacé le livre qui leur a été consacré.

Sous la direction du Pr Henri Joyeux de Montpellier, prix international de cancérologie 1985, des tests mesurant la déconnexion des voyants avec le monde extérieur pendant l'extase et leur insensibilité à la douleur ont été effectués.

« Les enquêtes psychologiques permettent d'exclure avec certitude la fraude et l'erreur de la part de tous les voyants. Selon les examens médicaux, on peut avec certitude exclure qu'il s'agisse d'hallucinations. »

Le volume *Études médicales et scientifiques sur Medjugorge* (Œil, 1985) relate quelques observations.

Voici l'histoire de Diana Basila, atteinte de sclérose en plaques depuis 1972 avec troubles moteurs graves, cécité complète de l'œil droit, incontinence d'urine totale. En entrant dans la pièce des apparitions le 23 mai 1984, toute sa vie se déroula devant ses yeux comme un film, dit-elle. Elle était guérie. Le lendemain, sans entraînement, elle fait à pied, pieds nus, les dix kilomètres qui séparent son hôtel du lieu des apparitions et gravit la colline des apparitions dans l'après-midi.

Mes lecteurs reconnaîtront là un exemple d'application de la loi des Trois Mondes :

1) Toute sa vie se déroule devant ses yeux :

Au sein du Monde Énergétique (Second Monde), tout se passe comme si l'on revivait le temps à l'envers (d'aujourd'hui à hier) et non pas « à l'endroit » (d'aujourd'hui à demain).

D'où l'acceptation de quelques inconvénients, puisqu'il faut revivre, en accéléré cependant, non seulement les instants joyeux mais aussi les instants pénibles. C'est dire la nécessité en dehors des états miraculeux de quelques traitements successifs... et de patience.

2) Une loi du Troisième Monde : sa loi du temps diffère des deux mondes précédents : le temps n'existe plus, c'est l'instantané qui se produit. D'où l'extrême rapidité de la régression. Nous en verrons d'autres applications le long de cet ouvrage.

3) Le fait de pouvoir atteindre le Troisième Monde nous fait rejoindre ce que le grand guérisseur Antonio Agpaoa nommait le « pattern initial », c'est-à-dire le modèle initial. A partir de ce modèle vont s'associer les champs vibratoires qui vont former la matière.

4) Cet exemple est une application de la thèse que je développe dans *Nos trois Corps et les Trois Mondes* et qui prétend que « la vie vient du dehors ».

Après une heure et demie environ de route animée par une conversation du même style, nous voici atteignant le Vale d'Almanhecer.

Une route qui descend en serpentant, un parking, un accueil.

« Contrôlez vos pensées, dit Paulette. Ici vivent plusieurs milliers de médiums, groupés dans ce village qui occupe la vallée. Chaque famille vit dans une maison. Tous ceux que vous allez rencontrer sont capables de lire dans vos pensées. Si vous voulez être bien accueillies, n'ayez à leur égard que des pensées positives. »

J'avais déjà vécu ce genre de situation chez Agpaoa[1] et savais ce qui pouvait en coûter, aussi mis-je en veilleuse mon esprit critique.

Déjà avertie par les narrations de Paulette, maintenant placée en situation, me voici assez calme pour accepter cette évidence : il peut exister un village de médiums et de guérisseurs où chacun peut venir à chaque heure du jour ou de la nuit pour se faire aider.

Nous pénétrons dans une sorte d'immense tente de cirque qui protège du soleil. A la périphérie de la salle, des sièges, au centre, une table de plusieurs mètres de long dont il est interdit de s'approcher. Des stalles sur un côté qui laissent présager des services particuliers.

Ce sont les costumes qui m'étonnent le plus. Chacun est vêtu de curieuse façon, j'allais dire « déguisé ».

Une amie de Josette, qui fait partie du village, nous explique en français l'essentiel de ce qu'il faut en savoir. On n'atterrit pas au *Vale* si l'on n'a pas été soi-même confronté à des phénomènes particuliers... On y est sécurisé parce que chacun y rencontre des personnes qui ont eu des aventures encore plus ébouriffantes que les siennes propres.

Il existe deux sortes d'habitants dans ce village :

Les *Doutrinadors,* qui possèdent une énergie positive, le plus souvent des hommes, ils sont les donneurs d'énergie.

Les *Aparas,* le plus souvent des femmes, qui sont des êtres réceptifs.

On connaît ici la différence qui existe entre les guérisseurs

1. Voir *Médecin des Trois Corps.*

et les médiums. Les premiers seuls sont capables d'émettre l'énergie, les autres sont telles des éponges.

Cela prouve que Tia n'a pas l'esprit confus, elle n'a pas fait l'amalgame trop souvent rencontré en Occident entre guérisseur et médium et qui mène les médiums à détruire leur santé.

Les *Doutrinadors* sont branchés sur le Maître Sol (le soleil) et sur le Maître Jaguar (les forces de la Nature). Leur costume de travail est un pantalon ou une jupe marron, une chemise ou un corsage noir (les couleurs des franciscains). Une bande en écharpe violet et jaune, signifiant les forces de spiritualité, de guérison, de sagesse, orne leurs vêtements. Un gilet de cuir blanc, symbolisant le bouclier protecteur, leur est remis personnellement par Tia Neiva au moment de la première initiation.

(On retrouve donc ici le bouclier protecteur, représenté sur mes schémas du Corps Énergétique par la croissance des vibrations. Laquelle croissance indique les capacités de défense et de résistance à l'agression.)

Les *Aparas,* souvent des femmes, sont en relation avec la Lune et les étoiles. Leur Maître se nomme donc Lua. Leur cape est bleue.

Me sentant en accord avec les conceptions de base de ce groupe, me voici plus à l'aise. Ils ne sont point déguisés, mais vêtus symboliquement. Par là, ils s'incluent d'emblée dans mon « Deuxième Monde » et me deviennent familiers.

Les élèves (l'amie qui nous renseigne en est une) portent un costume blanc avec une écharpe violet et jaune. Les couleurs des vêtements de la Tia Neiva lui sont dictées de l'Au-Delà par le Pai Seta Branca et sont fonction des manipulations d'énergie qu'elle doit effectuer.

Les médiums n'habitant pas sur place passent une journée complète une fois par mois à Vale de Almanhecer, vêtus du costume blanc, celui-là même qu'ils avaient avant leur première initiation. Ils peuvent alors être confondus avec les élèves. Je reconnais là une des premières épreuves auxquelles je fus soumise par Agpaoa... l'apprentissage de l'humilité.

Je brûle de rencontrer Tia... Voudra-t-elle me donner un peu de son temps ? Elle est bien fatiguée, dit-on. Aujourd'hui est une journée de cérémonie, beaucoup de bruit, beaucoup de monde, on ne sait si elle en aura la force.

Le lieu où nous sommes est sous la protection de Mae lara, réincarnation de sainte Claire, compagne de saint François d'Assise.

Son compagnon est le Pai Seta Branca (la Flèche Blanche), réincarnation de saint François d'Assise, qui était lui-même une réincarnation de saint Jean. Tous projettent des énergies sur le Vale et inspirent la Tia.

La Tia Neiva suit l'évolution des médiums en observant le niveau d'énergie auquel ils peuvent avoir accès dans l'Autre dimension. Ils peuvent se relier à un Esprit, à une phalange, à une légion. (Ces termes résonnent comme ceux d'un ouvrage traduit par Mr Wess traitant de l'organisation des âmes invisibles, *La Cosmologie d'Urantia.*)

Vit-on ici en plein délire ou dans un autre monde ?

Dans un autre monde. Sous ce ciel bleu brésilien se profile le village des médiums où déambulent calmement des êtres vêtus bizarrement, mi-soldats, mi-dieux, porteurs de symboles colorés dont la vue me désoriente : le Monde Symbolique qui s'exprime à l'état vivant sur la terre ferme.

Les médiums qui suivent la ligne du Vale (pardon, amour humilité) évoluent en se libérant de leurs charges négatives (convoitise, jalousie, envie, vanité, etc.) Il n'existe pas de grades, pas de promotions, pas d'émulation. Chacun n'est préoccupé que de sa propre évolution et les étapes de cette évolution sont marquées par de nouvelles initiations. Chaque « passage » est marqué lui-même par un nouveau détail de costume.

Pendant que cette nouvelle amie nous donne des explications, nous voici sollicitées par une, puis deux, puis trois personnes portant un cahier sur lequel on nous invite à signer de notre nom... Ce qui pourrait être un geste banal destiné à recenser les visiteurs ne m'étonne pas trop. Mais les quémandeurs munis de leurs cahiers se présentent encore, et encore, et encore. Je leur annonce avoir déjà signé et refuse de recommencer. On ne m'en veut pas, mais on part le visage attristé.

Bientôt, l'interrogation naît sur le pourquoi de cet air triste. En les observant un peu plus, on peut reconnaître sur ces personnes un vêtement particulier : les hommes portent un baudrier à la place du gilet blanc et les femmes portent une jupe à bandes multicolores. Tous ces étranges vêtements me donnent l'impression d'être dans une fête tenant à la fois du cirque et du harnachement militaire, mais surtout, de me propulser dans un univers d'étranges vibrations engendrées par ces formes et ces couleurs dont les harmonies me sont inhabituelles.

Ces couleurs, nous l'avons vu, sont celles qui conviennent le mieux pour capter les forces projetées sur le Vale.

L'amie, finalement interrogée, nous dit que ces personnes, allant de l'un à l'autre avec cahier et crayon, quémandent des signatures. Vêtues d'un gilet blanc ou de jupes à bandes, elles se nomment « prisonniers ». Ce sont des médiums qui acceptent durant une période limitée d'être soumis à l'épreuve, dont celle de l'humilité, dans le but de racheter une incarnation passée. Sachant ceci, me voici pleine de regrets et prête à signer toute la journée tout ce que l'on voudra me présenter.

D'autres costumes, liés à des énergies particulières, apparaissent dans les grandes cérémonies, le 1er mai, fête du Doutrinador, et le 30 octobre, fête de l'Apara, voient sortir d'autres costumes symbolisant les forces auxquelles le Vale peut avoir accès, costumes de l'Égypte, de la Grèce, de l'Himalaya...

Une cérémonie se prépare. Sous mon regard étonné, un peu inquiet, une centaine de Doutrinadors et d'Aparas surgissent, s'ordonnent, passent, les uns à la suite des autres, derrière un rideau illuminé pour saluer le Symbole et se placer autour de la Table Triangulaire. Au sommet de celle-ci : le Maître, un Doutrinador. Ses cinq assistants Doutrinadors l'entourent.

Puis les Aparas s'installent autour de la table. Sept se trouvent face au Maître, quinze de chaque côté du Triangle. Un Doutrinador à chaque angle de la Table. Sur les côtés, sept fois deux Doutrinadors (assis deux par deux) immobiles, tandis que les trente-sept autres se déplacent, passant successivement derrière chacun des Aparas, sans doute pour renforcer les énergies de ces derniers. Les trois Doutrinadors situés aux angles restent immobiles ainsi que les assistants du Maître.

Ces officiants (vite je calcule), au nombre de quatre-vingt-seize, recueillis, ordonnés, colorés, vibrants, se déplacent au son d'une musique retransmise par les haut-parleurs.

Sur les bas-côtés, les prisonniers et les élèves, vêtus d'un costume blanc avec écharpe violet et jaune, etc.

Puis la foule de malades.

Tout ceci accentue mon dépaysement. Ces marron, noirs, violets, jaunes, bleus, touchés de blanc, forment une curieuse harmonie de couleurs à laquelle non, vraiment, je ne m'accoutume pas, tant la vibration collective est étrange...

Le Doutrinador a pour mission d' « endoctriner » l'Esprit incorporé dans l'Apara, pour en désincorporer l'Apara. Puis il passe à l'Apara suivant et ainsi de suite, jusqu'au moment où le Maître signale la fin de la cérémonie.

La foule de candidats au traitement s'amasse dans la cour et bientôt pénètre en ordre sous le bâtiment. Drainés par les espaces situés entre les murs, les couloirs, les tables, les bancs, les stalles, tous ces patients vont se soumettre à la séquence de soins prévus.

Paulette, Josette et moi-même allons les suivre durant plusieurs heures. Mes souvenirs en sont un peu confus. Nous avons attendu si longtemps, nous sommes passées si souvent dans des salles aux formes diverses, des couloirs éclairés ou sombres et avons mêlé nos énergies à la foule et à celle des thérapeutes que j'en sors épuisée, ayant sans doute plus donné que reçu.

D'une façon générale, les patients sont soumis dans ce parcours en permanence à deux courants d'énergie : celui des Aparas, qui, par leur constitution médiumnique, drainent vers eux à la façon de l'éponge les vibrations le plus souvent pathologiques émises par les patients, alors que celui des Doutrinadors, fonctionnant comme des émetteurs, protègent les Aparas et rechargent les patients.

Un Apara est toujours accompagné d'un Doutrinador [1].

Avant que ne soit pour tous achevée la séance, nous sortons accompagnées de notre guide pour visiter les jardins.

Voici le lac avec, dressé en plein centre, un ovale jaune et brun, de forme très allongée, destiné à désintégrer les énergies nocives.

En face, un énorme soleil de pierre, dardant ses rayons de l'orange le plus éclatant, est flanqué sur le côté d'une croix (ornée d'une écharpe blanche), d'un triangle et d'une étoile. Le tout, situé au sommet d'une série de gradins, se détache sur le fond d'une colline et d'un ciel bleu.

---

1. On comprendra mieux la finalité de ce travail en relisant successivement *Médecin des Trois Corps* puis *Le Syndrome de Neptune*, p. 201 de *La Médecine du Corps Énergétique* ainsi que les chapitres consacrés aux guérisseurs, « La guérison et les guérisseurs », p. 217 du même livre, ainsi que le chapitre « Les guérisseurs, des phénoménologistes », p. 163 de l'ouvrage *Nos Trois Corps et les Trois Mondes*.

Nous sommes là devant un immense théâtre symbolique destiné à recevoir plusieurs milliers d'officiants. Le travail et la foi en un au-delà vivant de tous ces gens me bouleversent.

Assez brutalement la nuit tombe durant notre promenade. Comme je m'étonne de voir ici et là dans l'ombre des groupes composés de quelques personnes disposées en cercle et semblant pratiquer un rite, on me répond qu'elles travaillent. Quel sorte de travail ? Elles soignent, me dit-on, les esprits des morts... Il faut bien avouer que marchant dans ces allées obscurcies, le spectacle de ces petits groupes de personnes tête inclinée, formant des cercles et s'affairant au repos des esprits en peine provoque en moi à chaque fois que nous les croisons un étrange sentiment de respect et une certaine inquiétude.

C'est parce que tous ceux qui meurent n'ont pas toujours pris conscience de leur corps subtil, c'est-à-dire de leur corps invisible durant la vie terrestre, qu'un tel travail est fait. Peu évolués au moment de leur décès, ils n'admettent pas l'idée d'avoir quitté leur corps physique et veulent agir et évoluer comme autrefois. Mais ils ne le peuvent. Frustrés de ne pouvoir agir, ils vivent ainsi de grandes angoisses.

Le Dr Ritchie raconte une expérience vécue au cours d'une maladie grave, alors qu'il est pris pour mort [1], et qui illustre bien le travail qui est à faire sur certaines âmes.

Lui-même doit faire l'expérience de la perte de son corps physique :

« ... D'un côté du trottoir, près du café, jour et nuit, venait un homme à la démarche alerte. Je pourrais au moins savoir grâce à lui, pensais-je, quelle est cette ville et vers quel côté je me dirige. Alors que l'idée me venait — comme si la pensée et le mouvement étaient devenus un seul phénomène —, je me trouvais sur ce même trottoir, marchant hâtivement à côté de l'étranger. [...] A l'évidence, il était préoccupé par quelque chose, car il ne jeta

1. *Retour de l'au-delà,* Éd. R. Laffont. Le Dr Ritchie, devenu psychiatre hospitalier, raconta son expérience de l' « entre-temps » survenue au cours de sa mort clinique au Dr Moody alors que ce dernier était étudiant en philosophie et âgé de vingt et un ans, en 1965. C'est en entendant d'autres confidences semblables qu'il fut conduit à effectuer des recherches sur les expériences éprouvées au seuil de la mort.

même pas un coup d'œil vers moi tandis que je me mettais à marcher à côté de lui. [...]

« Nous atteignions le café et il obliqua pour pousser le bouton de la porte. Le gaillard était-il sourd ? J'allongeai le bras pour lui taper sur l'épaule..., mais rien ne passa... C'était comme si j'avais touché de l'air. Comme s'il n'y avait eu personne. Et pourtant je l'avais vu distinctement, jusqu'à son menton qui avait besoin d'être rasé.

« Je m'éloignai de l'homme sans substance et voulus m'appuyer à un câble téléphonique pour réfléchir : mon corps passa au travers comme s'il n'avait pas existé non plus.

« Alors là, sur le trottoir de cette ville inconnue, j'eus une pensée insensée, la plus étrange, la plus difficile à admettre. L'homme du café, le câble du téléphone : si c'était eux qui étaient normaux ? Si c'était moi qui avais changé d'une façon ou d'une autre ? Et si, d'une manière impossible ou inimaginable, j'avais perdu ma substance ferme, ma capacité de saisir des objets, d'entrer en contact avec le monde ? Et même la possibilité d'être vu ? »

Puis il se trouve dans la chambre d'hôpital, près de son corps physique :

« Je finis par m'affaisser sur le lit, ou je le fis mentalement, désespéré : mon être désincarné n'avait aucun contact avec le corps. Là, juste là, se trouvait ma forme, ma substance, et cependant elle était aussi loin de moi que si nous avions résidé sur deux planètes différentes. Était-ce cela la mort ? Cette séparation d'une partie d'un homme du reste de sa personnalité ? »

On comprend en lisant ce texte certainement sincère et authentique (qui se rapproche de l'expérience vécue par l'épouse d'un grand scientifique, lequel contrôla les faits, les lieux et les souvenirs de sa femme et que j'expose dans *Médecin des Trois Corps*), on comprend que les groupes de thérapeutes des Esprits puissent, après être entrés en communication avec eux par médiumnité, les aider en leur expliquant ce qui leur est arrivé et leur offrir des conseils et l'énergie suffisante pour se dégager des zones basses du monde invisible et passer dans des sphères plus heureuses.

Je comprends mieux alors pourquoi j'avais senti l'âme de mon oncle au sommet du chœur de l'église au moment de son enterrement. Sans doute en le soignant à l'instant de sa mort avais-je involontairement participé à sa libération rapide.

La contre-épreuve, peut-être l'avais-je vécue quand, me rendant aux obsèques d'un homme très matérialiste (un peu contrainte par des rapports pseudo-familiaux à ce geste), il m'était arrivé une curieuse aventure quant aux sensations. Alors que j'attendais le départ du corps dans l'entrée de l'immeuble, me voici brutalement saisie de vibrations lourdes, lentes, pénibles. Regardant autour de moi, inspectant mes voisins qui attendaient eux aussi, pour deviner d'où venait le mal, voici la porte de l'ascenseur qui s'ouvre et laisse passer les croque-morts soutenant le cercueil où se trouve le défunt.

Les vibrations s'amplifient au fur et à mesure que la bière approche et passe devant moi. Il m'est aisé de comprendre que les vibrations perçues viennent du cadavre et que les corps subtils y font un effort pour se dégager du corps physique.

Le convoi motorisé s'éloigne. Je le rejoins plus tard et me place au fond de l'église, loin d'une famille qui n'apprécie guère ma recherche mais serait offensée par mon absence. Les vibrations réapparaissent. Me souvenant et comparant ce que j'avais éprouvé lors des obsèques de mon oncle, autant que pour cette âme que pour mon confort personnel, j'essaie mentalement d'élever ses vibrations, en vain.

Bien que non initiée alors à la science des Esprits, il m'est facile de comprendre que le défunt est en relation avec moi. Alors mentalement, je lui dis que s'il m'a fait du mal, ce n'est peut-être pas de sa faute. Entouré de gens qui tout en se disant profondément chrétiens et pratiquants n'avaient rien compris à ma démarche, ceux-ci l'avaient engagé à son insu sur une fausse route, lui qui n'entendait rien aux choses de la religion ni de l'âme.

Je pardonnai tout et lui communiquai mentalement de l'énergie pour ascensionner, se libérer de ce corps mort, faire son évolution dans l'Invisible. En même temps, je faisais appel à Tony Agapaoa pour l'accueillir et l'aider. Alors, tout doucement, les vibrations, changeant de niveau, se dégageaient du cercueil et passaient au-dessus de celui-ci.

Rien à voir cependant avec l'ascension facile de l'âme de mon oncle, mais le travail de séparation étant fait, le reste suivrait. Non, il ne serait pas la « larve » dont m'avait parlé Jean Vaysse lors de mes premiers contacts avec l'invisible.

Car ces larves, n'admettant pas l'abandon de leur corps physique, peuvent adhérer, coller aux corps subtils des vivants, les spollier de leur énergie en gardant l'immense espoir de se rematérialiser.

J'avais donc vécu spontanément tout cela à l'occasion des deux enterrements. Mais voir ici ces groupes, dans l'ombre, travailler en système organisé, traiter l'âme de défunts avec cette conviction, me laisse songeuse bien que confirmant mes intuitions.

Il existe donc vraiment des institutions sur terre où l'on soigne les âmes pour leur apprendre qu'elles ne sont plus de notre monde !

Et quand, un peu plus tard, un certain Jean, parlant français, commence à nous parler de nos vies futures et des êtres vivant sur les autres planètes, je décroche. Trop pour moi, en un même jour.

Quand on vient m'annoncer que Tia, la responsable du centre, accepte de me rencontrer, je n'éprouve plus ni étonnement, ni joie, ni crainte, tant j'ai dû accepter d'inconnus dans la même journée.

Mes capacités d'adaptation, mon rythme de mutation sont dépassés ; même si au fond, tout cela m'est intuitivement déjà connu, le voir « matérialisé » est impressionnant, émouvant. On se dit : « Je ne me suis pas trompé », pourtant voir la symbolique exposée et vécue avec une telle simplicité est bouleversant.

Nous voici dans une maison basse, un bureau, attenant au logis de Tia. Des photographies au mur, dont une de Tia assise sur un camion. Elle était routier, chauffeur de camion, quand cette révélation l'a saisie, l'amenant à créer ce centre.

Elle souffre d'une tuberculose pulmonaire grave.

La porte s'ouvre ; entre une petite femme à chevelure abondante, brune et frisée, une peau bronzée, des yeux noirs, un regard autoritaire et perçant, visage maquillé, les sourcils bien arqués dessinés au crayon noir, de larges anneaux d'or aux oreilles, en costume noir tout de dentelles. De celles dont on dit : « Elle a dû être très belle », et quelle force dans son regard !

Elle nous toise avec une superbe étonnante pour une femme si malade. Un fin tuyau de plastique transparent quitte ses narines pour rejoindre une petite bouteille d'oxygène accrochée derrière elle. Ce qui signe la gravité de son atteinte. Sa capacité pulmonaire doit être si faible que la survie ne lui est possible qu'à l'aide d'oxygène. J'imagine ses poumons dévorés par des cavernes. Elle nous souhaite la bienvenue, me dit quelques mots que je ne comprends pas, s'adresse à son mari et s'en va.

Son époux, qui l'aide dans l'administration du village, parle un peu le français et me demande ce que je veux savoir. Tout !

Il me conte les ambitions de Tia et du groupe. Deux notions essentielles sont à retenir : nous vivons une époque de mutation, des grands bouleversements vont survenir, l'ère du Verseau va succéder à l'ère des Poissons, ce qui ne se fera pas sans heurts. Pour faciliter la transformation, créer une certaine stabilité empêchant la catastrophe, à chaque changement d'ère, la population la plus primitive de la Terre se réincarne. Elle se nomme la civilisation des Guépards. Ceux qui nous entourent ici sont de très vieilles âmes qui en savent beaucoup sur la réalité de l'Homme et de la Vie. Voulant m'expliquer la conception des Guépards, il me conte à peu de chose près... ma conception des Trois Corps... ajoutant qu'au sein des Guépards je serai toujours bien accueillie...

Je garde une impression très profonde de la journée passée au sein de ce groupe d'entraide mutuelle fonctionnant à plein temps, ouvert à tous, œuvre d'une élue. Parfois le Ciel sait pourvoir aux limitations des coûteux soins de la médecine classique dans un pays qui n'en peut assumer tous les frais.

A l'heure où j'écris ces lignes, Tia nous a quittés, mais à l'état d'Esprit elle veille toujours sur le Vale Almanhecer pris en main par son époux.

Pourtant on parle d'inonder cette région pour en faire une réserve d'eau.

BRASILIA

Le lendemain matin est consacré à la visite de la ville.

Les sensations vécues dès mon arrivée à Brasilia m'avaient interrogée. Sous ce ciel bleu et clair, d'une luminosité incroyable, pourquoi m'étais-je sentie vibrer si agréablement ? Le premier soir, en m'étendant sur le lit, une sensation étrange, celle de flotter, de me dédoubler était apparue. Cela signifiait qu'une particularité vibratoire existait en ces lieux ! Tenait-elle au terrain sur lequel la ville est construite ou bien à ses formes architecturales ?

Paulette m'apprend que la nouvelle capitale dont le projet a été réalisé par Oscar Niemeyer et Lucio Cost est bâtie là, loin de tout, afin de soustraire le gouvernement aux émeutes toujours possibles dans ce monde sud-américain. Le gouvernement éloigné des grands centres urbains se trouve là protégé, mis à l'abri des révolutions soudaines. Les ambassades étrangères sont elles-mêmes soustraites aux agressions diverses grâce à leur emplacement. Rassemblées sur un même district, elles peuvent bénéficier d'une surveillance étroite. Il est facile de contrôler les accès des longues routes qui cheminent dans les plaines, en direction de Brasilia, tout autant que les atterrissages aériens.

C'est grâce aux informations recueilies dans un livret écrit par Iara Kern que Brasilia me livre ses secrets.

Un homme, Don Bosco, eut la vision prophétique de cette ville devenue réalité. Un hommage lui est rendu grâce à un monument en forme de pyramide nommé Ermida D. Bosco.

En effet, au jour du 30 août 1883, dans le vol. XIII, p. 385-934 des *Mémoires Biographiques de São João Bosco,* on peut lire des prévisions concernant le sort grandiose réservé à l'Amérique du Sud et particulièrement à la région de Goiás, où s'établira la capitale brésilienne. Don Bosco décrit, entre les 15e et 20e parallèles, un large fleuve qui donnera naissance à un lac. « Là, écrit-il, surgira la Terre Promise d'où couleront le lait et le miel. *D'une richesse incomparable, elle sera la capitale du Troisième Millénaire.* » Elle s'avère aujourd'hui riche de cultures agricoles. Quant au sous-sol, il recèle de l'uranium et du pétrole.

Voici Brasilia, résultat d'un rêve et d'un calcul métaphysique.

A Brasilia tout est tracé en fonction de la numérologie du tarot égyptien et de la cabale hébraïque.

Le projet du plan de la ville rappelle la forme d'une croix, mais aussi celle de l'ibis aux ailes ouvertes, protecteur des pyramides et des architectes.

Le symbole de l'ibis ne s'arrête pas à cette analogie. De

nombreuses coïncidences rapprochent le monde égyptien de celui de Brasilia.

Déjà en Égypte, lacs et temples s'entremêlaient harmonieusement, par exemple le lac de Paranoa à Brasilia fut créé pour rafraîchir et humidifier le climat désertique de la région.

Dans l'ancienne Égypte existait une pyramide destinée à garder l'énergie cosmique, la pyramide de Sakkarah, qui fut la plus ancienne structure de pierre taillée érigée par l'homme. Par analogie la C.E.B. (Compagnie d'électricité du Brésil) est construite selon les mêmes principes que ceux employés pour la construction de Sakkarah. De plus, suivant la position que l'on occupe en regardant la C.E.B., on peut reconnaître la forme de l'ibis (vue d'en haut ou par l'arrière) !

Le Brésil, appartenant à l'hémisphère Sud, les valeurs symboliques nord-sud sont inversées par rapport à l'hémisphère Nord. Aussi n'est-on pas surpris d'apprendre qu'ici, la face sud symbolise le froid, la face nord, la chaleur, la face ouest, l'ombre, et l'est, la lumière.

Les champs d'énergie amplifiés par la forme des pyramides, disaient les Anciens, contribuent à l'élévation de la conscience. Aussi la Grande pyramide de Khéops fut-elle une école d'initiation, une école du Mystère.

Pour Mauly Palmer Hall, les angles des pyramides représentent un pacte entre la Sagesse éternelle et le Monde, alors que les faces triangulaires sont les symboles du triple pouvoir spirituel.

La majorité des monuments de Brasilia évoquent le souvenir des pyramides. Ils mettent en valeur par leur disposition la valeur du triangle.

Un premier triangle se dessine entre le Congrès National, le Planétarium et le Tribunal Suprême : c'est celui des Décisions Nationales.

Un autre triangle se dessine si l'on trace les lignes unissant le Tribunal de Justice, le Palais de Buriti et le Centre des Communications. C'est le Triangle des Décisions des États.

Les deux triangles se réunissent en formant l'étoile de David.

Quant au Théâtre National, il rappelle la Grande Pyramide de Kheops. A l'intérieur existent trente-six formes de pyramides.

Deux architectures aussi élégantes que singulières me touchent particulièrement, puisque les deux champs énergétiques majeurs de l'homme sont mis en valeur. L'un, dit « l'Homme couché » est représenté par la Rodoviária (immense lieu de rencontre de toutes les stations de transports routiers), l'autre, dit « l'Homme debout », est *O Congresso* ou Palais des Congrès.

L'Homme couché est en forme de H couché, c'est l'homme mortel. Il occupe trois plans, situés sur trois étages : souterrain, au niveau du sol et au-dessus de la Terre, symbolisant le Ça, le Moi et le Surmoi.

En face, O Congresso représente l'homme debout, c'est-à-dire l'homme spirituel immortel. C'est un immeuble en forme de H [1].

O Congresso est entouré de deux coupes. Une coupe ouverte vers le haut et l'autre ouverte vers le bas. L'une reçoit l'énergie et l'autre la garde. Si l'on ajoute l'une à l'autre on obtient la sphère, symbole de l'univers. L'ensemble devient le Congrès National.

La cathédrale, édifice en apparence moderne, répond aux lois de l'ésotérisme le plus pur. L'édifice est souterrain (c'est un rappel de certains temples égyptiens). On pénètre dans la cathédrale par une sorte de tunnel obscur pour retrouver la lumière qui jaillit de la nef où tout est splendeur. Ce chemin qui mène de l'obscurité vers la lumière représente le parcours spirituel de l'homme.

La nef ? Une immensité lumineuse ! Du sommet, centre doré, du Soleil, partent seize pétales (si l'on y voit une fleur), seize rayons (si l'on y voit l'astre), qui descendent vers la Terre ! Entre les rayons, le ciel, la lumière pénètrent dans la cathédrale grâce à une architecture aussi ténue et transparente que le serait une toile d'araignée. Les forces de la construction ne semblent pas s'élever vers le ciel comme dans nos cathédrales mais descendre du ciel par un artifice architectural. L'effet est foudroyant. Du sommet encore, suspendus dans les airs, descendent trois anges arrêtant leur course à trois hauteurs différentes, repérant les Trois Mondes.

Tout comme un temple égyptien, cette cathédrale, superbe couronne émergeant de la Terre, est cernée par l'eau du Lac

---

1. Souvenons-nous que dans *Nos Trois Corps et les Trois Mondes*, je décris les champs d'énergie de l'homme debout et celui de l'homme couché et les troubles qui s'y rapportent.

Sacré. L'eau est la représentation de la Divinité : elle est capable de se présenter sous trois états : physique, liquide, gazeux.

On n'en finirait pas de s'extasier sur les connaissances ésotériques de l'architecte, sur son art d'exploiter les capacités vibratoires des lieux et des formes. Ici les vibrations atteignent le nombre soixante-douze.

Quatre prophètes devant la cathédrale. Trois d'un côté, un seul en face, saint Jean, qui prophétise les trois autres. Cela voudrait-il dire que tous les évangiles ne sont pas à lire, mis à part celui de saint Jean ?...

Évoquons le cimetière spiralé dont la forme évoque singulièrement la *figure 1 c de la page 142.*

On sait l'importance fondamentale de la spirale évolutive. Le cimetière, affectant ici le dessein d'une spirale, rappelle que chaque incarnation sur Terre marque une phase évolutive, que l'homme terrestre doit devenir l'homme cosmique. Il signale aussi notre inexorable retour vers le point de départ terrestre, jusqu'au moment où, l'évolution terminée, l'incarnation finale est suivie d'un non-retour.

Mon intention n'est pas d'écrire une visite guidée de Brasilia, cependant certains détails sont à souligner.

L'importance de sa symbolique réside dans le fait qu'elle entre en résonance vibratoire avec celle de l'être humain. Brasilia peut en être considérée comme le premier témoin de l'ère nouvelle.

Le chiffre quatre représente la stabilité, la matérialisation. Ainsi une maison a quatre murs, et les quatre points cardinaux servent de repères. A Brasilia l'Esplanade des Ministères forme aussi un quatre. Dans une des intersections se trouve le Palais du Plateau et dans l'autre le Tribunal Suprême.

Autre détail, chaque branche du H du Palais du Congrès a vingt-huit étages. Les deux branches verticales du H du Palais du Congrès ont à elles deux $28 + 28 = 56$, c'est-à-dire le nombre des arcanes du tarot égyptien.

Les édifices de Brasilia ont tous un nombre d'étages multiples de douze.

Chaque super-quadra (immeubles de logements) est formé de 11 édifices et chacun a 6 étages : $11 \times 6 = 66$ et $6 + 6 = 12$, etc.

Le matin du 21 avril, le soleil se lève entre les deux H du Congrès National.

C'est aussi la seule ville du monde où l'église catholique, le temple protestant, le centre spirite, l'ordre maçonnique et même le temple bouddhiste sont voisins les uns des autres.

L'église de Santa Cruz revêt la forme d'une tombe pharaonique.

Le sarcophage du président Juscelino Kubitschek, fondateur de la ville de Brasilia, est conservé dans le Mémorial tout comme dans les Pyramides étaient conservés les sarcophages des pharaons.

Certaines coïncidences sont troublantes : Akhenaton avait construit Amarna, citée planifiée qui servit la transition religieuse et politique du pays. Il mourut seize ans après l'inauguration de sa capitale. Tout comme J. Kubitschek mourut seize ans après l'inauguration de Brasilia, lui aussi de mort violente.

Brasilia est une capitale de transition et d'espoir. Mais rien n'existe dans le futur qui ne soit étroitement lié au passé.

LA CATHÉDRALE DE BENÇAO

En ce dimanche après-midi Paulette et Josette ont combiné une promenade en direction de Bençāo. C'est un village près de Brasilia où se construit une église moderne à double étage, en forme d'arène, sous l'impulsion d'un dynamique pasteur protestant qui pratique des guérisons spectaculaires dans son église, à la fin des offices. Parfois même les objets du délit s'extériorisent par la bouche du patient. On ne sait s'il s'agit de matérialisations ou de transports.

Paulette le prévient qu'un médecin guérisseur français aimerait le rencontrer avant l'office des vêpres. Il accepte.

Les guérisons à la fin des offices me rappellent les dimanches où, aux Philippines, la guérisseuse Joséphine terminait son office dans sa chapelle de Carmen en faisant des guérisons.

Ici, le cadre est très différent. Nous sommes sur une grande avenue moderne et non plus dans un village philippin. Le pasteur nous reçoit dans son bureau.

Homme impressionnant. Grand, fort du cou et du ventre, des cheveux coiffés en arrière qui lèchent le cou, de superbes yeux bleus de médium-guérisseur-combattant perçants. Des mouvements amples, qui déplacent de l'air, une belle voix forte, le tout : un bulldozer. On est en face d'une personnalité exceptionnelle, d'un meneur d'hommes affiché. Il doit déclencher des passions de tous ordres. Il m'étonne et c'est étonnant. De lui émane de l'énergie, une énergie peu commune. Il se présente avec un tel potentiel d'action que je suis un peu sur mes gardes malgré son titre de pasteur. Est-ce l'acteur, le publiciste, l'escroc ou l'exceptionnel sensitif qui s'habille de ce titre ?

Des énergies puissantes mais dispersées roulent et m'entourent. Comme une mer aux vagues puissantes qui s'écrasent autour de vous, avec de temps en temps une lame de fond. Peut-être est-il pressé, en retard, nerveux à l'idée de me voir. Peut-être n'a-t-il pas eu le temps de se concentrer, de se « réunir » avant de nous recevoir.

Aimablement il me fait asseoir (et aussi Paulette qu'il connaît), puis s'installe derrière son bureau.

Les déferlantes vont-elles bientôt se calmer ?

Son regard plonge dans le mien. Oui, je suis médecin, oui, guérisseur, oui, française, oui, je crois aux Esprits et aux extraterrestres, oui, on peut parler sans crainte, non, je ne m'évanouirai pas en me retournant pour regarder ce qu'il y a dans la vitrine. Pure politesse de sa part que de s'informer car avec des yeux semblables, il a bien sûr deviné ma constitution. L'énergie déborde, tout à l'heure « ça va barder ».

Dans la vitrine, les choses les plus invraisemblables, sorties de la bouche des malades. Plus ça sort et plus ils sont guéris. Des montres, des ressorts, des porte-monnaies, de petits objets de cuisine, des insectes, des touffes de cheveux, des dents, des bouts d'os, des pierres, des formes visqueuses dans des bocaux..., tout un matériel des plus hétéroclites.

Ma moitié occidentale sourit intérieurement et doute.

Ma moitié sensitive dit : « Pourquoi pas, à chacun sa façon de guérir. Mais comment trouver l'explication plausible à tout cela ? Quel dur labeur en perspective avant de découvrir les lois qui règlent la venue de ce fourbi. »

Il veut divulguer le protestantisme au Brésil, mais pas sous la forme d'un culte froid, ennuyeux et qui donne sommeil, pas de soumission à un quelconque gouvernement, pas sous la forme de ceci ni de cela, etc.

Nous allons à l'église, car il va se préparer, bien placées au premier rang, pour voir et voir passer les heures, alors que la chaleur monte.

La foule arrive lentement. Il « fait » salle comble.

Puis commence « ses » vêpres, dynamiques, qu'il mène d'une voix puissante, avec des chants dont certains très simples sont de son cru, voire inventés à l'instant selon les circonstances. Et l'ambiance monte.

Deux événements vont successivement se produire dans cette église.

Tout d'abord les gens s'approchent de l'autel, comme s'ils allaient communier. Non, c'est le temps du traitement. Il fait des passes. Magnétise, provoque des transes, des évanouissements, les bouches souvent bavent, mais aucun objet n'est expulsé en ma présence.

Puis, après une pause, commence la deuxième partie des vêpres.

Une vaste cuve d'eau a été placée près de l'autel. Les hommes et femmes vêtus de blanc grimpent vers l'autel et descendent des marches, pour s'enfoncer dans l'eau jusqu'à mi-corps, sont aspergés, et sortent de l'autre côté, dégoulinant d'eau, les vêtements mouillés dessinant leurs formes en se collant sur leurs chairs.

L'infatigable pasteur officie, chante, harangue, porté par un enthousiasme qui jamais ne faiblit. La foule est avec lui, répétant et répétant ses phrases, toutes positives. Il apprend à la foule à penser, à croire, à vouloir, au quotidien. Et quand on sait l'ambiance froide qui règne dans nos églises, on ne peut être qu'admiratif devant cet homme de foi. Jamais le terme n'a si bien collé à un homme d'Église.

Je n'ai vu ni transports ni matérialisation, mais un pasteur présent au plein sens du mot, un guide qui, guérisseur efficace sur de multiples petits maux vient en aide aux populations et qui sans doute œuvre avec succès dans la dimension spirituelle. Et c'est bien ainsi. Son retour aux sources, signifié par sa technique de baptême très explicitement présentée, est un gage de sincérité et d'honnêteté.

La nouvelle église qu'il veut bâtir en forme d'arène et qui est commencée, il la terminera et aura beaucoup d'adeptes. A n'en pas douter, c'est un religieux exceptionnel.

OU L'ON COMMENCE A M'ÉTONNER

Mgr Airlindo, connaissant l'existence de *Médecin des Trois Corps,* m'avait invitée à lui rendre visite dès notre rencontre autour de la méthode Da Silva, sans doute est-il ouvert à ma recherche personnelle, aussi, sans arrière-pensée, je vais lui rendre visite en compagnie de Paulette, Josette et un ami.

« Quand le pont enjambant le lac sera construit, m'explique Paulette, il sera aisé d'arriver chez lui. En attendant, il faut faire tout un détour pour contourner ce lac sans se perdre au milieu des champs déserts, où les routes se succèdent les unes aux autres. »

Ce qui me semble être un enchevêtrement impossible de chemins est en fait bien ordonné, classé par lettres et numéroté de chiffres.

Nous voici à la grille d'une gentille villa. Le garage est construit devant l'entrée même de la maison et la cache. Pratique quand il pleut, facile pour la surveillance, mais inhabituel.

Monseigneur nous accueille, souriant, urbain, détendu. Moi, calme dans l'expectative, attentive au tour que vont prendre les premiers échanges de paroles pour me mettre si possible au diapason de la maison et ne pas commettre d'impairs chez ce prélat.

Nous allons voir bientôt que chez Monseigneur, il va m'être difficile de m'accorder avec la note de l'ambiance, mais pas avec celle que j'attends. Car nous sommes chez Monseigneur, à Brasilia, ville du Troisième Millénaire...

On me désigne immédiatement le visage d'un christ couronné d'épines ; des gouttes de sang glissent tout le long de son visage, telles des larmes. Bien imité, ce sang coagulé ! Jusqu'ici tout va bien.

Mais je ne suis pas certaine d'avoir bien compris ce qui se passe, quand on me dit qu'il s'agit d'une photographie de la photographie d'un autre christ se trouvant chez un certain Thomaz. La traduction trahirait-elle le langage du prêtre ? Non car il répète en français que le christ saigne ici tout comme il saigne chez Thomaz. Dans ma tête soudain tout se brouille.

Puis, mesurant les vibrations à tout hasard de cette photographie, il s'avère qu'elle vibre à 55. Le Christ était guérisseur, dit-on. Il est étrange que la photographie puisse me le confirmer. Est-ce un message ? Je commence à prendre les choses au sérieux.

Mais qui est Thomaz ?

C'est un homme tout à fait étrange, qui possède des pouvoirs fabuleux. Il est capable de matérialiser des objets et de faire des transports à distance. La raison de mon invitation est là. Monseigneur veut m'en parler. A la lecture de mon premier livre, il a compris que lui et moi sommes de la même religion...

Cela me réjouit, me réconforte. Tout comme si l'on me posait sur la tête une couronne dorée en récompense, comme au jour des prix de mon enfance. Tant de sourires moqueurs, bénins à côté de tant de haines féroces qui m'ont entourée depuis le début de mes recherches, venant d'inconnus, de confrères, d'ex-amis, de la famille... A Brasilia, tout est différent, l'Église elle-même sait que le monde n'est pas fait comme on nous l'a dit en Europe.

Monseigneur nous fait asseoir, offre des jus de fruits et disparaît.

Après un moment il revient, tenant une caisse de bois blanc dans ses bras, la pose doucement sur le sol devant moi et raconte :

« On avait volé mes objets de culte, la plupart d'une grande valeur. Thomaz m'ayant invité à le voir, je lui parlai du larcin.

« " Ne vous inquiétez pas, mon père, vous les aurez en rentrant chez vous. "

« Et sur le chemin du retour, qu'est-ce que je vois ? Les objets volés qui entrent les uns après les autres dans ma voiture ! Les uns par le toit, les autres par les vitres fermées, sans se casser ! Les objets retrouvés sont dans cette caisse. »

Brûlant d'envie de les voir, de les tester, de les mesurer... le temps qu'il prend pour ouvrir la caisse et déballer le premier objet me semble bien long. Le premier objet présenté vibre à 72, c'est une énorme vibration à laquelle je ne suis pas encore habituée.

Les croix, christs, ciboires, etc., défilent entre mes mains. Tout vibre à 72. Or habituellement, les objets matériels vibrent à 1, à 2 si l'objet est humide [1].

C'est plus qu'il ne m'en faut pour accepter la version de

---

1. Voir *Médecin des Trois Corps*, p. 166, et *Nos trois Corps et les Trois Mondes*, p. 99.

Monseigneur et imaginer que les objets ayant subi ce genre de traitement sont affectés par je ne sais quelle transmutation d'un niveau vibratoire exceptionnel.

Le père s'apprête à sortir un autre objet. Mais alors qu'il ne fait que plonger la main dans la caisse, je perçois déjà la vibration de l'objet *sur* moi, la recevant comme un pétillement d'une puissance extrême, et, n'osant l'affronter, je le prie de laisser cet objet au fond de la boîte.

Ce qui reste des « apports », puisque c'est ainsi qu'il faut les nommer, est sorti, admiré, contemplé, mesuré. Ce sont de beaux objets de culte. Mais je refuse toujours celui qui pétille dans sa boîte.

Monseigneur alors m'explique que cet objet a une histoire particulière.

Ce n'est pas un « apport », c'est autre chose.

Invité chez Thomaz, ayant l'intention de le soumettre à une épreuve, mais ne sachant pas encore très bien laquelle, il emporte trois hosties non consacrées et les dépose en arrivant sur le secrétaire de la chambre qui lui est affectée, puis se rafraîchit. Sa toilette à peine terminée, on sonne l'heure du repas. Monseigneur ne songe plus à ses hosties et passe à table. Que voit-il sur sa serviette de table ? Les trois hosties soudées en un magnifique objet. (C'est la version raccourcie de la chose qu'il me donne ce jour-là, n'osant sans doute pas aller plus loin dans la vérité pour notre première rencontre.)

Et cet objet, là, pétille tant et tant dans sa caisse, que je n'ose l'en laisser sortir, encore moins le prendre en main.

On m'interroge, pourquoi, comment, cet objet plutôt que les autres m'intimide !

Au fond de moi, je sais que quitter cette demeure sans avoir accepté d'établir une relation avec l'objet qui me parle, c'est me préparer à des regrets et interrogations. Je me fais la leçon : « Comment après avoir vécu des expériences risquées, tu hésites à laisser sortir trois hosties de leur boîte ? » Un signe de tête, oui, enfin... Monseigneur extirpe les hosties de leur caisse.

Il s'agit d'un magnifique objet, une hostie centrale, recouvrant partiellement deux autres. Un soleil, des inscriptions. Il me le tend, interrogateur. Au terme d'une nouvelle hésitation, je prends l'objet entre mes deux mains, aussi courageusement que si je me lançais à skis du sommet d'une très haute montagne sans entraînement.

L'impression est énorme, mon cœur brutalement bat à tout rompre et à grande vitesse, je sens changer mon état vibratoire, c'est comme si j'éclatais, comme si la peau à la surface de mon corps, trop étroite, explosait, je me sens dépasser mes formes normales, gonfler comme une baudruche, m'arrondir. Les sensations sont terribles, mon thorax va éclater. Que vais-je devenir ? Peut-être mourir ici, cette charge d'explosif entre les mains. Il est trop tard pour faire marche arrière. Allons jusqu'au bout de l'expérience... Puis les phénomènes cessent de croître en intensité, décroissent enfin, avant de disparaître. Le calme revient, mes yeux s'ouvrent sur les amis, tout proches, qui m'observent un peu inquiets. Je suis encore en vie.

Ne perdons pas de temps, mesurons les vibrations de l'objet. Celui-ci ne vibre plus, plus du tout ! Il m'a communiqué ses vibrations. Tout se passe comme si je les avais absorbées ! Le voici vide d'énergie !

J'en avertis Mgr Airlindo qui froidement, sans aucune gêne ni hésitation, prend l'objet, c'est-à-dire la matérialisation des trois hosties l'approche de la photo encadrée du Christ, celui qui saigne, et me le rend, me priant de le mesurer. Il vibre maintenant de nouveau à... 72 ! Nous sommes en pleine magie. Et moi ? Je vibre aussi à 72, soit au même rythme que les objets transmutés, alors qu'habituellement mon chiffre est de 55, chiffre habituel chez les guérisseurs. Suis-je transmutée ?

Comment vibre le christ après le geste de Monseigneur ? Il ne vibre plus à 55, mais à 12. En tarot, le Sacrifié...

Nul besoin de commentaires.

Pour mon confort, après ces émotions, et pour me mettre en rapport avec Thomaz, Monseigneur me propose de m'asseoir dans le grand fauteuil à ma gauche. C'est le fauteuil de Thomaz.

Là, une voix intérieure me dit : « Viens dès demain. »

Certes, j'ai l'intention de tenter de le voir, bien qu'il soit notoirement inaccessible, mais demain, c'est trop tôt. Dans deux ou trois jours, oui... Tout a si bien commencé, toutes les portes se sont ouvertes si rapidement que je ne doute plus de rien, oubliant que Paulette a travaillé depuis longtemps à m'en donner les clefs.

LE CENTRE SPIRITE DE BRASILIA

En ce dimanche matin, proposition m'est faite d'une promenade en voiture dans les beaux quartiers de Brasilia, avec en prime vue sur le Centre Spirite d'Allan Kardec.

N'oublions pas que ce sont les Esprits qui m'amènent au Brésil.

Nous voici bientôt devant une grille qui clôt un vaste jardin admirablement entretenu. Au fond un superbe bâtiment. Tout est net, neuf, impeccable, allées tirées au cordeau.

Un homme passe dans le jardin. Josette lui fait signe. Bien que dimanche soit jour de fermeture, il s'approche. Josette explique qu'elle accompagne un médecin français s'intéressant au spiritisme, elle aimerait lui faire connaître le Centre.

Puisqu'il s'agit d'une Française, une compatriote d'Allan Kardec, avec plaisir ! Entrez ! Ce charmant compagnon nous fait visiter salle par salle cet énorme bâtiment superbement organisé avec bibliothèque, salles de réunions, de méditation, etc. On sent combien il l'aime, combien il est fier de cette réalisation modèle.

Dans la bibliothèque, tous les livres possibles sur le spiritisme : Léon Denis, Kardec, Gabriel Delanne, Camille Flammarion, Gustave Geley, William Crooks, Alexander Aksakoff, les psychographies de Francisco Candido Xavier et bien d'autres auteurs brésiliens.

Dans la cour, un homme fait les cent pas, semblant attendre quelqu'un avec un livre à la main. C'est le président de la Société Spirite Brésilienne. Prévenu, il nous attend pour faire connaissance. Il me dédicace le livre : l'*Évangile* d'Allan Kardec.

C'est la Fédération Spirite Brésilienne et son président Francisco Thiensen qui ont l'honneur de me présenter ce qui peut être considéré comme l'aspect religieux du spiritisme.

Très touchée de cette attention, dans la voiture qui nous emmène, lisant l'Introduction, il m'apparaît que ce livre, écrit en 1866, traduit en Brésilien en 1936, a atteint le tirage de 1 300 000 exemplaires en février 1979... Il est également traduit en espéranto.

C'est l'*Esprit de Vérité* qui préface :

« Les Esprits du Seigneur, qui sont les vertus des cieux, comme une immense armée qui s'ébranle dès qu'elle en a reçu le commandement, se répandent sur toute la surface de la terre ; semblables à des étoiles qui tombent du ciel, ils viennent éclairer la route et ouvrir les yeux des aveugles.

« Je vous le dis en vérité, les temps sont arrivés où toutes choses doivent être rétablies dans leur sens véritable pour dissiper les ténèbres, confondre les orgueilleux et glorifier les justes. »

Un peu plus loin, on explique le but de ce livre :

« Beaucoup de points de l'Évangile, de la Bible et des auteurs sacrés en général ne sont pas intelligibles, beaucoup même ne paraissent irrationnels que faute de la clef pour en comprendre le véritable sens ; cette clef en est tout entière dans le spiritisme... Le spiritisme se retrouve partout dans l'Antiquité et à tous les âges de l'humanité ; partout on en trouve des traces dans les écrits, dans les croyances et sur les monuments. »

« Cet ouvrage est à l'usage de tout le monde ; chacun peut y puiser les moyens de conformer sa conduite à la morale du Christ. Les spirites y trouveront en outre les applications qui les concernent plus spécialement. Grâce aux communications établies désormais d'une façon permanente entre les hommes et le Monde Invisible, la loi évangélique, enseignée à toutes les nations par les Esprits eux-mêmes, ne sera plus une lettre morte, parce que chacun la comprendra et sera incessamment sollicité de la mettre en pratique par les conseils de ses guides spirituels. »

Une réserve capitale, à la page suivante :

« On sait que les Esprits, par suite de la différence qui existe dans leurs capacités, sont loin d'être individuellement en possession de toute la vérité ; qu'il n'est pas donné à tous de pénétrer certains mystères ; que leur savoir est proportionné à leur épuration ; que les Esprits vulgaires n'en savent pas plus que les hommes et moins que certains hommes ; qu'il y a parmi eux comme parmi ces derniers de faux savants qui croient savoir ce qu'ils ne savent pas ; des systématiques qui prennent leurs idées pour la réalité ; afin que les Esprits de l'ordre le plus élevé, ceux qui sont complètement dématérialisés, ont seuls dépouillé les idées et les préjugés terrestres ; mais on sait aussi que les Esprits trompeurs ne se font pas scrupule de s'abriter sous des noms d'emprunt pour faire accepter leurs utopies. [...] La seule garantie sérieuse de l'enseignement des Esprits est dans la concordance qui existe entre les révélations faites spontanément, par l'entremise d'un grand nombre de médiums étrangers les uns aux autres, et dans diverses contrées. »

Ce texte est un avertissement dont on ne tiendra jamais assez compte.

Avec le projet d'aller à São Paulo prendre le bus pour voir Thomaz, mais aussi de rencontrer José, me voici prête à quitter Brasilia, ville bien-aimée.

On tente ici de prendre des contacts avec Edson Queiroz, mais il est en voyage à l'étranger. On sait qu'il reviendra pour un grand dîner dont le bénéfice reviendra à la Fédération Spirite à São Paulo.

Chapitre V

SAO PAULO

Voyage en avion sans histoires. Reste alors l'important choix de lieu de chute : comment choisir sur le plan de l'aéroport un quartier central, un hôtel pas trop onéreux mais dépourvu de risques. Pour le transport, la sécurité est assurée par les taxis de l'aéroport. Me voici donc dans cette ville un peu moins chaude car située sur un plateau ; ville immense, industrielle, polluée, active, dévorante, où tout fonctionne vite à l'européenne. Tout va vite, exception faite de la circulation sur les avenues du centre-ville, redoutées pour leurs embouteillages monstrueux.

LES ALGUES

Le premier appel est pour José. Un José stupéfait de ne pas être au courant de ma venue. Un José furieux de n'avoir pu me préparer des rencontres. La lettre le prévenant n'a pas été envoyée à la bonne adresse. Pris au dépourvu, il va pourtant essayer d'organiser quelque chose dans la soirée. Le fait de l'entendre se fâcher est bon signe, c'est qu'il a l'intention ferme de m'aider.

J'apprends un peu plus tard qu'un couple de ses amis doit accompagner une parente chez une guérisseuse locale. Tous viendront me chercher à l'hôtel ce soir.

José, premier arrivé, me parle de son travail. Maintenant psychiatre dans un Centre Allan Kardec, il essaiera de me faire participer à une « Table Blanche ». Pour l'instant, nous allons voir une femme qui traite en matérialisant des objets. Il dit en riant que parfois même apparaissent des crapauds !

Voici bientôt les amis qui nous emmènent loin du centre, vers un quartier tranquille, dans une rue bordée de jolis pavillons. On me conte l'amélioration de l'état de santé de leur « mama » depuis qu'on la mène chez cette guérisseuse.

Un escalier qui descend vers un sous-sol bien éclairé. Des bancs sur le côté pour les accompagnants. Une file déjà bien installée pour les candidats au traitement. Sans hésiter, je prends la file. José rechigne. Il veut bien me montrer le pittoresque de la ville, mais quant à participer aux événements, c'est autre chose. Est-ce son statut de médecin qui le dérange ? Devant servir de traducteur, le voici néanmoins près de moi.

Ceux qui viennent ici semblent appartenir dans l'ensemble à une catégorie sociale aisée. Un verre à moitié rempli d'eau est placé entre mes mains. José refuse tout d'abord le sien. Comme alors on veut le faire asseoir avec les accompagnants, il prend le verre pour demeurer avec moi. Tous les candidats au traitement sont en file, un verre d'eau à la main...

Nous approchons d'une forte femme, toute ronde, à la peau brune, on peut l'apercevoir dans l'entrebâillement de la porte. Ceux qui sont passés entre ses mains jettent le contenu de leur verre d'eau dans un seau. Mais il est impossible d'en deviner le contenu.

Qui passera en premier, José ou moi ? Il résiste toujours à l'idée de l'expérimentation, mais conserve son verre d'eau à la main. Il observera ce qui se passe, fera la traduction.

En attendant, faisons l'inventaire de mes misères physiques et avouons que seule la curiosité me mène là, la santé est bonne.

Voici mon tour, je m'approche de la femme, les mains serrant le verre entre mes mains... Juste le temps de voir et de sentir son doigt toucher le sommet de mon front, pour que devant mes yeux descende en scintillant un sable doré qui tombe en grésillant jusqu'au sol ! En même temps j'entends un *flouc,* et voici dans mon verre un bouquet d'algues !

Étonnée au point que je ne me souviens plus de rien d'autre, pas même de ce que José reçoit ! Et le cher ami n'épilogue pas sur son « rapport ». Non, car il est tout ému de ce qui m'arrive et de l'interprétation de faits : le sable, les algues, n'est-ce pas l'évocation de ma petite maison au bord de la mer qui se nomme « Les

Algues » (où mes filles, petites, passèrent leurs vacances) et... d'un problème ? Celui de ma fille aînée qui, n'ayant pas supporté mon abandon de la médecine classique, alors même qu'elle commençait elle-même ses études de médecine, s'est séparée de moi depuis de nombreuses années.

Convaincue de ma folie, par son père, ma belle-famille et sa future belle-famille (mère médecin, ancien inspecteur de la Santé publique, conseillère d'un ministre de la Santé !), ma fille vécut alors un difficile choix : précoce en études, et trop jeune pour se faire sa propre idée sur l'orientation de sa mère, l'entourage a su la convaincre de « mes erreurs ».

Le conflit s'est soldé par une rupture totale entre elle et moi, ce qui était presque normal. Elle épousait un garçon qui désirait faire une carrière hospitalière, aussi fut-il aisé de la convaincre qu'il était de son devoir de « faire une croix » sur sa mère dissidente. On ne badine pas sur certains points quand on veut accéder à la hiérarchie hospitalière.

Après deux années plus douloureuses qu'un deuil, j'ai voulu oublier que j'avais une fille puis que j'étais grand-mère d'enfants qui ne me connaissaient pas. Mais si l'hiver tout est facile, le mois de vacances qu'elle passe à cinq cents mètres de chez moi, dans la maison qui appartenait à ses beaux-parents, en refusant de me voir, réactive le souvenir d'une désagréable façon, bien que le deuil de ce problème soit fait depuis longtemps et que je ne regrette rien de mon évolution médicale.

Comment cette femme-guérisseuse extirpe-t-elle mon problème et le fait-elle apparaître sous la symbolique la plus exacte possible dans un verre ?... Comment fait-elle émerger le plus lourd tribut payé pour accomplir mon évolution ? Est-ce simple coïncidence ?

Pourtant l'épreuve a renforcé ma résistance et surtout relativisé les autres agressions. Il est certain qu'après avoir réussi à surmonter cette épreuve, les petites vilenies ne savent plus m'atteindre. Ma sensibilité accuse les coups sur l'instant, mais rapidement fait surface. Je me suis aguerrie et me suis encore plus investie dans des recherches concluantes.

Nous allons finir la soirée et bavarder mi-français, mi-brésilien tous ensemble, puisque la jeune femme parle français et son mari le comprend. Nous sommes alors fin 1984. Nous nous interrogeons sur le mécanisme rationnel de la séance de ce soir. Je n'ai que souvenirs douloureux, sable et algues pour réponse.

Puis mes amis évoquent les relations qui unissent la France et le Brésil, relations trop ignorées. José fut le premier à me dire, dans sa lettre d'introduction, de quel œil admiratif les Brésiliens voient la civilisation française. Depuis, pas un seul courrier sans qu'un mot affectueux pour notre pays n'y soit inscrit. Lui et ses amis me confient qu'ils écoutent tous les jours la Radio Française Internationale.

La civilisation brésilienne avait jusqu'il y a peu de temps établi une éducation nationale à laquelle participaient des valeurs culturelles de la civilisation française. Pour le Brésil, tout ce qui venait de la France, tout ce qui était français était en soi quasi divin. En effet ce sont les Français qui donnèrent le nom de Brésil à cette terre : c'était le nom du bois exporté qu'ils utilisaient en teinturerie en l'exportant de ce pays. Et bien qu'Alvares Cabral, arrivé au Brésil en 1500, lui donna le nom de « Terre de Santa Cruz », dénomination officielle, répétée par les Portugais et les cartographes de l'époque, c'est le nom de Brésil qui a prévalu au cours des temps. Si les attaches demeurent en profondeur, il faut bien admettre que pour des raisons commerciales, la civilisation américaine nous surpasse actuellement. Mais nombreux sont encore les jeunes Brésiliens qui viennent couronner leurs études d'un séjour en France.

Étonné... de la richesse des variances avec laquelle s'expriment pour moi jusqu'ici les rapports avec le monde des Esprits, je pose la question qui me brûle les lèvres : « Mais que vient faire le Français Allan Kardec dans ce pays riche d'anciennes traditions ? Pourquoi ici, cette transplantation culturelle du spiritisme philosophique et expérimental de conception française, alors qu'il est chez nous paradoxalement mis sous le boisseau ? »

Un texte de Roger Bastide est la réponse : « Le savant de la science officielle qui essaie d'étudier le Brésil ne sait plus quel système de concepts utiliser. Toutes les notions qu'il a apprises dans les pays européens ou nord-américains n'ont plus cours. Le vieux se mêle au jeune de façon déconcertante. Les époques historiques s'embrouillent les unes dans les autres. Les mêmes mots comme ceux d'amour, religion, magie, etc., n'ont pas la même signification au Brésil qu'en Europe ou aux États-Unis, ne recouvrent pas les mêmes réalités subjectives et objectives. Il faudrait, au lieu de concepts standardisés, découvrir de nouvelles notions en quelque sorte liquides, amplement souples, capables de décrire des phénomènes incessants de fusion, d'ébullition, d'interprétation, qui se mouleraient sur une réalité infiniment vivante, en perpétuelle transformation. Le savant de science qui veut comprendre le Brésil doit se muer souvent en poète. »

Et José d'expliquer à son tour que le Brésil est un pays d'innombrables contrastes, un pays d'immenses étendues diversifiées physiquement, de régions sauvages jalonnées de villes modernes. Culturellement on y trouve un équilibre entre les facteurs humains les plus variés, qui réalise une unité sans uniformité, un pluralisme ethnique et culturel débordant.

« Le Brésil reproduit en son sein les contrastes du monde : on y trouve des aspects qui rappellent ceux de New York et de Chicago, de Lisbonne et de la Bavière, du Japon et de l'Italie, de l'Inde et du Mexique, de la Pologne et de la Hollande, de l'Espagne et des pays arabes, de l'Afrique du Nord et de l'Afrique noire, de la France et de l'Angleterre, etc.

« En gros, le vieux pays colonial a sa terre d'élection dans le nord, tandis que le pays neuf se situe dans le sud. Au sud, on trouve des villes industrielles et des cultures expérimentales. Le Brésilien y côtoie le Japonais, l'Allemand heurte l'Italien, le Français rencontre le Nord-Américain, le Juif travaille aux côtés de l'Arabe, le Noir et le Blanc se mélangent spontanément, dans une fraternelle bousculade de peuples et de races. Mais ce ne sont pas seulement les peuples qui se mêlent au Brésil, ce sont aussi les types d'architecture, les genres de vie, les accents ou les langues, de telle sorte que le contraste se marque jusqu'au sol, jusque dans les plantes et les bêtes. Des moineaux importés de Paris piaillent parmi les colibris. Le palmier impérial dépasse dédaigneusement les platanes souffreteux venus d'Europe. Des villas normandes, des patios mexicains, des gratte-ciel de ciment armé, de vieilles demeures coloniales délabrées envahies par les Noirs et les immigrants, des palais florentins construits par des Italiens enrichis, des Alhambras irréelles où s'inscrivent les songes des Syriens, les petits jardins où les Allemands jettent sur le gazon une profusion de gnomes, de lutins et de champignons germaniques, tout cela se succède le long d'une même rue de la ville de São Paulo.

« Au Brésil, il existe entre les différents États un fait frappant, c'est-à-dire une certaine rivalité politique et administrative, laquelle n'empêche pas le maintien d'une certaine unité nationale. Cette rivalité est accentuée par les différences de caractère, les usages, les coutumes, l'éducation, les aspirations et surtout la composition ethnique de la population d'État à État... Entre tous ces antagonismes qui se heurtent, il a toujours existé, pour amortir le choc ou les harmoniser, des forces de confraternisation et de mobilité verticale particulières au Brésil. Aux forces de scission, de séparation se sont toujours opposées, pour les contrebalancer, des forces d'union cosmopolites, un mélange sans frontières ni barrières de sang, d'interpénétration de civilisations apparemment les plus hétérogènes. Le Brésil aurait pu s'effriter, comme ce fut le cas pour l'Amérique hispanique, en une multitude de nations opposées, selon les lignes de découpage géographique, ethnique, social ; mais l'unité de l'ensemble a survécu.

Le Brésil est cependant un pays de nuances, au point que l'on ne sait plus ce qui domine, si ce sont les règles ou les exceptions à la règle. Il y règne un pluralisme qui se situe au-delà des doctrines et des méthodologies : la race ou la croyance spécifique n'y ont pas de rôles décisifs. Cette fusion peut sembler étrange à certains pays, où des entités minuscules demandent leur indépendance par la méthode forte, et plus encore dans un pays comme la petite Belgique qui va jusqu'à maintenir deux langues sur une faible surface.

Si le pays de la tolérance a pour nom Brésil, c'est que la surface du pays et son sous-développement initial permettaient à tous ceux qui voulaient et savaient travailler d'y faire leurs preuves.

La place étant laissée libre à chaque ethnie, *ce sont les enchaînements de données historiques* qui expliquent la vivante relation qui existe entre le Brésil et la France et que nous verrons ultérieurement.

Mais ce sont surtout des *liens de l'âme* qui lient ces deux pays. Et sur ce plan Allan Kardec est le plus célèbre de tous. Des villes brésiliennes donnent son nom à des places et des rues ; des statues lui sont dressées, un timbre à l'effigie de Kardec fut émis à l'occasion du centenaire de la première édition de son principal ouvrage, *Le Livre des Esprits*.

Les continuateurs de Kardec : Léon Denis, Camille Flammarion et Gabriel Delanne, sont aussi très connus au Brésil. Le Spiritisme Philosophique et Expérimental n'est pas un apport de la Culture Française, mais une contribution de la pensée brésilienne pour édifier les assises de leur propre culture et civilisation.

En admettant qu'au sein de cette pluralité, Allan Kardec ait trouvé sa place, il me reste alors à savoir comment le Catholicisme a pu s'implanter, pris en sandwich entre la civilisation indienne et africaine. Comment s'est-il assuré, modifié au cours des siècles ?

Ce sont les colons portugais qui, arrivant au Brésil vers 1500, se sont trouvés désignés pour devenir les catalyseurs du processus de mélange ethnique du pays. Alors que les Espagnols étaient imprégnés de l'orthodoxie de la morale catholique, avec le sens du péché et l'idée de la supériorité de leur race, les Portugais, eux, découvraient le Brésil seulement un siècle après la disparition de l'influence politique arabe. Parmi leurs ancêtres figuraient les Arabes, les Maures, les Berbères, les Capsitaniens, les Libyens, les Phéniciens. Ainsi, tout en appartenant à la foi catholique, les colons portugais arrivant au Brésil se trouvaient-ils familiarisés avec les pratiques magiques par le biais d'un long contact avec celles des Maures, des Noirs de l'Afrique du Nord et même avec un certain alchimisme européen... Ils étaient donc ouverts aux échanges, y compris aux pratiques sexuelles libérales pratiquées par les Indiens.

Ces pratiques ont influencé de façon déterminente « l'expression du catholicisme aux ardentes couleurs païennes du colon portugais au Brésil ».

L'influence de l'Église établie au Brésil était encore amoindrie par la distance qui la séparait de la métropole et des diocèses. Il en résulta un mélange original de catholicisme non dogmatique, teinté d'éléments païens, d'animisme, de fétichisme et de mythes variés, une sorte de syncrétisme de croyances dans l'intervention des Esprits au cours de la vie quotidienne.

Le tout pourtant inséparable d'une adhésion presque stricte au rite et aux fêtes de la liturgie aboutissant à un catholicisme de surface.

Ce qui fait que le Brésil est parfois considéré comme « le plus grand pays catholique du monde ». Ceci s'explique par les dimensions du pays et les rapports qui persistent entre l'Église et l'État.

Un chercheur anglais, Guy Playfair, définit ainsi le catholicisme brésilien : « *Le plus grand pays catholique spirite du monde, où la plupart des habitants catholiques sont de bons catholiques le dimanche matin, s'ils ont le temps d'aller à la messe; des catholiques néanmoins plus ou moins spirites le reste du temps, quand ils rejoignent alors les vingt millions d'adeptes entièrement engagés à la cause du spiritisme philosophique et expérimental de conception française.* »

LA TABLE BLANCHE

José et moi avons rendez-vous à l'hôpital où il travaille. Un taxi m'y conduit après un parcours qui n'en finit pas tant sont gigantesques les dimensions des grandes villes de ce pays.

Il a obtenu la permission exceptionnelle, parce que je suis française, tout comme Allan Kardec, de me faire assister à ce qu'ils appellent « la Table Blanche ». C'est, me dit-il, une cérémonie thérapeutique durant laquelle sont traitées les âmes des morts. Le principe est donc le même que chez Tia.

Intimidée à l'idée de la cérémonie qui va se dérouler dans quelques minutes, je regarde avec une certaine admiration les hommes et les femmes capables de faire sur commande des échanges avec les Esprits. Ces thérapeutes de l'âme entrent les uns après les autres, se mettent en tenue et se dirigent tous vers une même porte. Entre bientôt le personnage le plus important, le président. Des sourires, des paroles de bienvenue, on m'invite à le suivre.

Me voici assise à cette « Table Blanche ». Le président à l'extrémité de la table, un ouvrage de Kardec entre les mains, me présente : élève *française* d'Agpaoa et amie du Dr José... De chacun, un salut, un sourire. Un sourire pour chacun. Ouvrant l'*Évangile* de Kardec, le président en lit des passages suivant un cérémonial.

Puis vient l'instant de la concentration, de la méditation.

Soudain, une femme entre en transe, pleure, crie, s'exprime. Le président, lui, parle, semble la consoler, lui expliquer quelque chose. Puis sortent de la bouche d'un autre médium des paroles sur le ton de l'insulte et de la haine, de même chez un troisième, etc. Le président calme, explique, console, essaie de convaincre les uns et les autres.

José explique tout bas que ces âmes n'ont pas quitté le plan terrestre, qu'elles sont errantes et sans corps. Celui qui crie le plus fort est allemand, se croit encore au procès de Nuremberg où il continue à se défendre. Un autre hitlérien dit encore sa confiance en son Führer...

Le fait de ne pas connaître la langue gêne ma compréhension des scènes, mais il ne faut pas être grand clerc pour deviner ce qui se passe et les difficultés qu'éprouve le président pour calmer les Esprits, qui manifestent si bruyamment leurs problèmes par la voix des médiums, alors qu'ils n'ont plus de corps physique ! Ils doivent se faire une raison et quitter ces plans du monde ordinaire, perdre leurs désirs de vengeance, oublier leurs griefs, pardonner à leurs ennemis... Il les aide, leur donne l'énergie qui leur manque pour atteindre des vibrations d'un degré supérieur et transiter vers les espaces de bonheur.

Une nouvelle cérémonie marque la fin de la séance.

Tous ceux qui se sont trouvés pris par la transe, qui ont crié, souffert, pleuré, ont retrouvé calme et sourire.

Chose étrange, tous sont d'accord pour dire que la pièce était pleine de soldats en costume vert, qu'ils identifient comme étant des soldats allemands, que des âmes d'officiers allemands et de S.S. sont venues se manifester et s'interrogent à juste titre sur le rôle que je peux jouer dans la venue de cet entourage inhabituel. Oui, je viens d'Europe. Oui, j'ai vécu l'occupation allemande. En est-ce la raison ?

Un extrait du livre du Dr Ritchie *(Retour de l'au-delà)* et qui se situe durant son apparence de mort clinique peut donner une idée de ce que les médiums sont capables de voir en ce qui concerne les âmes qui n'évoluent point :

« A ce moment l'Être de Lumière me fit entrer dans un bar-grill crasseux, proche de ce qui paraissait être une base navale. Une foule nombreuse, dont beaucoup de marins, était alignée sur trois rangs près du comptoir pendant que d'autres se pressaient dans des boxes en bois, le long des murs. Quelques-uns buvaient de la bière, mais la plupart s'enfilaient du whisky aussi vite que deux garçons en nage pouvaient en servir.

« J'observai alors une chose frappante. Un certain nombre des hommes qui étaient au comptoir paraissaient incapables de porter la boisson à leurs lèvres. Je les voyais empoigner sans discontinuer leur petit verre, leur main passant à travers l'épais comptoir de bois, à travers les bras et les corps des buveurs qui les entouraient.

« Ces hommes n'avaient pas l'auréole de lumière qui enveloppait les autres. Ce cocon de lumière paraissait donc être un attribut du corps physique seulement.

« En vouloir davantage, brûler de désirs intenses alors que l'on est absolument impuissant, ce devait bien être cela, l'enfer.

« Je me trouvais maintenant dans un royaume qui ne me répondrait jamais. »

La cérémonie terminée, alors que je suis encore tout émue de ce que je viens de voir, on m'invite à prendre un thé accompagné de petits gâteaux. On évoque la France. Oui, dans toutes mes rencontres, je m'aperçois que les disciples d'Allan Kardec vénèrent la France, et la plupart pensent y avoir vécu une vie antérieure. On ignore, en France, celui qui fait sa grandeur au Brésil.

La moindre des choses est bien de s'instruire sur les rapports qui ont existé au cours de l'histoire entre la France et le Brésil. C'est José qui me les apprend.

FRANCE-BRÉSIL

Certains prétendent que le Dieppois Jean Cousin aurait découvert le Brésil dès 1480, avant le Portugais Alvares Cabral en 1500.

Les Indiens brésiliens se sont tout de suite épris d'amitié pour les Français. L'Allemand Hans Staden affirmait avoir rencontré des Français au Brésil dès 1547 et disait qu'en se prétendant français, tout étranger était sûr d'être bien accueilli. (Ce subterfuge lui sauva la vie.)

Mais c'est le 14 août 1555 que Nicolas Durant de Villegaignon, vice-amiral de Bretagne et chevalier de Malte, quitte Le Havre avec trois navires et quelques centaines d'hommes recrutés dans Paris en annonçant son voyage à la trompette, pour fonder un établissement français au Brésil. En arrivant à Rio de Janeiro, il rencontre deux Normands ayant vécu de longues années en contact avec des Indiens brésiliens qui lui servaient d'interprètes.

Deux des compagnons de Villegaignon créent le thème du « bon sauvage » qui allait devenir un thème fondamental non seulement dans la littérature française, mais qui allait aussi se diffuser dans la littérature européenne et atteindre son apothéose avec Jean-Jacques Rousseau.

Parallèlement, le thème du « bon Français » se développait au Brésil. Malheureusement Villegaignon ne sut pas se servir de ces bonnes relations. Ce chevalier de Malte manquait d'indulgence vis-à-vis de ce qu'il considérait comme des « cupidités charnelles ». Il exigeait, tant de ses compagnons que de la population, des mœurs « aussi blanches que la croix de son ordre », ce qui compromit le succès de son entreprise.

Les Portugais pratiquaient un catholicisme plus accommodant à l'époque des grandes découvertes maritimes. C'était le peuple le plus mélangé d'Europe, nous l'avons vu, avec une propension à la polygamie, et grâce à cela il fut bien accueilli.

Pourtant ce sont les Français qui sont les véritables fondateurs de Rio de Janeiro. Les chroniques de l'époque indiquent qu'il n'existait rien avant leurs travaux sur l'emplacement où s'élève Rio aujourd'hui. C'est Mme Orvilliers, épouse du gouverneur de la Guyane, qui fit cadeau à l'épouse du gouverneur de l'État du Para de quelques jeunes caféiers. Ce qui fut une bénédiction pour le Brésil.

En 1615, Portugais et Français se livrèrent une dure bataille. Et beaucoup de Français retournèrent vers la mère-patrie après leur défaite.

Avec le temps, les Portugais furent moins appréciés. Ils ne s'intéressaient qu'à l'or et aux diamants du Brésil. Pas d'université, point de livres, point de journaux. Et quand, vers les premières années du XVIIIe siècle, le Brésil essaya de créer sa première typographie par la grâce d'un délégué plus libéral, la cour de Lisbonne s'indigna et ordonna la fermeture immédiate de l'atelier et la destruction de tout le matériel.

Mais chez les intellectuels brésiliens on lit *Le Contrat social* de Rousseau, les ouvrages de Voltaire, les écrits de l'abbé Raynal. Les idées françaises éclosent en la révolution brésilienne de l'État du Minas Gerais en 1792, qui se propose de fonder lui aussi sa république.

La guerre de Napoléon contre le Portugal ayant entraîné la fuite de la famille royale au Brésil, celui-ci fut déclaré royaume. Promotion que n'avait pas prévue Napoléon. De plus, l'Instruction publique brésilienne fut à ses débuts redevable aux émigrés royalistes échappés de la révolution, auxquels succédèrent les victimes des régimes suivants.

Ce sont aussi d'anciens militaires français qui aidèrent à la consolidation de l'indépendance brésilienne.

Ce furent encore des artistes français qui en 1815 fondèrent l'Académie des Beaux-Arts au Brésil. A la chute de l'Empire, bien des fidèles de Napoléon eurent aussi envie de s'expatrier, si bien que le Brésil hérita d'une remarquable équipe. Faut-il rappeler le plan échoué d'évasion de Napoléon de Sainte-Hélène vers le Brésil ?

Il est impossible de nommer tous les grands Français qui participèrent à l'évolution du Brésil. Citons Auguste de Saint-Hilaire, natif d'Orléans, parti en 1816 comme attaché d'ambassade près de la cour portugaise à Rio de Janeiro. Homme de science habitué aux recherches, il parcourut à dos de mule les chemins difficiles des forêts inhabitées, y étudiant la flore brésilienne, et fut le premier savant français à pénétrer à l'intérieur du Brésil. Il y laissa des collections et des ouvrages qui sont encore maintenant une source précieuse d'informations.

Citons encore le nom de Pharoux, ancien soldat de Napoléon, architecte, hôtelier, ingénieur, qui après Waterloo devint l'animateur d'un mouvement culturel à Rio de Janeiro portant sur l'art, la mode, la cuisine, les coutumes françaises.

La Révolution, l'Empire, la Restauration, le coup d'État de Louis-Napoléon Bonaparte amenèrent donc des Français illustres à s'exiler, divulguant ainsi la langue, l'art, les sciences et les habitudes de la France.

Après son indépendance politique, voulant couper les liens intellectuels avec le Portugal sans pour cela rompre avec l'Europe, le Brésil se tourna de préférence vers la culture française. Dans la première carte constitutionnelle du Brésil, on retrouve de nombreux articles transcrits de la Constitution française de 1791.

Lorsque le XXe siècle s'annonce, les écoles littéraires triomphantes introduisent au Brésil Balzac, Zola, Mallarmé, Verlaine.

Thomas Marlière est resté célèbre au Brésil, car il institua un système d'éducation des indigènes basé sur la bonté. Il traitait les Indiens avec douceur et justice sans les opprimer. Il leur enseignait les procédés de travail plus actuels et les aidait à pratiquer l'échange des produits qu'ils obtenaient. Il participa aussi à l'essor de l'industrie métallurgique dans le Minas Gerais.

Quant à Pierre Plancher, ancien journaliste, typographe et éditeur à Paris, il coopère au développement des arts graphiques, créa un des premiers journaux du Brésil indépendant et fut l'éditeur de la première charte constitutionnelle du Brésil.

L'écho de l'influence des idées françaises était si vif que huit mois après la chute de Charles X en France, Pedro Ier, empereur du Brésil, tomba à son tour, le 7 avril 1831. La révolution de 1848, elle, se répercuta dans l'État de Pernambouc situé au nord-est.

Les événements de 1870 eurent également une résonance importante puisqu'ils firent naître le premier journal républicain brésilien.

La France, en 1888, a joué un rôle déterminant dans l'abolition de l'esclavage au Brésil.

On reconnaît à Auguste Comte et à son école positiviste une part considérable dans la révolution brésilienne qui aboutit à la proclamation de la république au Brésil en 1889, et, fait unique, le 14 juillet fut longtemps un jour férié au Brésil ! La musique de l'hymne aux martyrs de l'indépendance du Brésil est *La Marseillaise.*

C'est un Français, le Dr Joseph-François Sigaud, qui fut l'un des fondateurs de l'Institut des Aveugles et qui participa à la fondation de l'Académie de Médecine du Brésil.

Pierre Latécoère établit les premiers liens aériens entre le Brésil et l'Europe. En 1927, Costes et Le Brix, deux pionniers français, survolèrent pour la première fois la grande forêt vierge du Brésil.

Ne passons pas sous silence les idées de Le Play dans le domaine de l'urbanisme et celles de Le Corbusier, dont les disciples, Oscar Niemeyer et Lucio Costa, conçurent Brasilia.

Enfin, chose très importante pour les Brésiliens, un Français, Jules Rimet, créa la Coupe du Monde de Football. C'est Abel Lafleur qui sculpta la statuette de la Coupe du Monde que reçurent les Brésiliens...

Mais revenons au présent et continuons notre chemin.

LES POLTERGEISTS

José, qui en peu de temps s'est bien organisé, m'invite à aller voir un éminent chercheur, Hernani Guimarães Andrade.

A cette occasion, nous prenons le métro, lequel, s'il n'a que de rares lignes, est spacieux, moderne et bien organisé. Il nous mène sur une large avenue bordée de maisons confortables, la plupart sont encore des villas, en attendant de devenir un jour gratte-ciel. Elles donnent une dimension humaine à la rue.

Une petite entrée, un ascenseur étroit, un troisième étage, une dame au visage oriental nous ouvre la porte. Un monsieur d'une élégance et d'un charme très brésiliens nous accueille avec un fin sourire.

Après nous avoir présentées et nous avoir dit, lui aussi, combien la France lui est chère, pour y avoir sans doute vécu une précédente incarnation, il tente de me situer par les quelques questions habituelles : Croyez-vous aux Esprits ? Croyez-vous aux extraterrestres ? Je crois aux premiers pour en avoir vu, suis sans expérience, mais ouverte à tout. Alors, les rapports deviennent simples. On est entre gens ouverts à l'instruction.

Le professeur passe ici le plus clair de sa vie, dans cette pièce aux dimensions modestes, à lire, à écrire, à recevoir les chercheurs du monde entier. Il nomme les plus célèbres, les photographies de certains ornent les murs.

La souriante et dévouée secrétaire, présente à cette heure avancée de la soirée, extrait des dossiers d'un classeur gigantesque qui occupe tout un mur sur une bonne partie de sa hauteur.

Ces dossiers, admirablement tenus, contiennent des photographies, des articles de presse, des comptes rendus médicaux et des papiers officiels. Le tout admirablement classé. Chaque page contenue est maintenue entre deux feuillets en plastique. (Je me prends à rêver à pareille chose chez moi... N'ayant pas de secrétaire, la classification laisse à désirer.)

Ces dossiers contiennent des informations sur des phénomènes nommés en France parapsychologiques : les *poltergeists,* et des documents à propos des réincarnations.

Poltergeist est un mot d'origine allemande composé de *poltern* qui signifie « bruit », « tapage », et de *geist* qui signifie « esprit ». Ainsi *poltergeist* signifie « esprit tapageur ». Ce terme est une désignation populaire, fruit de l'observation immédiatement interprétative des faits. Ces faits sont de qualité variable : mouvements variés des objets environnants, bruits divers, ruptures d'objets, transports d'une place à l'autre. On observe dans le même ordre d'idées des parapyrogénies ou combustions spontanées déjà évoquées à Brasilia en compagnie de Paulette.

On attribue généralement ces actions aux effets énergétiques d'une personne jeune subissant une répression sociale. On attribue au poltergeist une fonction d'extériorisation du problème. Il fonctionne comme une soupape de sécurité, *une échappatoire à l'énergie réprimée.* Celle-ci est souvent, dit-on, d'origine sexuelle et se manifeste au moment de l'adolescence.

L'agent humain, cause présumée du phénomène, est nommé *épicentre* de la source d'énergie. Il peut commander cette énergie d'une façon inconsciente. L'inconscient fonctionne même dans la vie ordinaire, à l'occasion des gestes automatiques que nous faisons tout en pensant à autre chose : il en est ainsi quand nous chantons, ou sifflotons le même air, quand nous tambourinons la table avec les doigts, etc. A chacun ses habitudes. Si l'inconscient dispose d'une énergie retenue trop forte, celle-ci va suivant les cas, chez les uns provoquer des combustions spontanées, chez les autres produire des transports d'objets.

Le professeur m'offre une monographie intitulée *Le Poltergeist de Suzanne,* dans lequel est exposé en détail toute l'histoire de Suzanne et qui concerne les circonstances au cours desquelles se produisent des combustions accompagnant sa présence. Mais il en possède bien d'autres.

Accrochés au mur, ou placés sur le sommet des classeurs, des objets à demi consumés, d'autres, de tailles diverses, sont des souvenirs de « transports » et de combustions et constituent là une décoration très... personnalisée de son bureau.

Nous retrouvons ici des phénomènes déjà évoqués à Brasilia. Bien que ces choses se présentent dans le monde d'une façon non exceptionnelle et soient parfois décrites en France, il est rare de trouver réunie une telle quantité de documents. Tout est à la taille du pays.

Nous évoquons ensemble les explications possibles de ces phénomènes, en partant de ma conception du corps énergétique et de quelques observations : j'ai soigné une postulante religieuse qui produisait des poltergeists dans sa chambre du couvent où tous ses objets étaient animés de mouvements. De plus, son corps se couvrait de « stigmates » présentant des formes géométriques : son corps était couvert d'incisions se croisant en losanges assez réguliers.

Les agressions avaient également lieu sur les muqueuses à l'intérieur du corps et produisaient des vomissements de sang, des selles sanglantes et du *maelena* (sang digéré). Le tout s'accompagnait d'une fièvre supérieure à quarante degrés et de migraines atroces.

On pouvait se demander s'il s'agissait de manifestations de Dieu ou du Diable. Ne me départissant pas de mon sens médical, je préférai en revenir à mes habitudes et l'examinai sur le seul plan énergétique. J'ignorais à ce moment la forme du Corps Spirituel.

Comme je découvris sur elle des perturbations caractéristiques, je la soignai sans m'inquiéter de spéculations religieuses.

Cette femme avait voulu être professeur de culture physique, ce qui laisse supposer un beau capital énergétique. Mais un genou présentait une légère déficience, ce qui l'avait fait éliminer de l'école. Puis elle avait souhaité être infirmière..., ce qui n'avait pas été possible pour la même raison. Alors elle avait voulu servir Dieu. Ces ennuis lui arrivaient...

Trouvant conjuguées les notions de force physique et celles de « désir de servir » réunies dans une même personne, deux notions freinées toutes deux, je me trouvais devant un exemple typique d'une énergie contenue et refoulée.

Comment ces caractéristiques réunies se manifestaient-elles sur le corps énergétique ?

Les premières couches d'énergie, très faibles, vibraient à 2/2/2. Puis elles étaient suivies d'un trou vibratoire, puis d'une condensation d'énergie importante, les couches plus éloignées battaient soudain à 45/50/55. (*Voir figures 1a, 1b, 1c.*)

J'harmonisai ces couches énergétiques, afin que l'on puisse retrouver le schéma normal de l'atome de Niels Bohr. En même temps je devinais l'origine des manifestations : sous l'effet d'un aspect vibratoire dû sans aucun doute à des transits rapides et conjugués de la Lune ou de Mercure, dans la journée ou dans la nuit, *brutalement, son capital énergétique la réhabitait.* Autrement dit, quand les vibrations atteignant les rythmes de 55, 60, 65 ou plus se plaquaient brutalement sur son corps physique, elle se trouvait *agressée par ses propres énergies environnantes,* suivant un

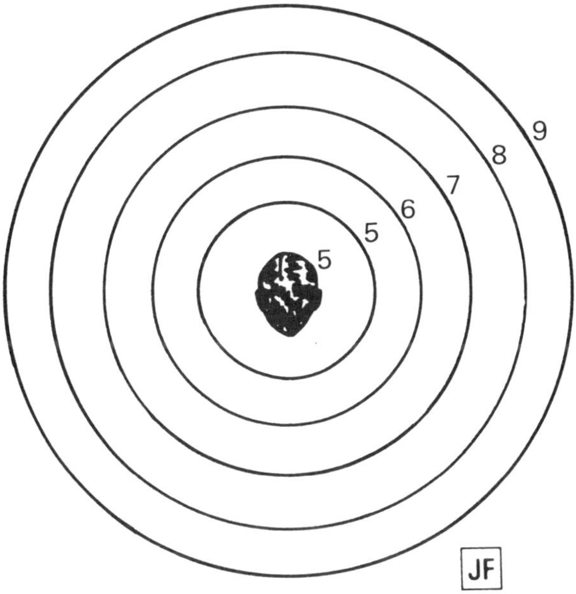

Figure 1a — L'homme vu comme l'atome de Niels Bohr

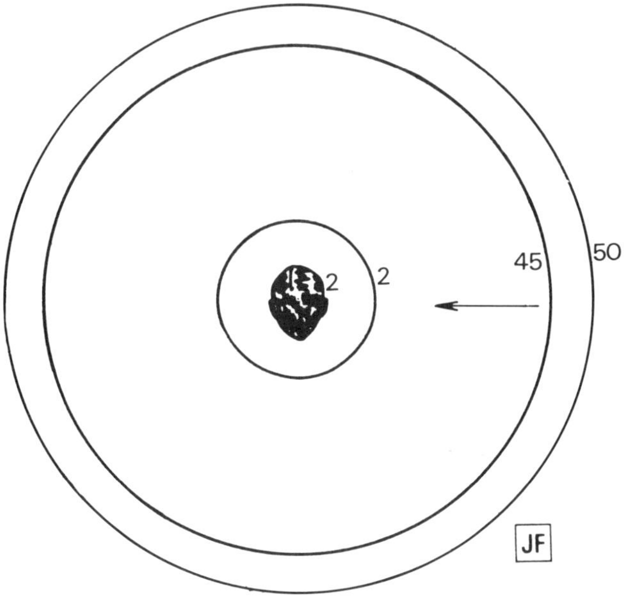

Figure 1b — Brutalement, la religieuse se trouve réhabitée par ses propres énergies environnantes

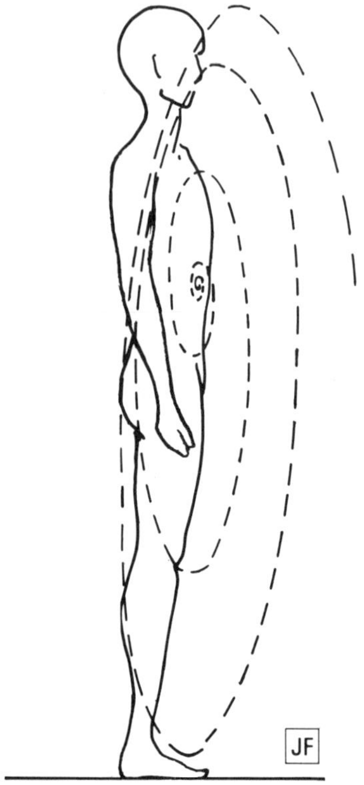

Figure 1c — La spirale des couches énergétiques. Plus elles s'éloignent les unes des autres, plus le sujet est vulnérable

schéma très « géométrique » et simple. Elle était « fouettée » par ses propres énergies qui la réhabitaient (*Voir figure 1b.*)

En la rééquilibrant, je pus dès la première fois abaisser les accès de pyrexie, c'est-à-dire la fièvre et améliorer les céphalées, c'est-à-dire les maux de tête. Mais les poltergeists et incisions continuaient.

Le jour de la seconde consultation, j'en vis même de toutes fraîches (en croisillons) qui venaient d'avoir lieu alors qu'elle se promenait dans les vergers de mon village en attendant l'heure de la visite.

Analysant son thème, il m'apparut ce jour-là qu'il était possible qu'elle eût une constitution de guérisseur. Appelant ma jeune employée de maison, j'examinai celle-ci et les mis toutes deux en contact. Ma jeune fille soudain augmenta son niveau énergétique alors que la religieuse comblait en même temps son trou énergétique et tendait à harmoniser ses propres séquences vibratoires.

N'osant rien annoncer encore à la Mère qui l'accompagnait, je la traitai.

Elle revint une troisième fois de province. La fièvre était tombée, les maux de tête avaient disparu. Mais les Poltergeists continuaient, ainsi que les stigmates. Le refoulement psychologique gênait la guérison. Aussi j'examinai aussi la religieuse l'accompagnant. Puis faisant magnétiser cette dernière par ma patiente, je pus constater l'amélioration de l'une et de l'autre.

N'ayant plus de doutes, j'annonçai que la postulante était une guérisseuse, que ses aspirations étant contrariées, les énergies se trouvaient refoulées au sens propre et au sens figuré, faisant apparaître des troubles. Il était nécessaire de lui laisser pratiquer le magnétisme.

Étant donné les circonstances particulières, je proposai qu'on me la laissât quelques jours afin que je l'initie à traiter tout en la suivant médicalement. Mais cette possibilité relevait de la mère supérieure.

Je n'eus plus de nouvelles. Guérir par la longueur d'onde des affects n'était pas un acte légal au sein de l'Église catholique.

J'ai vécu pour mon compte personnel deux expériences qui tendent à prouver que ces perturbations sont bien l'écho d'une perturbation d'énergie au niveau des ondes stationnaires de l'atome de Niels Bohr. Il m'avait été demandé, après une conférence faite à la fin d'un congrès international, de réaliser un exercice pratique. J'acceptai à la condition que celui-ci ait lieu en plein air, avec des personnes du congrès ayant déjà lu mes trois premiers livres, ceci afin que nous parlions le même langage et qu'elles puissent tirer profit de l'expérience. Alors qu'il était entendu de faire un atelier avec vingt ou vingt-cinq personnes, cent quarante personnes se trouvaient inscrites, dont certaines n'avaient pas assisté au congrès, mais étaient supposées avoir lu les ouvrages... Tout ce que je pouvais faire revenait à pratiquer collectivement une expérience capable de convaincre de l'existence du corps vibratoire, de ses interférences, de pratiquer un échange d'énergie collective, mais aussi de leur livrer un phénomène capable de les marquer et de les faire réfléchir.

Les prenant par groupes de vingt, je demandai aux médiums de se ranger d'un côté, aux guérisseurs de se ranger de l'autre (ne s'agissait-il pas de gens supposés être préparés et déjà instruits ?). J'en mesurai au hasard un certain nombre, confirmant les qualités médiumniques de certains et m'apercevant que bien des guérisseurs étaient totalement épuisés, certains récupérant peut-être même de l'énergie de leurs patients !

Je rechargeai alors un ou deux guérisseurs du groupe de vingt, puis, demandant aux participants de se mettre en cercle tout en se tenant par la main et en respirant d'une certaine façon quelques instants, je me plaçai au centre du cercle, et mesurai alors au hasard quelques personnes.

Toutes vibraient au même niveau : les guérisseurs rechargés avaient abaissé leur rythme de 55 à 7, les épuisés étaient remontés à 7, les « normaux » (à 5) étaient remontés à 7... Ils avaient réalisé, autour du supposé noyau de l'atome que j'étais, la première orbe d'énergie de l'atome de Niels Bohr... (*Voir figure 1 a, page 141.*)

L'expérience a donné les mêmes résultats sur les divers groupes.

J'étais un peu fatiguée à la fin de ces expériences au cours desquelles s'étaient effectués d'importants transferts d'énergie.

Mais ce qui me surprit, c'est que, dans l'heure qui suivit, je sentis des « tapes », sortes de petites claques, qui m'arrivaient sur divers endroits du corps. Je crus d'abord qu'une personne voisine voulait attirer mon attention, il n'en était rien. Je compris alors que mes champs énergétiques se reconstituaient spontanément après l'énorme don d'énergie que j'avais fait.

Je vivais *a minima* ce qu'avait vécu la religieuse précitée.

Je pris le risque de refaire cette expérience en *une* fois, avec un grand nombre de personnes. Autrement dit, après avoir rechargé les guérisseurs de petits groupes, je fis ranger la foule de personnes qui m'entourait en trois cercles concentriques, afin d'observer comment chacune des « orbes » se comportait et aussi pour obtenir un effet thérapeutique collectif, et je demeurai disponible au centre.

Après un exercice de concentration et de respiration, la première « couche » faite de ceux qui se donnaient la main en première ligne vibrait à 7, le second cercle entourant le premier à 8, la troisième entourant le second à 10... (Est-ce là l'explication de l'effet thérapeutique du baquet de Mesmer ?)

Tous les participants vibraient au même potentiel sur chaque orbe et l'énergie des orbes successives augmentait comme sur l'atome de Niels Bohr. Pourtant le guérisseur de la troisième orbe ne vibrait qu'à 9 alors que ses voisins vibraient à 10. C'était celui qui avait été le plus « rechargé », celui dont les vibrations avaient grimpé le plus haut. Il était aussi celui qui avait le plus donné. Ce qui montrait sans doute que les capacités d'absorption vont avec celles d'émetteur [1].

Quant à moi, je me retrouvai, ayant beaucoup donné en un temps bref, couverte de sueur avec un rythme cardiaque accéléré et un peu étourdie. Ces signes disparurent assez vite.

Un peu plus tard, dans la demi-heure, le phénomène des « tapes » décrit plus haut affecta de la même façon les différentes parties de mon corps. Ce qui confirmait le retour de mon champ énergétique à la normale et venait confirmer une fois de plus l'hypothèse faite à propos de la religieuse mais aussi que l'énergie vient du dehors.

RÉINCARNATION

Simone ex-Angelina

Hernani Guimarães Andrade s'intéresse également au processus de réincarnation. Il me parle de Simone ex-Angelina et m'offre un tiré à part dont voici le résumé instructif.

Simone naît à São Paulo en mars 1963, à la suite d'un décollement prématuré du placenta. Son père est employé de banque, sa mère Dona Zenaide ancienne secrétaire et sa grand-mère Dona Augusta, qui observe attentivement la petite fille, est

---

1. Cet homme m'avait précisément remerciée, disant que la lecture de mes ouvrages lui avait probablement sauvé la vie. Il était souffrant depuis son mariage. Il avait compris que sa femme lui était néfaste vibratoirement. Depuis sa séparation il se portait bien. L'expérience permet de comprendre qu'il est un grand médium, guérisseur-émetteur également, mais qu'il se décharge plus facilement qu'il ne se charge.

une ancienne assistante sociale. Dona Augusta a tenu le journal de l'enfant dès avant la naissance. Elle se doutait que l'accouchement ne serait pas simple et notait avec précision tous les signes que présentait Dona Zenaide. Puis elle a continué à noter les caractéristiques du développement de l'enfant. Nous allons voir comment se manifestent les traces d'une vie antérieure à Rome, pendant la guerre.

Augusta est descendante portugaise et ne connaît que le portugais et l'anglais. Son mari descend d'un père italien et d'une mère brésilienne. L'un est décédé en 1954 et l'autre en 1968. Ni l'un ni l'autre ne savaient parler italien.

Il se trouve que sur ce journal, elle éprouve le besoin de noter une remarque particulière dès avril 1963 (Simone est née en mars). Alors qu'un énorme avion passe bruyamment dans le ciel, le bébé tourne son regard vers elle comme pour demander du secours, avec tant d'insistance que ce regard étonne la grand-mère. Non, le bébé ne s'était pas mis à crier, à s'agiter comme peut le faire un enfant qui a peur. C'était une véritable terreur qu'exprimait son regard de bébé.

L'examen du cahier permet de relever un certain nombre de phrases en italien que prononce Simone avant même l'âge de deux ans. Comme la grand-mère ne connaît pas l'italien, elle ne note pas toujours juste l'orthographe des mots. Relevons quelques exemples sur la *Monographie n° 4* de Hernani Guimarães Andrade :

Par exemple : « Mamina hoje estou *felice.* » La lavandière présente dit alors en riant : « Mais ici, personne ne parle italien — *la parla* », répond la petite fille.

En janvier 1965, berçant sa petite sœur, Simone dit : « *Mia sorela, mia bambina* » (*sorela* au lieu de *sorella,* écrit la grand-mère).

« Onde está minha *bambola ?* » (Au lieu de *boneca.* « Où est ma poupée ? »

Un jour, alors qu'elle joue avec sa poupée et lui parle seule, alors que sa mère travaille près d'elle, n'y prêtant pas attention, soudainement elle dit :

« ... Là, au *Capitole,* là est *mamina* » (la mère comprend Capitole).

Dona Zenaide, surprise, lui dit, pensant au palais du gouvernement américain de Washington :

« Mais quel Capitole ?

— Mais voyons, c'est la colline, tu ne le sais pas ? »

La mère, perplexe face au savoir d'une enfant de moins de deux ans, consulte le dictionnaire et voit qu'il s'agit d'une des sept collines de l'antique Rome (c'était en janvier 1965).

La petite sœur ayant quelques mois, Augusta la promène autour du pâté de maisons avec Simone ; celle-ci dit :

« Grand-mère, tu veux que je te parle de mon amie ?

« Deux grands garçons ont essayé de prendre l'argent de mon amie et une bague ronde, mais moi, j'ai frappé le garçon. Il voulait l'argent pour acheter du pain (*pane, paneto* en italien).

« Cette amie m'aimait beaucoup, elle gardait des enfants qui n'avaient pas de mère et nous dormions tous par terre. Un jour, un des petits enfants s'est endormi dans un berceau de bois fermé (cercueil ?) et n'a pas pu se réveiller. »

Elle parlait souvent de l'amie qui la gardait, mais elle ne se souvenait plus de son nom.

Elle faisait souvent référence à ses petites compagnes : Regina, Rosana, Cecilia (elle prononçait à l'italienne *tchitchila*).

« Cecilia était très désobéissante, elle s'enfuyait toujours, et moi je devais aller la chercher. Un jour Tita a été blessée à la jambe à cause d'une " dispute ", un docteur l'a soignée, un médecin des " États dé-Unis ", et puis Tita s'en est allée dans un trou. Ils ont jeté de la terre, elle n'est jamais revenue » (la « dispute » fait allusion à la guerre).

Elle parlait souvent du pont : le métal d'un pont brillait beaucoup, elle devait fermer les yeux pour le voir.

« Un jour, un avion a jeté une bombe sur le pont. Et le pont, c'est fini. Beaucoup de petits métaux par terre (*metalzinhos*). »

Un jour Simone jouait dans la cour avec sa cousine. Un avion est passé dans le ciel. Elle a sursauté, a dit à la cousine :

« Moi, j'ai peur des avions. »

La cousine a dit :

« Moi je n'ai pas peur. »

J'ai pris, dit la grand-mère, la main de la petite fille en lui disant :

« Cet avion, Simone, cet avion sert à porter les personnes qui se promènent, ce n'est pas le même que celui que tu as vu dans le Capitole, tu sais ?

— C'est vrai, grand-mère, les avions, dans le Capitole, jetaient des bombes comme cela (elle a ouvert ses petits bras pour montrer leur dimension), et après, il y avait des petits métaux (*metalzinhos*) par terre qui faisaient mal aux personnes.

« Un jour, raconte Simone, une fille avec laquelle je me disputais beaucoup a été blessée à la cuisse par ces petits métaux, elle a été portée au secours d'urgence pour se faire soigner.

— Et qui l'a soignée ?

— Le médecin des États dé-Unis. »

Simone jouait et soudain a parlé d'une amie, Alfonsa Dinari.

« C'était l'amie qui me gardait au Capitole.

— Comment cette amie t'appelait-elle ?

— *Bambola, bambina, Amore mia.* »

De nombreux exemples de cette sorte sont donnés dans la monographie.

Ainsi, à table, alors que la mère sert un plat de macaronis (*macarronada* en brésilien) :

« Genaro nous portait du vin pour manger avec les *maqueroni*. Et c'est bon, le petit vin avec les *maqueroni*.

(Un jour à table elle emploie le mot *rocanini* qui est un mot de jargon local italien.)

— Qui était Genaro ?

— C'était le mari d'Alfonsa. »

Simone décrit la maison dans laquelle ils habitaient :

« La maison n'avait pas de toit, tout était cassé. »

Augusta avait défendu à Simone de manger des Chiclets, car une petite fille de la même rue était morte étouffée en en mangeant...

« Dans l'abri d'Alfonsa, je mangeais des Chiclets ! C'était des soldats américains qui les donnaient. »

« Il n'y avait pas beaucoup à manger là-bas. Salvator apportait quelque fois du riz. »

Quand on lui demandait d'où venaient les soldats qui étaient là, elle répondait : « Des États dé-Unis. » Quand on lui montrait des images de drapeaux, en lui demandant si elle en connaissait un, elle montrait immédiatement celui de l'Italie.

Quand à la télévision passaient des images de bombardements, la petite fille disait : « Est-il possible qu'ils continuent encore aujourd'hui à faire cela ? » et sortait de la pièce, irritée.

En 1967 elle a quatre ans. La famille est à Santos. La famille a gagné, au bord de la mer, sur le port, un calendrier. On en admire les gravures. Quand Simone les voit, elle ouvre démesurément les yeux, et dit toute tremblante :

« Ici c'est le Capitole, là c'est la maison où j'habitais et ici c'était l'école. Dans ces pierres, je jouais à sauter. »

Sous la gravure était écrit : Rome ! Les ruines sont situées dans un lieu appelé Campidoglio. Sans doute la mère et la grand-mère ont-elles fait une confusion à cause de la prononciation entre *Capitolio* et *Campidoglio.*

Dimanche de Pâques, avril 1966 : trois ans et un mois.

Toute la famille est réunie dans la maison. La grand-mère prépare le déjeuner. L'enfant est là. On entend le ronflement d'un avion.

« Tu sais, grand-mère, quand j'étais au Capitole, un petit garçon est venu en courant avec un stylo à la main, mais ce n'était pas un stylo. C'était une bombe. Et la bombe a éclaté. La bombe a éclaté et a blessé beaucoup, a blessé ma cousine et Alfonsa Dinari à la tête, et il coulait beaucoup de sang. »

Simone montrait avec ses petites mains comme le sang coulait sur la tête.

« Et toi, ma chérie ?

— Moi je restais cachée dans un coin. »

Les petits bras serrés sur sa poitrine, elle montrait douleur et peur.

« Et après, chérie ?

— Mon amie et moi, nous avons commencé à monter, monter, monter...

— Les escaliers du Capitole ? demande la grand-mère.

— Non, pas les escaliers du Capitole, nous avons commencé à monter, monter... monter... là-haut. »

Je ne supportais plus, écrit la grand-mère, je l'ai prise dans les bras, je l'ai embrassée avec beaucoup de tendresse.

« Et après ?

— Et après, je ne sais pas... et je suis venue ici. »

En mai 1970 Hernani Andrade Guimarães, en compagnie du Pr Stevenson, la rencontre. Elle est alors âgée de sept ans. C'est une enfant normale, joyeuse et communicative, mais n'ayant aucune envie de parler de sa vie antérieure. Pourtant, quand on demande où Alfonsa Dinari était morte, elle répond : « Au Capitole. »

Les informations furent en majeure partie données spontanément entre deux et quatre ans, au cours des jeux ou des promenades, et notées au jour le jour par la grand-mère. Après cet âge, l'enfant s'est refusée de répondre aux questions. Elle disait.

« Je ne veux pas retourner au Capitole, maintenant je suis ici, j'aime être là avec maman Zenaide, c'est elle que je veux. Une autre fois je suis née là-bas, maintenant je suis née ici et je ne veux pas retourner là-bas. »

Un jour Simone a été malade et a eu besoin de médicaments, elle a appelé sa grand-mère et lui a dit :

« Grand-mère, fais des prières à Jésus pour me faire guérir, je ne veux pas retourner là-bas, je veux rester ici avec cette mère. C'est cette mère que je veux. »

Nous avons prié Notre Père ensemble. Je lui ai dit qu'elle guérirait et que je ne la laisserais pas retourner là-bas et elle s'est calmée.

En 1973, Simone a dix ans.

« J'ouvre la télévision, écrit la grand-mère. Simone est avec moi dans le séjour. La télévision présente un programme. " L'ascension et la chute du IIIe Reich. " Je dis :

« " Éteignons la télévision, nous n'allons pas assister à cela.

« — Pourquoi, dit Simone.

« — Parce que cela peut te rappeler des lieux où tu as vécu et t'apporter des souvenirs tristes.

« — Ah ! oui ? dit Simone interrogative et surprise.

« — Oui, chérie.

« — Mais c'était en 1944 ?

« — Oui, c'était déjà la fin de la guerre.

« — Et comment se fait-il que je sois ici, je devais rester là-bas cent ans.

« — Chérie, tu es venue plus tôt, parce que Dieu l'a permis et parce que nous souhaitions que tu viennes plus tôt car nous t'aimons beaucoup. " »

Simone devint pensive et répondit :

« " C'est bien. " »

Ainsi après des mois de silence, tout à coup, une association d'idées a provoqué une libération subite de son souvenir malgré la résistance de son inconscient.

Aujourd'hui Simone veut être ingénieur en aéronautique afin de se spécialiser dans cette branche...

Le cas de Simone, brièvement exposé, soulève diverses hypothèses explicatives. Elle nous ouvre des horizons sur les phénomènes de l'Invisible et de l'inaccessible aux hommes « normalement » incarnés.

Cette recherche touche un domaine complètement inexploré, qui pourrait s'intituler la

PATHOLOGIE DE LA RÉINCARNATION

Le cas de Simone au crible

En attendant de peut-être un jour décrypter cette pathologie touchant à la réincarnation, penchons-nous avec Andrade Guimarães, spécialiste de la question à plusieurs titres, sur le cas de Simone. Il peut être envisagé sous plusieurs rubriques :

— celle de la *fraude* délibérée ;

— de l'information directe par *xenoglossie* (ou connaissance d'une langue non apprise) ;

— de la *cryptomnésie* où le sujet en état médiumnique se souvient de langues oubliées qu'il aurait apprises dans les vies passées ;

— de la *télépathie,* de la mémoire *génétique, de l'incorporation médiumnique.* Envisageons successivement les différentes hypothèses.

— L'hypothèse de la fraude est immédiatement à éliminer : absence de motif commercial, la famille appartenant au milieu aisé de Sao Paulo n'a jamais fait la moindre tentative pour obtenir de l'argent, maintient le secret autour de l'histoire de Simone (l'information fut connue par hasard grâce à un intime de la famille).

Dès la prise de contact, le cahier de Dona Augusta, immédiatement examiné, apparut authentique, n'ayant à l'évidence pas été préparé intentionnellement. La famille, enfin, n'a jamais voulu divulguer son nom.

Ce ne peut être non plus, de la part d'une famille spirite, une manœuvre en faveur du spiritisme au Brésil ; il y est si présent, si vivant, si riche en ce genre de littérature que le cas de Simone passe inaperçu.

— Devant le cas de Simone, un phénomène voisin de la *xénoglossie* (capacité de dire des mots ou des phrases d'une langue étrangère sans l'avoir apprise) pourrait être évoqué. La colonie italienne étant bien représentée au Brésil, il se pourrait qu'après avoir entendu de-ci, de-là quelques mots, elle les utilisa par un processus de cryptomnésie.

Mais demeurent les mystères de la reconnaissance de Campidoglio, quand elle voit l'estampe des ruines du Forum romain alors qu'elle a à peine deux ans, et de bien d'autres détails...

— La perception extrasensorielle par *télépathie* pourrait encore être invoquée. Certains individus ont la capacité de pénétrer le temps et l'espace et d'y recueillir des informations. Cette capacité pourrait permettre à Simone de décrire quelques éléments de la vie d'Angelina.

Mais un extrasensoriel n'est pas limité dans ses informations comme l'est Simone. D'autre part, quelques paroles survenant à la façon de réflexes comme « *la parla* » quand la lavandière dit : « *Mais ici personne ne parle italien* » sont d'une catégorie comportementale qui diffère de la télépathie.

La reconnaissance prématurée pour son âge du bruit de l'avion, quand elle en entend le moteur, la peur qu'elle en a, le souvenir des bombardements, les références à un asile où les blessés recevaient des soins et le fait qu'elle cesse de posséder ces qualités en grandissant sont des éléments qui sont contre l'hypothèse de la perception extrasensorielle.

— L'hypothèse de la *mémoire génétique* pourrait s'inscrire dans une sorte de conception moderne de la théorie des Transformations de *Lamarck* (1744-1829) qui pensait que les espèces évoluaient, se transformaient à partir des caractères acquis, ces caractères acquis contribuant à une meilleure adaptation de l'espèce à son milieu ambiant.

Mais Darwin (1809-1882) démontra que l'évolution biologique se faisait à partir d'une sélection naturelle et non pas à partir des caractères acquis de Lamarck.

Comme actuellement la sélection naturelle n'intervient plus que rarement et seulement dans les pays du tiers monde, on a évoqué la mémoire génétique. Cette théorie satisfait tout particulièrement les matérialistes pour lesquels le système nerveux tient lieu d'âme.

La mémoire génétique

Il est donc intéressant de rapporter brièvement les expériences faites à ce sujet sur les planaires, plathelminthes de la classe des vers de terre (J.-B. Best « Protoopsychology, *Scientific America,* février 1963, p. 55-62).

Quand on coupe ces vers en morceaux, on sait que les parties restantes régénèrent et *reconstituent un ver de terre.* Si l'on fait subir un apprentissage préalable à ces vers, on constate que ces parties régénérées ont *conservé l'acquis de l'apprentissage* du ver initial.

Mais si on en laisse les morceaux coupés tremper dans une solution contenant une ribonucléase, laquelle détruit le A.R.N.-messager, les vers régénérés *ont perdu l'acquis de l'apprentissage* (W. C. Corning-Rochester). Les caractères acquis par le ver initial ne se transmettent donc pas aux fragments après que ceux-ci aient subi un traitement par la ribonucléase. Mais les vers régénérées *à partir de morceaux contenant la tête de la planaire mère* conservent la mémoire de l'apprentissage.

On peut observer qu'il existe deux facteurs intervenant dans le processus de la mémoire :

— Le premier qui demeure dans la tête du ver, qui *résiste* à la ribonucléase et qui se nomme *l'A.D.N.*

— Le second n'est qu'un sous-produit de l'A.D.N., un *messager labile,* et qui peut être détruit par la ribonucléase. C'est l'*A.R.N. messager.*

On peut affiner ces expériences faites sur les planaires :

Alimentons des planaires vierges avec des fragments de planaires entraînées. Les vers ainsi nourris acquièrent en grande partie les conditionnements des planaires qui ont servi à les alimenter. (Est-ce dans ce but que certaines tribus non civilisées mangeaient le cerveau de l'aïeul riche d'expérience ou celui du courageux ennemi vaincu ?)

De ces expériences brièvement rapportées on peut conclure :

— que sous l'effet d'un stimulus destiné à entraîner les planaires, se synthétise une molécule qui prend part aux processus impliqués dans le stockage de la mémoire. Cette nouvelle molécule va donc servir à provoquer la riposte adaptée aux circonstances ;

— que lorsque les planaires cannibales ingèrent des morceaux de planaires adaptées, elles absorbent en même temps l'A.R.N. messager porteur de l'information qui, leur apportant le capital d'informations de la planaire initiale, leur en transmet les vertus.

Passons à un niveau supérieur de l'échelle animale : conditionnons des rats. Ceux-ci aiment naturellement l'obscurité. Si on les conditionne à avoir peur de l'obscurité en leur faisant subir une décharge électrique par exemple quand ils se trouvent dans le noir, ils en viendront à préférer la lumière.

Préparons un extrait de leur cerveau et injectons-le dans une portion de l'abdomen d'un nouveau lot de rats. Ce dernier lot aura à son tour peur de l'obscurité.

Il existe donc une possibilité de transmission d'une mémoire acquise.

On admet donc l'hypothèse d'un code génétique gardé dans une molécule géante : l'acide désoxyribonucléique ou A.D.N. du noyau de la cellule. On admet aussi que les informations parties du noyau de la cellule sont transportées par l'intermédiaire de l'acide ribonucléique ou A.R.N. messager. Lequel est porteur d'une information dont le modèle initial (« pattern ») est gardé dans le noyau par l'A.D.N. Ainsi l'A.R.N. n'est que le dépositaire *provisoire* de l'information.

Qu'un individu vive une certaine expérience, alors une production d'A.R.N. messager d'un type spécifique apparaît. Cette molécule devient porteuse de l'information.

Puis l'A.R.N. messager synthétisera des protéines possédant une copie de cette information. Enfin l'information reproduite sera conservée dans les cellules du système nerveux où se mettra en mémoire le souvenir de l'information vécue par l'individu. L'augmentation du contenu des cellules nerveuses en A.R.N., au cours de la première année de la vie, est directement associée à la stimulation sensitive de la cellule.

Cette production s'inverse quand les stimulations cessent (Hydèn. H « Satellite cells en the Nervous system », *Scientific American,* décembre 1967).

Ainsi l'information qui part du noyau de la cellule nerveuse est transportée par l'A.R.N. messager, mais c'est l'A.D.N. qui est le siège de la commande initiale. L'A.R.N. messager est l'effet et non la cause. Ainsi les informations transmises par l'A.R.N. messager ne sont pas héréditaires, elles n'appartiennent pas au capital génétique.

Si nous rapportons ces expériences au cas de Simone, peut-on dire qu'elle a pu hériter de la mémoire de son bisaïeul et qu'elle soit devenu capable de parler une langue non apprise ?

Le bisaïeul maternel naquit dans la ville de Se Conegliano-Veneto le 19 mars 1868 et mourut au Brésil, le 10 octobre 1954. Il était déjà émigré en 1899 quand naquit le grand-père de Simone. Les souvenirs qu'elle évoque à propos de la guerre relèvent donc d'une date à laquelle le bisaïeul n'était plus en Italie.

Quant au grand-père, si l'on peut admettre qu'il ait eu des émotions en lisant sur le journal les nouvelles lui parvenant d'Italie, on peut difficilement comprendre la peur des avions de Simone, étant donné qu'aucun bombardement n'a jamais eu lieu dans son quartier brésilien de Araraquara. La mémoire génétique, si elle peut expliquer la xénoglossie, est insuffisante pour expliquer les phénomènes ici observés.

— *L'hypothèse de l'incorporation médiumnique* pourrait être invoquée. Simone pourrait être un médium bien développé, capable dès l'enfance d'être incorporée par un Esprit. L'Esprit de la personne morte aurait donné toutes les informations concernant sa vie.

Cette hypothèse fait certes appel à la survivance, mais elle n'est pas satisfaisante dans le cas de Simone :

Une expérience de plus de quarante ans des phénomènes d'incorporation médiumnique permet à Andrade Guimarães d'affirmer que :

— Le médium manifeste des altérations psychophysiologiques typiques pendant la transe. Ceux-ci peuvent même permettre d'identifier l'entité qui se manifeste.

— Les cas d'incorporation dans l'enfance sont tout à fait exceptionnels.

— Les transes sont prolongées et marquantes, si l'on considère les altérations psychophysiologiques qui les accompagnent.

Un certain nombre d'informations données par Simone pourraient relever *a priori* d'un cas d'incorporation, mais à aucun moment l'enfant n'a manifesté les modifications psychiques ou physiques qui accompagnent ce genre d'incorporation. (Nous verrons ultérieurement ces manifestations chez Gasparetto ou Edson Queiroz.)

Dona Augusta et Dona Zenaide, qui sont elles-mêmes spirites, n'ont jamais admis qu'il puisse s'agir d'une transe d'incorporation d'un Esprit.

— *La réincarnation* est bien la seule hypothèse capable d'expliquer tous les phénomènes vécus par Simone d'une façon satisfaisante.

Stevenson, psychiatre et neurophysiologiste de l'Université de Charlottesville en Virginie, qui a recueilli deux mille cas de réincarnations probables, pense :

1) que tout être vivant se compose d'une partie matérielle et d'une partie spirituelle.

2) Quand le corps meurt, la partie matérielle est abandonnée par la partie spirituelle qui se conserve, indestructible.

3) Après un temps intermédiaire, la partie spirituelle revit un processus embryonnaire et renaît, se réincarne.

4) Normalement le réincarné perd la mémoire de la vie antérieure, mais conserve cependant des résidus physiologiques et même psychologiques de ses vies passées sous forme de tendances, aptitudes, susceptibilité physiologique, génialité, marques de naissance, etc.

5) Exceptionnellement, certaines personnes peuvent garder en mémoire quelques expériences provenant de l'incarnation antérieure.

Ainsi, toutes les autres hypothèses pouvant être rejetées, l'hypothèse la plus viable est bien celle de la réincarnation pour expliquer toutes les manifestations évoquées.

Nous terminerons, pour renforcer cette opinion, en citant les *marques de naissance* que Simone présente et que l'on retrouve souvent quand la mort a eu lieu d'une façon accidentelle à la fin de l'existence antérieure.

« Marque de forme ovale d'environ 43 mm sur 20 mm, de couleur châtain clair, située sur le côté externe de la cuisse droite à mi-distance du genou et de l'articulation supérieure de la cuisse », note l'auteur de la monographie.

« Faille osseuse dans la région occipitale gauche. Quand elle est née, cette marque était très accentuée. A l'occasion de notre première interview, cette marque était nettement perceptible au tact. Les cheveux la couvrent... »

« Sitôt que Simone est née, dit la grand-mère, j'ai observé quelque chose qui bombait sur la région occipitale gauche, sur une hauteur de 7,5 cm et sur 5 cm sur le plan horizontal (ce qui bombait devait être le cerveau car elle écrit aussi une dépression). La dépression était très clairement perçue et à peine couverte par les cheveux. Le bombement était moins résistant que la dépression. J'en suis demeurée très préoccupée, pensant toujours à une possible lésion cérébrale, parce que Simone est née d'un décollement prématuré du placenta. Je craignais aussi une malformation congénitale. Pendant sa première année, j'ai fréquemment examiné la dépression, en pensant qu'elle pourrait avoir des conséquences mentales. Pendant plusieurs années, j'ai eu cette appréhension sans en avoir jamais parlé à la famille. Quand je fus certaine que Simone n'était porteuse d'aucune perturbation mentale, je l'ai montrée à Zenaide et à mon fils. Simone ne s'est jamais plainte d'un mal de tête.

« Puis le bombement et la dépression ont diminué. Comme je suis infirmière en obstétrique, vous devez comprendre que j'ai été très attentive à cette dépression. Avec le temps, cette faille osseuse a eu tendance à se fermer peu à peu. »

Notons que les signes retrouvés sur la cuisse n'ont jamais été évoqués par l'enfant, mais la blessure peut être contemporaine de la mort.

Il est probable que cette anomalie du crâne est en rapport avec l'explosion qui lui a coûté la vie. Elle a probablement été projetée contre un coin de mur, le choc a été la cause de la fracture du crâne. Son langage évoque ce fait : « *Eu fiquei escondidinha no cantino... depois eu e minha amiga fomos subindo, subindo... e depois não sei eu vim para cà.* [1] »

La mère, Dona Zenaide, raconte encore combien elle était étonnée de voir quels pouvaient être les jeux d'une enfant de trois ans.

« Nous étions à ce moment dans une autre maison et tous les jours Simone jouait au jardin. Elle disait toujours qu'elle allait

---

1. « Moi je restai cachée dans un coin... ensuite mon amie et moi avons commencé à monter, monter... et après je suis venue ici. »

porter du café à une autre amie. Un jour elle dit que cette amie avait très mal à sa tête qui était toute meurtrie. Je ne la croyais pas. Mais elle disait que je n'étais pas gentille parce que je ne voulais pas aider une amie qui avait la tête toute contusionnée.

« Je lui disais :

« " Mais ma chérie, il n'y a personne dans le jardin. "

« Puis un jour, pensant qu'il pouvait s'agir d'un Esprit, je lui dis :

« " Nous allons prier et la personne sera contente. "

Plus tard, je lui demandai :

« " Est-elle contente, Simone ?

« — " Non maman, elle veut un remède. "

« Je lui donnai un vieux flacon de remède pour les oreilles. Elle le prit, et s'en fut jusqu'au mur. Plus tard, elle dit :

« " Maintenant elle s'en est allée. " »

Cette scène peut évoquer une fantaisie enfantine ou au contraire une vision. Dans les deux cas, il faut relever l'iconographie mentale de la petite fille chez laquelle persiste l'image d'une femme blessée à la tête. Cette image rejoint le récit qu'elle fait de la mort d'Alfonsa Dinari, alors qu'elle ne correspond en aucune façon au vécu de la petite fille qui n'a jamais vu une femme blessée à la tête durant ses trois ans de vie.

Petite fille, elle s'intéressait particulièrement aux images de tracteurs. Elle les aimait beaucoup. Elle-même eut comme jouet un petit tracteur.

Elle faisait aussi souvent référence aux soldats américains et manifestait beaucoup de sympathie pour eux. Il est probable que l'un et l'autre s'associaient dans ses souvenirs du passé. Les soldats américains d'occupation arrivaient dans des tanks de guerre dont les roues peuvent être assimilés à celles des tracteurs. Ils distribuaient des Chiclets... alors que les avions qui lui faisaient peur étaient associés aux souvenirs des bombardements.

Sous l'impulsion du Pr Stevenson, des recherches ont été entreprises à Rome entre 1971 et 1973, dans le but de retrouver des traces d'Alfonsa Dinari. Mais Dinari est un nom très commun en Italie et Rome fut envahie par les Alliés le 4 juin 1944. Aussi les témoins survivants avaient disparu ou s'étaient dispersés. Le fait de n'avoir pas retrouvé les traces de son passage dans cette période troublée ne peut jouer contre la théorie de la réincarnation.

Sur le plan médical, je suis tentée de faire un rapprochement entre la faille siégeant sur l'occipital et ce que l'on nomme une « cicatrice pathologique ». Dans les milieux appartenant aux médecines dites différentes est bien connu le rôle des cicatrices dites pathologiques. Elles engendrent des troubles qui ne cessent qu'avec le traitement de la cicatrice. Ainsi un malade opéré d'une sciatique peut continuer à souffrir de sa sciatique jusqu'au moment où un acupuncteur pense à traiter la cicatrice. Tout se passe comme si les tissus de celle-ci conservaient l'information douloureuse. Ceci est tellement bien établi qu'il existe des séminaires enseignant le rôle et le traitement des cicatrices pathologiques, bien que la médecine conventionnelle ignore cet aspect des choses.

A partir de cette notion d'information persistante il est possible de formuler l'hypothèse que les souvenirs d'une vie antérieure puissent être « enregistrés » au niveau du corps vibratoire qui a survécu au corps physique puis qu'ils soient « réimprimés » sur la nouvelle ossature du crâne. D'où la mémoire des informations qui ont accompagné l'accident et qui en certaines occasions peuvent être libérées. Naturellement il s'agit là d'un phénomène rare et ce n'est qu'une hypothèse. Mais on peut imaginer qu'en certaines circonstances une « mémoire » demeure inscrite dans notre corps vibratoire, sur notre Corps-Onde, et n'en soit pas effacée au moment de la réincarnation.

Pourrait ainsi s'expliquer, par la mémoire des vies antérieures, l'originc des petits génies qui savent dès le plus jeune âge des choses qu'ils n'ont pas eu le temps d'apprendre.

Jacira ex-Ronaldo

Parmi les cas de réincarnation étudiés par mon hôte, il en est un particulièrement touchant et intéressant. C'est celui de Jacira ex-Ronaldo. (Tous les noms sont des noms d'emprunts.) Voici brièvement racontée leur histoire sans rapporter ici tous les éléments de la discussion. Nous avons deviné avec quel sérieux Andrade Guimarães pratique ses enquêtes. Les incrédules le seront toujours quels que soient les éléments apportés et les arguments.

Le 15 juin 1951 dans la ville de Lins de l'État de São Paulo, *Ronaldo* Gomes Barroso mourrait à l'âge de vingt-huit ans, en ingérant un insecticide dilué dans du *guarana* (un jus de fruits brésilien).

Fils de João et d'Odila, il avait neuf frères et sœurs dont un jumeau, *Romildo*. La sœur aînée, *Martha*, qui a pris soin de ses frères et sœurs plus jeunes, et mariée avec *Antonio* lui était particulièrement attachée.

Il était fiancé à *Alice* (mariée depuis sa mort).

Il était allé voir sa sœur Martha le 13 et avait confié à sa nièce son désir de se suicider. Arrivé le 15 à Lins vers 21 heures, il avait pris un bain, puis était parti rejoindre des amis. Rentré tard dans la nuit, il prépara le poison, l'avala, et quelques minutes plus tard, vomissant, se contorsionnant, appela à l'aide sous l'effet des douleurs. Il mourut en présence de sa famille.

Sa sœur Martha, près de cinq ans plus tard, commença la nuit à revivre la tragédie. Elle faisait des cauchemars, voyant son frère dans un grand désespoir. « Je me voyais dans une sorte de chariot qui m'emportait rapidement à travers un orage. Je voyais Ronaldo courant à travers l'orage, avec des lumières éclatant tout autour de lui, et je l'appelais.

« Je le dis à mon époux qui étant spirite me conseilla d'aller au Centre Spirite prier pour lui, ce que je fis. »

« Quand nous sommes arrivés, mon époux a commencé à prier pour lui. Ensuite, Dona Botassi fut contactée par l'Esprit de Ronaldo. Il était dans le désespoir. Il dit qu'il ne savait pas ce qu'il faisait en se suicidant. Longtemps après il s'est aperçu qu'il était obsédé par un Esprit qui l'avait porté au suicide, mais il en était maintenant libéré. Il voulait revenir sur Terre avec le consentement de mon époux qui avait été comme un père pour lui. Il disait que seul mon époux pouvait l'aider. " Vous pouvez m'aider, aidez-moi ! "

« Quand nous sommes revenus à la maison, je dis à mon mari que nous pourrions peut-être avoir un autre bébé ? Je croyais avoir compris que Ronaldo voulait se réincarner. Celui-ci dit que j'avais peut-être mal interprété ce qu'il m'avait dit et qu'il allait demander des éclaircissements à ce sujet. Mais les cauchemars continuaient. »

En février 1956, un peu plus tard, une autre cession fut organisée afin de prier pour l'âme de Ronaldo. Dona Botassi entra en transe et son Esprit-Guide appelé mère Christina vint.

« Durant la cession, mère Christina me demanda si je voulais faire un sacrifice. Je répondis que si cela dépendait de moi, je le voulais bien. Elle me dit que ce serait dur et qu'il me faudrait beaucoup de courage. Mon frère demandait à revenir, mais cette incarnation ne serait pas aisée. Aussitôt que je serais enceinte, je devrais faire une cession de prière chaque semaine pour qu'il soit capable de revenir.

« Je lui demandai s'il y aurait du danger pour le nouveau-né à cause du poison qu'il avait bu. Elle répondit que non, si j'acceptais de souffrir en conséquence. »

L'époux relate une réunion privée organisée par le directeur du groupe à la fin de février.

« L'Esprit vint nous donner une orientation pour réaliser notre travail dans le monde manifesté. Il me dit que l'Esprit de mon beau-frère voulait se réincarner dans mon foyer et que ma femme était déjà enceinte. Cette fois-ci, il reviendrait sous la forme d'une femme. »

Mais Dona Martha avait subi une *ligature des trompes de Fallope* à cause des complications qui avaient eu lieu au moment des accouchements précédents et de la grosseur des enfants qu'elle mettait au monde.

Le dernier enfant avait quatre ans et Martha trente-neuf ans, on pouvait douter qu'elle fût enceinte. Pourtant un enfant naquit le 31 octobre 1956. Mais la grossesse avait été difficile : « Tout ce que j'essayais de manger me semblait contaminé par l'insecticide. Ma bouche était douloureuse comme si j'étais rongée de l'intérieur et j'étais prête à m'évanouir. Ma sœur disait que lorsque je me mettais à trembler, elle croyait que j'allais mourir. »

Enceinte de huit mois, elle perdit conscience et tomba. Ce qui affecta l'enfant qui cessa de donner des signes de vie. On eut recours au Guide Spirituel qui conseilla de prendre des herbes spéciales appelées *funcho*. Le bébé recommença à bouger et elle n'eut plus de troubles jusqu'à la naissance. Les douleurs commencèrent à 21 heures et le bébé naquit seulement le lendemain à 13 heures.

Jacira pesait cinq kilos et se présentait comme un bébé normal.

Les malaises cessèrent, le goût et l'odeur d'insecticide, la bouche amère et les problèmes digestifs, les brûlures causées par la nourriture, les vomissements nocturnes, les évanouissements, tout disparut comme par magie.

L'enfant jusqu'à un an se présenta avec un strabisme, tout comme Ronaldo. Elle marcha à neuf mois et prononça ses premières phrase à dix mois. A onze mois, elle fit les premières références à sa vie passée. « Tu étais ma sœur. Pourquoi tu es ma mère maintenant ? Et mon autre mère qui habite à Lins ? Pourquoi elle est ma grand-mère ? Elle avait l'habitude d'être ma mère. »

Les références à la vie passée furent plus fréquentes à partir de dix-huit mois, augmentèrent jusqu'à quatre ans et diminuèrent ensuite pour cesser à la puberté.

Les parents restaient discrets à propos de ce phénomène vis-à-vis de l'enfant et de la famille, craignant que devenue grande, elle puisse avoir envie au même âge de se suicider. L'enfant se fâchait quand sa mère faisait semblant d'avoir oublié sa vie chez Dona Odila. Des problèmes se posaient quand l'enfant appelait la grand-mère « maman » et s'adressait à sa mère actuelle en l'appelant Martha. L'enfant se rappelait avec précision de l'endroit où elle avait vécu, y compris la forme et l'organisation de la maison, le jardin, la colline...

Elle se souvenait d'une vache préférée appelée « Morena », qui un jour s'échappa et poursuivit Ronaldo et ses frères, qui furent pris de panique. Ils furent sains et saufs grâce à l'intervention du frère aîné. Ceci laissa une forte impression dans la mémoire de Ronaldo car Jacira mentionnait souvent cet incident. En évoquant la mort de cette vache en présence de sa sœur Laurinda, elle s'en disait attristée mais gardait de cet incident une incontrôlable peur des vaches.

Énumérons brièvement quelques faits.

Jacira manifestait une aversion profonde pour la couleur rouge, elle disait que c'était la couleur du poison. Dès l'âge de un an, Jacira évitait les photographies de son ancienne personnalité. Elle refusait de regarder les photographies de Ronaldo et disait : « Enlève cela, c'est passé. »

Elle se souvenait du soin que prenait Martha pour l'empêcher, quand elle était Ronaldo, de tomber dans la rivière. Elle ajoutait même : « J'aurais préféré tomber dans la rivière, comme cela je n'aurais pas eu à prendre le poison. »

A deux ans et demi, elle se souvint que son oncle João (frère aîné de Ronaldo) était tombé dans le réservoir et des difficultés qu'il avait eues à en sortir.

Vis-à-vis de son père qui avait été beau-frère, elle se comportait comme Ronaldo, dans ses gestes et dans son langage.

Elle parlait souvent de la tante Margarida que connut Ronaldo et qui mourut le *9* octobre 1956, alors que Jacira naquit le *31* octobre 1956.

Elle se souvient que Ronaldo était tombé en courant après un *armadillo* et que Margarida avait dû s'asseoir tant elle riait, que ce fut elle qui lava le T-shirt sali par la chute.

Elle se souvient des colères de son père quand elle allait jouer près de la rivière.

Elle dit à sa grand-mère actuelle : « Tu sais j'ai deux mères, toi et maman. Je ne te sens pas comme si tu étais ma grand-mère. »

Elle dit aussi : « Autrefois, j'étais un garçon, mais j'étais un lâche », et fait même allusion à Alice qui fut sa fiancée. Elle a trois ans quand, présente à une conversation durant laquelle il est fait allusion au mariage d'Alice, elle s'en va brusquement se jeter sur son lit et pleure. Quand sa mère lui demande pourquoi elle pleure, elle répond : « Elle ne devait pas se marier, elle m'avait juré qu'elle m'attendrait. »

Quand la mère lui demande pourquoi elle devait l'attendre. « Nous étions engagés, non ? Elle n'avait qu'à m'attendre ! » Quand son père est rentré, elle s'est remise à pleurer en lui racontant la chose.

Elle n'est jamais allée dans la première propriété de campagne que possédait son grand-père et qui avait été vendue, cependant elle la décrivait en détail, ainsi que les endroits où elle jouait.

Elle vivait aussi étrangement les nouvelles relations avec les membres de son ancienne famille et la nouvelle, frères, sœurs, devenus oncles, tantes, posait des questions à ce sujet.

Elle avait en particulier une grande affection pour son ancien jumeau et quand il mourut en 1970, alors qu'elle avait dix-huit ans et qu'elle ne faisait plus référence alors à sa vie passée, elle dit pourtant. « Maman, il a accompli sa mission, il est plus heureux que moi, parce que je n'ai pas accompli la mienne... Je sens quelque chose que je n'ai jamais senti avant. C'est comme si une partie de moi-même avait été enlevée. »

Problème de la localisation de la mémoire

L'expérience de Simone et de Jacira soulève, entre autres choses, les problèmes de la localisation de la mémoire.

Dans le cerveau ou hors du cerveau ?

Pour Karl H. Pribam, célèbre neurochirurgien qui fit à propos de la mémoire de nombreuses investigations neurophysiologiques, il semble que le mécanisme de la mémoire pourrait relever du *principe de l'holographie.* Le cerveau pourrait ainsi explorer le principe le plus sophistiqué de conservation de l'énergie.

Dans un hologramme, l'information est enregistrée et conservée sur une plaque photographique sous la forme d'un « modèle d'interférences ». Quand le modèle est éclairé par une lumière cohérente, l'image originale est reconstruite. Le mécanisme de la mémoire pourrait relever du même mécanisme.

Cette théorie originale fut la découverte du physicien Dannis Gabor en 1948 alors qu'il tentait de perfectionner le microscope électronique.

Le psychologue Karl Lashley, cherchant de son côté à découvrir une localisation cérébrale de la mémoire, s'aperçut que la privation de portions successives du territoire cérébral ne supprimait pas la mémoire, mais l'affaiblissait simplement. On avait déjà observé le fait chez les blessés de la guerre dont la masse cérébrale avait été endommagée accidentellement et qui ne perdaient ni la mémoire ni la faculté de raisonner. Lashley en conclut que la mémoire n'était pas localisée à l'intérieur d'une portion cérébrale, mais qu'elle était *le résultat d'une relation entre toutes les parties du cerveau* à la façon de l'hologramme optique. Chaque *fragment* d'un hologramme, en effet, peut reproduire à nouveau l'image totale holographiée. Il suffit pour cela de faire passer sur le fragment un faisceau de lumière cohérente.

Plus grand est le fragment et plus intense est l'image. Plus petit est le fragment et plus faible est l'image. Lashley voit dans ce fait une relation avec le fonctionnement de l'holographe optique. Le cerveau emmagasinerait la mémoire à la façon dont l'hologramme enregistre l'information relative à l'image spatiale d'un objet donné.

Le problème du souvenir des événements doit aller au-delà de la conservation de la mémoire et ne pas se borner aux seuls réflexes conditionnés, mais suggérer des modèles possibles relatifs à la réalité cosmique.

Marilyn Ferguson, à partir des plus récentes théories conjointes de Karl Pribam de Stanford et du physicien David Bohm de Londres, explique par cette théorie toute l'expérience transcendantale, les événements paranormaux et même les singularités perceptuelles normales (*Brain Mind,* juillet 1977) : « Nos cerveaux construisent mathématiquement les réalités concrètes, interprétant les fréquences venues des autres dimensions, un domaine de la réalité primaire ordonnée et signifiante, qui transcende le temps et l'espace. Le cerveau est un hologramme interprétant un univers holographique. »

« Quoique le modèle holographique ait généré des réponses très fécondes, il soulève une question qui étonne Pribam. Qui regarde derrière l'hologramme ? Qui est le petit homme dans le petit homme ? Celui qu'Arthur Koestler appela le " *fantôme de la machine* " » (M. Ferguson).

Le souvenir d'événements peut apparaître soit spontanément au cours de libres associations, soit être induit volontairement.

Mais l'acte volontaire, qui le fait entrer en action ?

Le Dr J. R. Smythies, Sr J. B. Rhine et le Dr R. H. Thou suggèrent que derrière la machine cérébrale existe une entité capable de prendre l'initiative de ces opérations (*Mind Over Matter,* 1970, Londres).

Peut-on résumer le problème de la mémoire en termes de stockage du style computer, par le moyen de codes chimiques contenus dans les chaînes moléculaires de l'A.D.N. et l'A.R.N. ?

Certes non, car comment expliquer alors certains cas de dédoublement ou les deux mille cas réunis par Stevenson suggérant la réincarnation et qui font appel à une mémoire extra-cérébrale ?

L'énergie-information du « Corps-Onde » réincarné

Dans l'état actuel des hypothèses et des recherches, il m'est possible sans prendre de risques de formuler l'hypothèse que les souvenirs d'une vie antérieure puissent être « enregistrés » au niveau du corps vibratoire. Ceci est parfaitement en accord avec mon hypothèse développée dans *Nos Trois Corps et les Trois Mondes* disant que *la vie vient du dehors.*

Ceci est encore admissible, si l'on considère l'homme vu tel l'atome de Niels Bohr avec un corps physique, correspondant au noyau, un Corps Énergétique, correspondant aux diverses couches d'énergie qui entourent ce noyau et sur lequel interfèrent acupuncteurs, homéopathes et guérisseurs. (Même en ne prenant pas en compte le Corps Spirituel dont je n'ai pas décrit l'anatomie dans mes livres.)

L'hypothèse est encore admissible si l'on considère le « Corps-Onde ». Nous avons précédemment expliqué comment le corps médical matérialiste demeurait sur des bases de physiques périmées, ne prenant en compte que le corps physique, c'est-à-dire le monde des particules, sans jamais considérer le corps vibratoire, c'est-à-dire le monde ondulatoire.

De ce fait, nous sommes devenus pour les médecins des hommes de matière, construits psychologiquement autour d'un système nerveux. Laborit va jusqu'à organiser toute la société à partir de ce système nerveux.

Et cela, simplement parce qu'on ignore qu'en physique moderne lorsque l'on mesure la particule, on ne peut mesurer l'onde et que lorsqu'on mesure l'onde, on ne peut mesurer la particule. C'est un fait éprouvé par les recherches de la physique moderne.

Or des *informations* sont portées par notre Corps-Onde (lequel comprend à la fois notre Corps Énergétique et notre Corps Spirituel). Ces informations peuvent après la mort demeurer sur le Corps-Onde, à l'état « d'Énergie-Information ».

Au moment de la naissance, ces informations sont théoriquement capables d'informer notre nouveau corps biologique. Par ce processus peuvent s' « imprimer » les informations mémorisées et particulièrement celles en relation avec la mort.

Si les signes physiques de l'accident qui a causé vraisemblablement la mort d'Angelina sont inscrits sur le corps physique, c'est que la mémoire des faits était inscrite sur le Corps-Onde.

En certaines occasions les souvenirs inscrits pourraient être libérés.

Naturellement il s'agit là d'un phénomène rare. Mais on peut comprendre à la lumière de la physique quantique, qu'en certaines circonstances, une « mémoire » puisse demeurer inscrite dans notre Corps Vibratoire après la mort et se manifester au moment de la réincarnation.

Et pourquoi ? Est-ce parce qu'une réincarnation rapide a fait que certaines « informations » qui normalement « s'épuisent » n'ont pas le temps de disparaître ?

Peut-on évaluer en années le temps normal de réincarnation, celui pendant lequel les souvenirs s'épuisent ?

Dans le cas d'Angelina, morte sans doute aux environs de 1944 et qui se réincarna sous les traits de Simone en 1963, le délai fut de vingt ans. Il est beaucoup plus faible dans le cas de Jacira-Ronaldo : de 1951 à 1956 soit cinq ans. Le délai de réincarnation est généralement faible dans les cas cités dans la littérature.

On peut ainsi expliquer, par la mémoire des vies antérieures, l'existence de certains génies musicaux par exemple.

DES ESPRITS QUI PARLENT

Notre hôte nous confie qu'il s'intéresse encore aux Esprits d'une autre façon. Il travaille en collaboration avec une équipe de physiciens qui tente de construire un appareil pour enregistrer la voix des Esprits... Il désigne du doigt des photographies sur le mur : ce sont les portraits de trois physiciens qui travaillent sur le projet. L'un d'eux est décédé. Il hésite un peu et me dit : « Voulez-vous entendre ce que nous avons pu obtenir ? »

Le petit magnétophone venu du tiroir laisse sortir une voix métallique, aiguë, parlant anglais. On ne peut comprendre aisément que... *three... two... one...* C'est une voix de synthétiseur, le fruit de la collaboration d'ingénieurs brésiliens, américains et allemands. La France, encore sous la domination d'un matérialisme primaire hiérarchisé tout-puissant, demeure en ce jour obscurément ignorante des véritables dimensions de la vie et de ce genre de recherches.

Nous parlons jusqu'à une heure avancée de la nuit. La rencontre de ce physicien, instruit en biologie, chez qui la raison cohabite avec l'intuition, dans un pays privilégié sur le plan de ces phénomènes et où tout est possible, fut une grande joie pour moi !

UN VRAI MÉDECIN SPIRITE

Nous parlons de tout cela avec José.

Pour José, médecin psychiatre qui fit sa thèse sur Allan Kardec, le spiritisme et la réincarnation sont pain quotidien. Bien qu'il m'ait écrit : « Je ne peux pas te dire que je suis spirite ou quoi que ce soit ; j'étudie des tas de choses, comme toi, et fais cela à cause des recherches qu'on doit accomplir. Nous ne pouvons être prisonniers de ceci ou de cela ; mais il y a des choses qui sont plus profondes que d'autres et nous devons savoir l'admettre. » On sent que le commerce qu'il entretient avec le Monde des Esprits par les lectures des grands spirites a déteint fortement sur son langage et son écriture. A tel point que sa façon de s'exprimer peut sembler bizarre à qui n'a jamais lu le langage des Esprits. Il s'exprime souvent par allégories, faisant appel à de grands principes généraux, à l'amour d'un pays, de la nature ou de l'éternité.

Ce langage, qui évoque les sentiments vécus dans l'Autre Monde, me touche beaucoup. Il est le reflet d'une pensée épurée et idéalisée. Le mieux est de reproduire à titre d'exemple un fragment de courrier. Il n'étonnera pas ceux qui ont lu *Le Dialogue avec l'Ange.*

« *C'est vrai que la France me manquera et me manque déjà. Mais nous devons savoir comprendre l'essence de la dynamique d'expression de notre vie. Et ceci afin de nous mettre, dans la mesure du possible, en unisson avec l'âme vivante de la Nature et pouvoir capter toute cette merveille d'amour qui palpite dans notre for intérieur, qui palpite aussi en dehors de nous chez l'autre aussi. Les Brésiliens sont capables de l'exprimer, non rarement, avec une simplicité radieuse et une spontanéité affective et cela nous réconforte. Les Français sont maîtres dans l'analyse des choses, mais je ne dois rien regretter, car c'est aussi merveilleux que d'apprendre à aimer la France de loin. Ah ! ma chère, toutes ces histoires d'amour, cet amour incroyable, ce désir d'embrasser toute l'éternité de la Beauté essentielle, tout l'infini multicolore des baisers sans limites ! Enfin, soyons une fois de plus raisonnables et sachons avec humilité accepter les " impositions " nécessaires des lois naturelles.* »

Mes lettres en échange doivent lui sembler très « françaises », il m'est impossible de mettre noir sur blanc ce genre de sentiments.

Peut-être ne viennent-ils pas même à ma pensée. En lisant ou en écoutant José, je me sens horriblement rétrécie, dépourvue d'imagination, incapable d'envol, engluée dans un matérialisme étroit et enfantin, construite à l'intérieur d'une forme-pensée horriblement limitée, dépouillée de tout regard sur les grandes Lois Cosmiques. Que pensent, face à ce texte, ceux qui me disent aller trop loin !

Si je lui écris, disant que nous vivons sur Terre et pas dans les Cieux, il me répond : « *Ne te fais pas de souci quant à moi, je travaille et poursuis d'une façon créatrice mon chemin vers la splendeur qui est en nous et en dehors de nous.* »

Les échanges épistolaires et amicaux avec José me sont très précieux et même si quelquefois, je tremble pour lui à l'idée que certains membres de son entourage médical soient incapables d'accéder à son nuage, d'accepter son langage, je souhaite ardemment qu'il n'en change point.

Où, sur cette Terre, pourrais-je retrouver vivant le langage de Paradis ?

Avec lui : « *Nous serons au-delà des courants philosophiques, scientifiques, artistiques, religieux et autres, en sachant garder une certaine humilité devant la réalité que notre petitesse fondamentale représente* », et bien loin de ceux pour qui le critère fondamental de valeur est de savoir bien parler de la politique, du dernier livre ou du dernier film à la mode.

LES DIVERSES CATÉGORIES D'ESPRITS

Arrivée à ce point du voyage riche de rencontres et d'expériences nouvelles, il me faut faire le point sur le Monde des Esprits... L'ouvrage intitulé *Instruction pratique sur les Manifestations Spirites* me convient.

« Si chacun renferme en soi le germe du spirite, rappelle Allan Kardec, celui-ci manifeste des qualités de développement différentes et son développement tient plus à des causes extérieures qu'à la volonté. La connaissance des règles de la poésie, de la peinture ou de la musique ne fait ni les poètes, ni les peintres, ni les musiciens. »

Le principe fondamental de la doctrine et qui doit dicter toute attitude devant une manifestation spirite repose sur la reconnaissance d'une *échelle spirite.* On doit reconnaître à quel ordre appartient l'esprit qui se manifeste pour savoir si l'on peut ou non tenir compte de l'avertissement ou du message. Cette notion me semble capitale si l'on ne veut pas tomber dans des pièges grossiers.

Il existe trois ordres d'Esprits. Comment les reconnaître ?

Le savoir peut être d'importance, quand on sait le nombre de personnes de tout bord qui consultent des voyantes et des spirites, et ceci dans les milieux les plus matérialistes qui soient, les milieux de la politique et des finances ! Les mêmes qui publiquement rejetteront sans doute l'Énergie et le Monde Spirituel.

Les Esprits du troisième ordre ou Esprits imparfaits

Chez eux, la matière prédomine sur l'esprit. Orgueil, égoïsme, mauvaises passions en sont les manifestations à des degrés divers. Parfois, il ne s'agit que de légèreté, d'inconséquence ou de malice. Mais jamais ils ne sont capables de faire le bien. Leur caractère est révélé par leur langage et leurs connaissances sur les choses du monde spirite sont bornées. Le bonheur des bons qui leur est un tourment fait naître chez eux envie et jalousie. Ils conservent le souvenir et les perceptions de la souffrance des vies corporelles.

On les divise en quatre groupes principaux :

— Les *Esprits Impurs,* enclins au mal ; ils soufflent la discorde et la défiance, prenant tous les masques pour mieux tromper.

— Les *Esprits Légers,* ignorants, malins, inconséquents et moqueurs, se mêlent de tout, répondent à tout, sans se soucier de la vérité. On les nomme follets, lutins, gnomes, farfadets. Ils sont sous la dépendance des Esprits supérieurs qui les emploient souvent comme serviteurs ou manœuvres. Ils habitent l'air, l'eau, le feu, les entrailles de la terre ou les corps durs et manifestent leur présence par des effets sensibles, les coups, les déplacements de corps solides, etc. (Nous avons vu à l'occasion de l'observation de la religieuse qu'une autre hypothèse, tenant à des anomalies du Corps Énergétique, pouvait être envisagé, sans pour cela exclure l'hypothèse de Kardec). Ils utilisent volontiers un langage facétieux, mordant, satirique et empruntent souvent (par malice) des noms supposés si bien que certains adeptes du spiritisme, peu avertis, prétendent tenir leurs informations de Jules César ou de Napoléon...

— Les *Esprits faux-savants* croient savoir plus qu'ils ne savent en réalité. Leur langage sérieux peut donner le change sur leurs capacités et leurs lumières. Les informations fournies ne sont en fait qu'un reflet des préjugés des idées de la vie terrestre et témoignent de la présomption et de l'entêtement dont ils n'ont pas encore pu se dépouiller.

— Les *Esprits Neutres,* ni assez bons pour faire le bien, ni assez mauvais pour faire le mal, regrettent surtout les joies grossières de ce monde.

Chez les Esprits de second ordre ou Bons Esprits

Chez eux prédomine l'esprit sur la matière. Les uns ont la science, les autres, la sagesse ou la bonté. Ils conservent selon leur rang, les traces de leur existence corporelle, lesquelles se retrouvent dans le langage, les manies, les habitudes. Tous ont encore des épreuves à subir avant d'atteindre la perfection absolue. Ils détournent par leurs bonnes pensées les hommes de la voie du mal et neutralisent les influences des Esprits imparfaits chez ceux qui ne se complaisent pas à les subir. Ils sont désignés sous les noms de bons génies, Esprits du bien. Les superstitieux en ont fait des divinités bienfaisantes.

On les divise en quatre groupes :

— Les *Esprits Bienveillants.* La bonté les caractérise, mais leur savoir est borné, leur progrès s'est trouvé accompli dans le sens moral plus que dans le sens intellectuel.

— Les *Esprits Savants* se préoccupent davantage des questions scientifiques, sans y mêler la passion.

— Les *Esprits Sages* ont un jugement sain sur les hommes et sur les choses.

— Les *Esprits Supérieurs* réunissent science, sagesse, bonté. Leur langage ne respire que la bienveillance. Ils communiquent volontiers avec ceux qui, de bonne foi, cherchent la vérité et dont l'âme est assez dégagée des liens terrestres pour la comprendre. Si par exception, ils s'incarnent sur terre, c'est pour y accomplir une mission de progrès.

Les Esprits du premier ordre ou Purs Esprits

Ils sont délivrés de l'influence de la matière. Ils ont une supériorité absolue, intellectuelle et morale. Ils n'ont plus à subir ni épreuves ni expiations et ne sont donc plus sujets à la réincarnation. Jouissant d'un bonheur inaltérable, ils ne se sont pas réfugiés dans l'oisiveté. Bien au contraire, ils sont les messagers de Dieu pour le maintien de l'harmonie universelle. Commandant à tous les Esprits inférieurs, ils les assistent dans leur mission et assistent les hommes, les excitant au bien ou à l'expiation des fautes qui les éloignent de la félicité suprême.

On les désigne sous le nom d'anges, d'archanges, de séraphins.

QUAND ET COMMENT AGISSENT LES ESPRITS ?

Ils agissent soit d'une façon occulte, soit d'une façon patente.

Souvent à notre insu et particulièrement lorsqu'il y a engourdissement de nos sens, il s'établit un échange de pensées, une sorte de conversation au cours de laquelle l'Esprit devient un conseiller plus ou moins sage suivant sa nature. Mais notre âme est libre de suivre ou de rejeter le conseil. Elle le perçoit beaucoup mieux dans le calme, lorsqu'elle n'est plus affectée par la vie de société, la nuit (la nuit porte conseil). Il y a présomption de l'influence de l'Esprit lorsque la pensée surgit en nous telle une inspiration. C'est l'influence occulte.

Les manifestations patentes peuvent affecter divers aspects.

Les manifestations physiques se bornent à des phénomènes matériels déjà évoqués. Leur but est d'attirer notre attention sur quelque chose.

Les manifestations intelligentes sont plus intéressantes et plus évocatrices de l'action des Esprits. Ils ont pour caractéristique, hélas ! de n'être point reproductibles à volonté, ils ne « se mettent pas en cornue comme l'esprit-de-vin », dit Kardec, ce qui est bien gênant pour l'expérimentation. Il faut donc prendre les informations qui se présentent, quand elles se présentent et ne pas s'imaginer que l'on va maîtriser le problème. Mais souvent, après une longue attente, les choses se mettent en place, parfois subitement, quand on n'y croit plus. Tout mon cheminement en est une démonstration.

Une des manifestations les plus ordinaires serait le *rêve*. Il se présente soit comme une vision rétrospective du passé, soit comme un pressentiment de l'avenir, soit sous forme d'allégories.

Les personnes que nous voyons en songe seraient des véritables visions.

J'utilise le conditionnel, car pour ma part, il ne me semble pas vraisemblable que tous les rêves soient des manifestations des Esprits. Certains apparaissent comme des reliquats des pensées de la journée, d'autres sont des rappels d'émotions anciennes suscitées par un événement vécu ce jour-là. Mon expérience personnelle me fait assez bien distinguer le mauvais rêve en relation avec un vécu ancien qui a laissé des traces durables, agréables ou désagréables, le rêve en relation avec un désir, persistant et non satisfait, et celui qui se présente comme une prémonition ou un avertissement. Je reconnais assez bien l'inspiration, quand tout à coup la solution d'un problème m'est donnée d'une façon fugitive, comme si elle pénétrait à l'intérieur de ma tête en venant de plus haut. Si cette révélation n'est pas écrite sur-le-champ, je suis capable, hélas ! de ne jamais la retrouver. Elle ne m'appartient pas et ne correspond pas à mes capacités cérébrales. Elle prend l'allure d'une révélation subite qui vous est « donnée » et non pas d'une conclusion apportée à un raisonnement ou à une recherche systématisée. Je commets souvent l'erreur de ne pas la noter, par négligence et parfois par orgueil, en croyant qu'elle est le fruit de mon intellect et que je suis en sa possession, capable de la tirer du tiroir de mon cerveau où elle ne doit pas manquer de se trouver. Il est très facile de distinguer cet oubli d'un manque de mémoire. La sensation est très différente.

Une conversation avec le président des Médecins Spirites de São Paulo m'avait appris qu'il fallait moderniser un peu la doctrine spirite car une évolution s'était naturellement faite dans la compréhension des phénomènes. La relation rêve-Esprits est peut-être un des points de la doctrine à discuter.

« Les apparitions proprement dites ont lieu à l'état de veille et alors qu'on jouit de la plénitude et de l'entière liberté de ses facultés », dit Kardec. Elles prennent l'allure de flammes légères ou de lueurs plus ou moins brillantes sans analogie avec les feux follets.

Elles peuvent prendre l'allure d'une personne connue ou inconnue, ou même d'un symbole (voir le chapitre X et les deux premiers ouvrages).

Parfois même l'apparition devient tangible, elle acquiert momentanément les propriétés d'une matière solide. On peut la saisir. Parfois même elle peut nous étreindre. Nous aurons l'occasion ultérieurement de revenir sur ce sujet.

Toutes ces données, qui ne font pas partie de notre patrimoine scolaire, seront difficiles à recevoir pour ceux qui s'imaginent que seul l'enseignement qu'ils ont reçu est valable. Cependant parfois, il est bon d'avoir l'humilité d'accepter l'idée que nous pouvons être ignorants de certaines choses. Écoutons Claude Bernard :

« *On a souvent dit que, pour faire des découvertes, il fallait des ignorants. Cette opinion, fausse en elle-même, cache cependant une vérité. Elle signifie qu'il vaut mieux ne rien savoir que d'avoir dans l'esprit des idées fixes appuyées sur des théories dont on choisit toujours la confirmation, en négligeant tout ce qui ne s'y rapporte pas. En effet, une découverte est en général un rapport imprévu, et qui ne se trouve pas compris dans la théorie, car sans cela il serait prévu. Un homme ignorant, ne connaissant pas la théorie, serait en effet, sous ce rapport, dans de meilleures conditions d'esprit, la théorie ne le gênerait pas et ne l'empêcherait pas de voir des faits nouveaux que n'aperçoit pas celui qui est préoccupé d'une théorie exclusive.* »

Mais hâtons-nous de dire qu'il ne s'agit point ici d'élever l'ignorance en principe. Plus on est instruit, plus on possède de connaissances antérieures, mieux l'esprit est disposé aux découvertes grandes et fécondes. Seulement, il faut garder la liberté d'esprit et croire que dans la nature, ce qui peut être considéré comme absurde selon nos théories actuelles peut ouvrir la voie à une théorie nouvelle.

« *Je pense qu'il n'y a pour l'esprit qu'une manière de marcher. Seulement, quand un homme s'avance sur un territoire solide et plan, dans un chemin direct qu'il connaît et voit dans toute son étendue, il marche vers son but d'un pas sûr et rapide. Quand au contraire un homme suit un chemin tortueux et un chemin accidenté et inconnu, il craint les précipices et n'avance qu'avec précautions et pas à pas. Avant de procéder à un second pas, il doit s'assurer que le pied placé le premier repose sur un point résistant, puis s'avancer ainsi en vérifiant à chaque instant par l'expérience la solidité du sol en modifiant toujours la direction de sa marche suivant ce qu'il rencontre. Tel est l'expérimentateur, qui ne doit jamais dans ses recherches aller au-delà du fait, sans quoi, il risquerait de s'égarer.* »

On sent bien en lisant Claude Bernard qu'il est un familier des révélations intuitives, pour en si bien parler. Ce n'est peut-être pas par hasard que j'ai décidé de faire mes études de médecine parce que j'avais vu un de ses livres (sans l'acheter, tant il m'avait émue) à la vitrine d'une librairie du quartier des Écoles de Saint-Brieuc.

CHAPITRE VI

LES MÉDIUMS

Un détournement d'avion malheureux m'avait empêchée de rencontrer Edson Queiroz à la fin du voyage de février 1984. Depuis mon arrivée, malgré une surveillance téléphonique assidue je n'avais pas encore pu le joindre. Il était toujours en voyage ! J'attendais son retour avec impatience.

J'apprends un matin... dans la rue, par un gros titre sur un journal, en première page, qu'il est au Brésil : mais en prison !

On explique qu'il avait assisté à un grand dîner donné en faveur d'une fondation Allan Kardec. A la fin de la soirée, onze policiers l'attendaient à la sortie et l'emmenaient au poste pour identification et interrogatoire. Il était accusé d'être guérisseur, charlatan, d'exercer illégalement la médecine et d'être en infraction avec le code de la Santé publique.

Le Dr Edson Queiroz, chirurgien, trente-quatre ans, spécialisé en gynécologie, travaille dans une clinique. Mais, grande particularité, un après-midi par semaine, il devient le chirurgien-guérisseur à la façon de son illustre prédécesseur Arigo. En transe, habité par l'Esprit du Dr Fritz, il « opère », dit-on, sans anesthésie, sans asepsie, sans douleur.

Une couche de population essaimée par l'Occident au Brésil se détache de l'ambiance de tolérance générale. Elle compose le Conseil Régional de Médecine de Pernambouc lequel lui a ôté sa licence professionnelle. Continuant d'opérer malgré la suppression de cette licence, il est devenu un hors-la-loi célèbre de la médecine.

Au Brésil, en dehors de l'Ordre des médecins, le spiritisme, qu'il relève d'Allan Kardec, du Candomblé ou de l'Umbanda, est si commun qu'il ne viendrait à l'idée de personne d'attaquer une personne exerçant une thérapeutique spirite.

Me voici encore privée de cette précieuse rencontre. Queiroz n'est plus victime cette fois d'un détournement d'avion, mais bel et bien emprisonné.

En attendant une meilleure opportunité, voyons le président de la Société d'Acupuncture. Mon collègue acupuncteur ne peut rien pour moi, quant à l'aménagement de rencontres, malgré sa très grande bonne volonté. Mais il m'ouvre à une éventualité : celle de la réalité des soucoupes volantes. En effet, il a vu trois malades dont il me montre les dossiers. Des troubles mal expliqués par la médecine classique sont apparus après des rencontres. Pour l'acupuncteur, ils relèvent d'un blocage complet des méridiens touchés. Ceci après la projection d'un certain « rayon » sur le corps des patients. Il m'explique la fréquence de ces phénomènes en terre brésilienne. D'origine allemande, expatrié au Brésil, médecin, il présente ses observations avec un maximum d'objectivité. En contrepartie, il n'est pas introduit dans les milieux qui m'intéressent.

VOYAGE A POUSO ALEGRE

Après avoir pris les renseignements, aidée par l'interprète, sur les moyens de transport, me voici disponible pour me rendre au village de Thomaz. Une voix m'avait bien dit, alors que j'étais assise dans le fauteuil de Thomaz, chez Mgr Airlindo : « Viens demain », mais n'ayant pas voulu me laisser guider par cette impression, et sachant le caractère très hypothétique de ce voyage, j'avais préféré prendre d'abord contact avec José à Sao Paulo et les rencontres s'étaient enchaînées. Mais tous m'ayant avertie des difficultés à joindre Thomaz, je jouais une carte qui risquait d'être perdante.

Long parcours en taxi pour me rendre à la gare routière de São Paulo, pendant lequel je glane quelques informations sur cette ville immense qui compte 12 600 000 habitants avec l'agglomération. Nous sommes ici sur un plateau à huit cents mètres d'altitude, à cinquante kilomètres de la mer et du port de Santos, et le climat est tolérable. Malheureusement, la pollution crée un nuage qui obscurcit trop souvent le ciel au-dessus de la ville.

Sa richesse est venue de la culture de la canne à sucre, de celle du café sur le plateau, mais aussi de la proximité du port de Santos. Les immigrants dynamiques ont joué un grand rôle dans l'industrialisation. Pourtant plus de 3 500 000 pauvres habitent les *favelas* qui se sont multipliées.

Alentour de la gare, c'est le contact brutal avec le vol, la misère et la mendicité du Brésil, groupés là sur les trottoirs. Des enfants en haillons qui tendent la main, des familles avec leur baluchon qui campent sur les trottoirs ou sous les ponts formés par la multitude d'enchaînement des routes que draine la gare.

On a presque honte d'être correctement vêtu, d'avoir quelques kilos supplémentaires sur les os et de savoir que l'on dormira ce soir sous un toit, dans un lit, qu'une salle de bains vous attend pour vous laver de cette poussière, de cette sueur, devant ces femmes vivant avec leur marmaille sur les trottoirs.

Que faire devant cette misère sur le plan individuel ? On m'avait dit qu'ouvrir mon sac m'exposait à être agressée, volée. Où se placer entre la compassion et la sécurité ?

La police est là qui tolère mais surveille et protège... dans une certaine mesure. « Méfiez-vous de la police, certains de ses représentants sont " en cheville " avec les voleurs », m'a-t-on dit.

Demeure la solution de l'autoprotection, d'une attention vigilante afin de se préserver, d'assurer la fin du voyage.

On demeure étonné devant l'énorme différence qui s'est creusée entre les connaissances théoriques et pratiques des émigrés européens et de leurs collaborateurs et celles, inexistantes, de certaines couches de la population locale. Les uns font fortune, les autres meurent de faim, en inadaptés face à la richesse du territoire qui est la leur.

L'importance du trafic des bus est à l'image de la taille du pays. La gare routière fonctionne comme une super-gare de notre S.N.C.F., avec de multiples guichets, des plans superposés, des départs si fréquents qu'on ne s'installe dans le bus qu'au dernier moment, si bien que j'ai le temps de m'attrister sur le spectacle qui vient de m'assaillir.

Le début du voyage est relativement confortable et s'annonce facile, encore que le bus s'arrêtant à de multiples stations, je m'interroge. Mon conseiller-traducteur s'est-il trompé d'autobus ? Arriverai-je avant la nuit à Pouso Alegre ?

A chaque arrêt montent de nouvelles gens. On affiche complet. Alors on occupe le couloir en s'asseyant sur un ballot, puis on se met debout, pieds entre les paquets, pour faire place aux arrivants. Enfin les voyageurs assis, et c'est mon cas, se font tout petits pour que d'autres voyageurs se glissent entre le siège avant et vos genoux... Ne parlons ni de la chaleur ni des odeurs. Jamais voyage ne m'a semblé si long. Plusieurs centaines de kilomètres sont à parcourir ainsi ! Si le terme de l'aventure n'aboutissait pas à Thomaz, j'enragerais de m'être fourvoyée dans pareil voyage.

Enfin voici Pouso Alegre ! Paulette m'avait indiqué l'hôtel le plus proche de la maison de Thomaz et j'y descends. Un petit hôtel, juste sur la route du trafic des cars et des camions.

Comment voir Thomaz ? Il est bien connu dans sa ville. Dire « *Casa de Thomaz* » au chauffeur de taxi suffit pour être amenée en direction du cours d'eau au bord duquel se trouvent de spacieuses demeures.

Celle de Thomaz est clôturée de hauts murs et fermée de portes métalliques. Nous sonnons, sonnons, sonnons... Aucune réponse.

Chacun sait que Thomaz voyage beaucoup. Un Esprit lui dit à l'oreille : « Va dans tel endroit. » Il y va sans attendre. Il donne aussi quelques conférences et rend visite à ses nombreux amis.

Le chauffeur de taxi s'entête, sonne et sonne. Désolé, il me ramène à l'hôtel ; demain, nous reviendrons. Un peu déçue, totalement épuisée, il faut admettre de rentrer sans avoir vu Thomaz.

La *churrascaria* où se restaurent conducteurs de cars et de camions fait mon affaire. De beaux morceaux de viande glissent dans mon assiette. Des plats contenant des assortiments de légumes s'étirent sur la table, me faisant regretter de ne pas être Gargantua.

Dans une *churrascaria,* le plus difficile est de faire comprendre que l'on aime une viande saignante. Il faut mettre l'accent tonique au bon endroit, ainsi « *mal passada* » est à prononcer « *MAo paSSAda* », L se prononçant O. Ainsi on ne dit pas

« *Brasil* », mais « *Brasiou* ». En dépit de cette connaissance théorique, l'accent est sans doute mauvais, puisque l'on continue de me servir de la viande cuite, trop cuite.

C'est avec le plus succinct vocabulaire que je fonctionne..., difficilement si je suis sans interprète.

Renseignements pris sur Thomaz à l'hôtel, il s'avère que s'il était présent ces jours derniers, il n'est pas venu aujourd'hui. Il est parfois absent plusieurs semaines. Son père est pharmacien dans le centre de la ville. Il doit savoir où il se trouve et quand il reviendra.

Le chauffeur de la veille vient me reprendre le lendemain pour aller sonner chez Thomaz. Nous sonnons à toutes les portes, les portes d'entrée individuelles, celles plus grandes réservées aux voitures, celles de garages. Il semble que deux maisons voisines aient Thomaz comme propriétaire. Nous sonnons, sonnons, sonnons. Puis nous sonnons en face, chez un voisin qui tond sa pelouse. Il dit avoir vu Thomaz partir en voyage. Autant de kilomètres, d'épreuves, de chaleur, de temps perdu et de frais, pour *rien !*

Le chauffeur de taxi conseille la visite au papa pharmacien.

Nous empruntons les rues pavées et montantes de la ville de Pouso Alegre, bordées de petites maisons souvent peintes de couleurs, et nous voici à la pharmacie. Elle ressemble à une minuscule épicerie de province. Le père est assis sur son tabouret, là, sur le trottoir. On lui explique l'objet de ma visite, que je suis médecin et guérisseur.

On me fait entrer dans une petite arrière-boutique. Un banc pour les visiteurs. Une chaise derrière une table pour le pharmacien.

Thomaz est parti mercredi matin pour le Chili, on ne sait pour combien de temps. Même s'il avait été là, il n'est pas certain qu'il m'aurait reçue. Tout le monde veut le voir ! Est-ce que je crois aux Esprits et aux soucoupes volantes ? Les Esprits, oui, j'en ai vu, les soucoupes volantes, pas encore.

Alors la sympathie naît. J'essaie de comprendre toutes les merveilleuses histoires qui entourent la vie de Thomaz, relatées avec une certaine fierté par son père. Paulette m'a déjà affranchie fort heureusement et je devine ce qu'il dit entre les traductions rapides.

Sans doute ai-je eu tort de ne pas faire confiance à la voix. Il m'est aisé de compter : dimanche nous étions chez Mgr Airlindo, en venant immédiatement, lundi soir ou mardi matin pouvaient me voir à Pouso Alegre, juste à temps pour rencontrer Thomaz. Ce voyage inutile est le prix de mon incrédulité des conseils donnés par l'ange gardien.

Il reste à prendre demain matin le chemin du retour par le premier car.

Après de multiples appels téléphoniques au Centre Allan Kardec de Recife, j'obtins le numéro de téléphone d'une journaliste susceptible d'être au courant de ce qu'il advint d'Edson Queiroz. Libéré, il se trouve à São Paulo chez des amis pour quelques jours, très éprouvé par l'épreuve, et ne voit personne. Mes chances de le rencontrer avant la date de mon départ subsistent.

LA PSYCHOBIOPHYSIOLOGIE

Avant d'entamer ce chapitre et pour mieux comprendre dans quel cadre culturel les choses se passent, il est intéressant de reproduire une conversation que j'ai incidemment enregistrée, alors qu'une jeune fille brésilienne m'aidait à traduire un texte. Cette jeune fille, dont les parents sont d'origine russe, a étudié au Brésil, parle sept langues et termine des études de réalisatrice de cinéma en France.

Je lui demande comment elle recevait les idées d'un ouvrage d'Eliezer Mendes, *Personnalité hyperconsciente.* Voici ce qu'elle répond :

« J'ai vu tellement de choses, même sans les chercher, que tout ce que nous lisons ensemble pour moi est normal.

« J'ai été élevée dans une école de sœurs très catholique et traditionnelle et d'une mentalité du siècle dernier. Par exemple, on ne pouvait pas regarder son corps nu, on devait se baigner avec un sous-vêtement. C'était incroyable. On racontait encore les miracles, l'enfer et ses choses terribles et les anges et les saints et tout ce qu'ils ont fait.

« Mais quand j'étais petite, chaque soir mon grand-père me

racontait une histoire, les contes russes, allemands, les *Contes des Mille et Une Nuits*. Le Brésil, c'est la continuation de tout cela.

« Pendant longtemps, je n'ai pas fait la différence entre ce que vous appelez la pensée magique d'une culture et ce que vous appelez ici la réalité. Par exemple le père de mon parrain était un médium. Pourtant mon parrain n'acceptait pas cela. Il ne voulait pas que son père fît ces choses. Venu chez moi, le père de mon parrain a dit : " Je vais appeler un saint pour bénir ton appartement. " Et moi j'ai trouvé cela simplement très gentil de sa part, c'était comme un cadeau qu'il me faisait. Appeler l'Esprit d'un saint ne me semblait pas impossible !

« Pendant longtemps, je ne savais pas si je croyais ou pas. Je ne cherchais pas, je ne suis jamais allée à une section d'Umbanda par exemple. Je vivais à l'intérieur de tout cela en le tolérant, en le vivant et sans me poser de questions. Pour m'en poser, il m'a fallu, en France, prendre du recul et m'apercevoir *que pour certains c'était un problème* !

« Après un an vécu en France, mon point de vue a changé. Alors que tout est tellement courant partout, au Brésil, si courant que cela ne pose pas de question, ici le point de vue est tellement différent que si nous parlions des choses que nous vivons là-bas, mais ici, ce serait pris pour de la folie ! Je sais que maintenant, en rentrant au Brésil, j'irai aux cérémonies. »

On comprend pourquoi la thèse de José a été refusée. On devine les risques que je prends en écrivant ce livre en français.

En avertissement, je citerai encore ce texte :

« *Hommes constitués ou corps constitués, l'expérience des autres est d'un médiocre profit. Nous nous faisons chacun un petit monde taillé sur le patron de notre cerveau et nous entendons que rien ne vienne déplacer les limites qu'il nous a plu de tracer aux puissances de la Nature.*

Les plus grands savants ont cette faiblesse ; les philosophes n'en sont point exempts. [...] Au siècle dernier, lorsqu'il fut de nouveau et très sérieusement question de chute d'aérolithes, Lavoisier crut fermer la bouche à jamais à ceux qui en admettaient la possibilité par cette réponse qu'il estimait péremptoire : " Il n'y a pas de pierre dans le ciel ; il ne peut donc pas en tomber sur la terre. " »

« La Nature, heureusement habituée dès longtemps à toutes les criailleries, aux spéculations trop souvent creuses des métaphysiciens, comme aux calculs étroits de certains hommes de science, continue invariablement sa route sans se mettre en peine des niaiseries débitées par ses détracteurs » (Metzger au XIXe siècle).

Cette citation est le « chapeau » qui convient pour introduire les lignes qui vont suivre. Nous allons voir combien nous, Occidentaux (en France nous remportons la palme), sommes fermés aux réalités du Corps-Onde et par extension au « Monde-Onde ». Enfermé dans ses limites, notre vieux pays à l'aube de l'ère du Verseau risque d'en mourir, car sa survie dépend du niveau d'évolution de sa population.

La médium de Bahia

Le séjour qu'Eliezer Mendes avait fait à Bahia, avant son installation à Rio, l'avait amené à se trouver dans les meilleures conditions pour étudier les pratiques spirites de cette région où se conservent mieux qu'ailleurs les pratiques africaines.

On s'en souvient, je n'avais pu rencontrer la médium — alors en vacances — avec laquelle il avait collaboré, lors de mon précédent voyage à Bahia.

Prenons l'avion pour Bahia ! Lequel atterrit sur l'aéroport familier, incendié de soleil. L'expérience m'ayant appris dans quel hôtel descendre, tout est simple à cet égard. J'essaie de rencontrer par amitié le père François qui nous avait invitées à dîner, mais il est en voyage. Moacir est loin de Bahia.

Accompagnée de l'interprète, je me rends dès que possible à l'adresse de la médium. Arrivés un peu trop tôt, c'est un jeune Hollandais qui nous accueille, nous expliquant qu'il est là pour étudier la médiumnité afin d'aider les autres. Il n'est ni médecin ni thérapeute classique.

La médium vient enfin. Femme dynamique, intelligente, elle explique qu'elle a « entraîné » Eliezer Mendes et qu'elle forme des médiums. Elle pratique des régressions qui font vivre des vies antérieures et me propose d'assister à une séance.

Quelques personnes sont déjà dans un hangar de travail, en relaxation. Elle va les rencontrer individuellement pour surveiller l'évolution du travail précédent. Puis la séance commence.

Elle s'allonge auprès des patients, après un moment de concentration entre en transe, souffre et vit leurs problèmes. Le jeune homme l'accompagne, essayant sans doute de partager les vibrations qui émanent du patient.

Les soins que je pratique moi-même m'ont démontré que dans ce monde énergétique, le temps se vit d'aujourd'hui à hier, et non pas d'aujourd'hui vers demain. Les phénomènes de régression ne me semblent donc pas étonnants. On peut observer que des champs énergétiques différents se présentent les uns après les autres au cours même d'un traitement. Comme s'il fallait « détisser » l'enveloppe vibratoire perturbée. Tout se passe comme si au sein du monde énergétique le temps fonctionnait « à l'envers » (ce qui pose d'ailleurs quelques problèmes quand on soigne des douleurs, des migraines graves, que l'on risque de réactiver passagèrement).

Pourtant jusque-là, freinée bien entendue par mes propres limites occidentales, il ne m'avait pas été donné de prendre en considération la réalité des cures thérapeutiques faisant appel aux vies antérieures.

Cette femme me propose l'expérience d'une régression.

Il faut m'allonger, me relaxer. C'est chose faite. S'étendant près de ma tête, son corps presque à angle droit avec le mien, elle adopte une position fœtale, puis commence à parler, à pleurer, à souffrir.

L'interprète essaie de me traduire ce qu'elle dit. Il m'est très difficile de porter à la fois l'attention sur le comportement de la médium, sur la traduction, tout en demeurant relaxée. Le traducteur semble être en difficulté. N'ose-t-il pas me répéter par délicatesse ce qu'elle dit, ou bien est-il difficile de la comprendre ? Renseignements pris, tout en parlant brésilien, elle modifie son accent en fonction de la langue des pays dans lesquels j'ai vécu, ce qui gêne la traduction.

Brutalement, une angoisse m'étreint, je soulève la tête, ouvre les yeux car j'éprouve la sensation qu'un drame est imminent. Soudain oppressée, comme prise au piège, naît en moi le sentiment d'une nécessité absolue, celle de m'échapper. Mais une douleur brutale, tel un coup de poignard dans le flanc droit survient, m'immobilise et rend impossible l'exécution de tout mouvement. Un froid de glace jamais éprouvé m'envahit, m'immobilise. La mort du corps physique, ce doit être cela ! Suis-je en train de mourir ?

A cet instant le traducteur dit : « Vous viviez en Espagne, votre mari vous a tuée d'un coup de couteau dans le ventre. Vous l'avez de nouveau rencontré dans cette vie. S'il avait pu le faire, il aurait recommencé. »

Je n'ai plus en mémoire ce qui a été dit avant ni après. Mais impressionnée par la force de l'expérience vécue au niveau du partage des sensations, je ne doute plus de la possibilité d'un retour vers autrefois.

La confirmation m'est donnée que les notions sur le continuum espace-temps telles que nous les concevons sont fausses, dès que l'on passe sur un autre plan.

La médium me propose aimablement de rester quelques semaines avec elle et de m'entraîner à sa façon de travailler. Mais il me faut poursuivre le voyage vers São Paulo et quitter Bahia après avoir vite savouré les paysages les plus beaux.

Eliezer Mendes

Eliezer Mendes s'étant installé à São Paulo, je me réjouis à l'idée de le rencontrer. Paulette venait de lui faire connaître mes livres et m'avait envoyé un des siens ainsi qu'un résumé en français.

Aujourd'hui à São Paulo, il a créé « l'Espace Transe. »

Nous savions l'un et l'autre être sur la même voie, professer les mêmes idées et la même expérience sans jamais nous être rencontrés, tout en habitant sur des continents oh ! combien différents, ce qui renforce la valeur de nos conclusions communes.

Mendes prétend tout comme moi que les phénomènes dits parapsychologiques ne répondent à aucune réalité, ils ne sont qu'une notion basée sur un *a priori* d'ignorance. Nous dénonçons les mêmes erreurs : celles des bases mathématiques de Rhine qui a même voulu emprisonner ces phénomènes dans les cartes de Zeiner et les calculs de probabilité. On a voulu en faire une science de laboratoire.

Les dénominations de paranormal, de parapsychologie sont ici remplacées par la notion de *psychobiophysiologie.* Il existe un Institut de Recherches Psychobiophysiques dont Hernani Guimarães Andrade est le président.

« Les phénomènes qualifiés par certains de paranormaux appartiennent en fait à la structure de l'être. Heureusement quelques individus isolés ou certains groupes se sont mis à étudier sans idées préconçues cette phénoménologie », écrit Mendes.

Dans de nombreuses situations, le médecin, s'il n'est pas emprisonné dans des conceptions scientifiques et religieuses restrictives, peut s'il le veut bien être à l'écoute des sensations décrites par le patient, et se sentir puissamment concerné par leur réalité. Parfois capable de faire face à l'expérience vécue par le patient, parfois au contraire, celle-ci entre trop fort en résonance avec son inexprimé personnel ou ses peurs antérieures. Il fuit alors, sous la secousse sismique qui le menace, sous les menaces d'une mutation que les évidences risquent de le contraindre à accepter et à subir. C'est plus simple de tout nier, ou d'en rire.

La recherche médicale dite scientifique qui se veut honnête s'en excuse en prétendant qu'il n'est possible de s'ouvrir à la vérité que par l'intermédiaire d'appareils capables de donner des preuves imprimées ou photographiées. Elle néglige les procédés simples, refuse les faits qui relèvent de la *force du vécu.*

C'est parce qu'il a accepté les procédés simples fondés sur l'observation que cet ancien chirurgien, devenu psychiatre pour la cause, se trouve apporter une confirmation à mes découvertes sur l'usage de la médiumnité.

Il a écrit plusieurs ouvrages dans lesquels il développe ses idées et qui sont : *Personnalité intruse, Personnalité subconsciente* et *Personnalité supraconsciente.*

Bien qu'ayant emprunté des routes différentes, lui et moi parvenons aux mêmes conclusions après avoir rationalisé les faits. Médium et guérisseur, il l'est aussi. Vivant au Brésil, c'est sur place qu'il est initié.

Pour moi, la rupture avec l'environnement médical hospitalier a dû précéder l'évolution.

Par des chemins différents, un vocabulaire voisin, nous avons tous deux découvert la réalité du Corps Invisible, la constitution hypermédiumnique de certains êtres, les forces et les faiblesses qui leur étaient conférées. Il les nomme des « sensitifs » et reconnaît dans les maladies des *sensitifs désajustés.* Le désajustement serait pour lui la cause de toute une série de maladies.

Sur le plan pratique, il faut reconnaître que nous nous distinguons l'un de l'autre. En effet, je travaille seule, *à la fois récepteur et émetteur,* utilisant soit mes sensations tactiles, soit mon intuition, mettant à profit ce qui me semble utile de mes études d'acupuncture ou d'auriculomédecine, m'appuyant sur la symbolique astrologique et travaillant dans la solitude pour ne pas me trouver piégée par des interférences vibratoires ou des nécessités de rationalisation avant l'heure par le contact avec une tierce personne. Ce qui me permet d'avancer plus vite et de ne pas me trouver confrontée aux difficultés des problèmes relationnels. Le Dr Mendes utilise des collaborateurs, des « sensitifs » qui vont réceptionner, métaboliser, transformer, neutraliser les énergies pathologiques. Bien que fonctionnant sur des bases identiques, les conditions de travail sont très différentes.

1) Il appelle *transe médiumnique* tout se qui se rencontre dans une ambiance mystique, qu'il s'agisse de l'Umbanda, du Candomblé, du spiritisme, des Églises évangéliques ou catholiques ; en un mot, quel que soit le type religieux considéré, il estime qu'il s'agit d'une *transe induite par une charge émotionnelle.*

2) Le mécanisme de *captations vibratoires,* pour lui aussi, se produit de manière spontanée dans toute la nature. C'est un processus automatique auquel nous sommes tous exposés. A chaque instant nous attirons, recevons, transmettons des vibrations dans un processus d'échanges constants.

3) Le transfert sur un sensitif de la personnalité *d'une personne vivante,* de près ou à distance est possible. Sont imprimées sur le sensitif les pensées, les gestes, les symptômes de maladie et même les lésions physiques, sans qu'il y ait transplantation d'organe ou même contact physique.

4) Son idée dominante est la suivante : « *Les symptômes de maladie peuvent être transmis à d'autres personnes : une pensée, une émotion, un symptôme de maladie, une lésion peuvent être transmis d'un organisme à l'autre par un mécanisme télépathique*[1]. »

« *Ce qui est malade, c'est le Corps Énergétique, c'est lui qui doit être traité.* »

5) Le sensitif (celui qui possède une constitution que j'ai nommée médiumnique) *court des risques :* mais s'il est entraîné,

1. Voir « Les phénomènes de résonance » dans *Nos Trois Corps et les Trois Mondes.*

même s'il incorpore des lésions psychiques ou physiques passagères ou plus durables, il dispose d'un automatisme qui le libère plus facilement des lésions installées à condition qu'il laisse se faire le temps de récupération.

« Cet entraînement pourrait être une prévention, une sorte de vaccination aux maladies énergétiques. »

6) Au lieu de maladies, il préfère parler de malades dont l'hypersensibilité a été atteinte par une *vibration* déterminée.

« C'est dans le jeu des affinités réciproques que pourrait être posé le problème de nombreux symptômes et de nombreuses maladies.

7) « Le malade peut être considéré comme un *sensitif désajusté,* non seulement dans le domaine psychique, mais aussi quant à la maladie physique dont il ne sait plus se libérer. Lui aussi devrait pouvoir subir un entraînement systématique préventif de la maladie.

Il existe des transes qui portent avec elles des contractions musculaires.

8) « Les pratiques spirituelles *modifient le plan vibratoire* de l'individu au niveau de l'énergie intelligente et aident à la guérison. »

Les mécanismes et les circonstances de l'incorporation

« Quand un sensitif incorpore une personnalité, il s'exprime comme la vidéo d'un téléviseur. Il acquiert son expression, ses pensées, ses habitudes, ses sensations, ses maladies et même les lésions physiques de son vécu actuel ou du vécu désincarné. Il peut incorporer son voisin ou une personne vivant à des milliers de kilomètres. Quand un sensitif incorpore une personnalité, il peut sentir toutes les stimulations que subit le sujet même si on lui touche la jambe, le bras avec un objet. Quand on lui pose une question, le sensitif répond comme le patient l'aurait fait.

« Les sensitifs peuvent exprimer en l'occurrence aujourd'hui, hier ou même remonter dans les siècles passés. La plasticité du phénomène nous permet d'aborder l'idée qu'il existe une notion de continuum d'espace-temps dans la dimension de l'infini.

« Il nous reste à savoir si le mécanisme qui relève de l'incorporation appartient au conscient ou à l'inconscient. On a imaginé qu'il serait retiré au patient une couche en trois dimensions, laquelle s'accouplerait sur le sensitif. Un percipient qui est dans l'ambiance voit l'image du patient enveloppant le corps du sensitif qui s'en trouve revêtu », conclut Eliezer Mendes.

Vivant au Brésil, Eliezer Mendes apporte une notion qui nous est peu commune à propos de l'action du Monde des Esprits.

« *Nous sommes, par rapport au monde spirituel, dans la position où se trouvent les animaux par rapport à nous, toujours surveillés, aidés, troublés ou persécutés.* »

Face à notre monde occidental, il s'agit d'une affirmation révolutionnaire puisque en termes clairs il dit que nous sommes soumis aux forces des Esprits qui nous entourent.

Lui faisant confiance, puisque jusque-là nos conclusions sont identiques, me voici prête à accepter cette dernière idée, car il est plus familier que je ne le suis du Monde des Esprits.

LES DÉSAJUSTEMENTS

Eliezer Mendes nomme « Désajustement » ce que je nomme « Syndrome de Neptune ». Pour appuyer ses opinions qui vont être exposées plus loin, voici une lettre qui expose un cas particulièrement significatif qui m'est adressée :

« Je sollicite de votre bienveillance une consultation pour mon fils et pour moi-même, car la santé de mon enfant vient de se dégrader brutalement : il a trois ans. Le 31 janvier, il fait une première convulsion alors qu'il est en train de dîner. Il n'a pas de fièvre et était apparemment bien portant jusque-là. Trois jours avant, il était tombé brutalement et s'était endormi.

Depuis quelques jours, les convulsions se répètent quotidiennement. Il n'a pas été trouvé de cause et un traitement par Dépakine va être entrepris. Auparavant c'était un enfant normal, bien que dans ses antécédents, il y a eu plusieurs phénomènes infectieux (sinusites, amygdalites) avec fièvre élevée et fréquente. Les épisodes infectieux avaient été très espacés par la prescription d'arsenicum album 15 CH. J'ai eu la toxoplasmose pendant ma grossesse. Il n'en serait pas touché.

Ces événements surviennent alors que je suis moi-même en traitement pour mon état général et pour des adénopathies inexpliquées, généralisées ; je ne sais si le processus est malin ou bénin. J'ai lu vos livres dès leur parution et je suis attirée par cette médecine dont vous parlez.

J'ai rencontré Sonny grâce à un séminaire qu'il a fait en France.

Je suis en traitement anthroposophique et psychothérapie. Je m'apprêtais aussi à faire un travail spirituel, en rapport avec le décès d'un frère décédé il y a cinq ans par suicide.

Je ne me sens pas en bonne santé et je n'arrive pas à comprendre pourquoi. Mes enfants ont été souvent malades, de petites maladies jusqu'à présent et j'ai toujours fait le lien entre leurs maladies et mon état de santé personnel. Depuis quelque temps, il m'arrivait de faire un lapsus entre mon fils et le prénom de mon frère décédé.

Je suis médecin homéopathe mais je n'exerce plus. Etc. »

Je commence par examiner cette maman, mère de trois enfants.

L'examen montre qu'elle est véritablement épuisée. Toutes ses vibrations sont uniformisées à 2-2-2/2/2. (2 : vibrations du corps physique, 2 : interface, 2/2/2 : corps énergétique[1].) Son niveau énergétique est extrêmement bas, elle est en outre dépourvue de défenses. (Rappelons qu'un niveau énergétique normal se situe à 5 et que le processus de défense s'exprime par une croissance du chiffre vibratoire sur les couches successives figurées sur l'atome de Niels Bohr, où l'on devrait avoir la séquence 5/6/7).

En même temps, je peux m'apercevoir que les couches vibratoires sont éloignées les unes des autres, assez pour la désigner comme un médium. Certains aspects du thème astral le prouvent.

Alors, j'examine l'enfant dont la mère n'a pas apporté la carte du ciel. Il vibre encore moins bien que sa mère : 2-0-2/2/2. Autrement dit, l'interface ou surface du corps ne vibre pas, et la première couche d'énergie est éloignée du corps physique.

Le point d'attache du corps énergétique au corps physique est recherché : il se trouve précisément en un point de la tête, d'où les crises d'épilepsie.

Les couches suivantes sont espacées, j'en conclus qu'il possède lui aussi une composition médiumnique.

1. Voir figures p. 210-211.

En l'examinant plus longtemps, je m'aperçois qu'il passe par des alternances vibratoires entre cet état et celui d'un état allergique. Autrement dit, les couches de l'atome de Niels Bohr qui étaient éloignées les unes des autres se trouvent brutalement rapprochées. Il existe d'ailleurs une éruption péri-buccale évocatrice. La maman signale aussi des phases durant lesquelles la pointe de sa langue se trouve dépapillée.

Laissant l'enfant jouer, je soigne la maman. Dès le début de la manipulation d'énergie, l'enfant, remuant jusque-là, s'immobilise totalement. Je pressens qu'il partage avec sa mère les transferts d'énergie.

Le traitement terminé, j'obtiens sur la maman la séquence 7-7-7/8/9.

J'examine l'enfant : il vibre maintenant à 3-3-3/4/5. Autrement dit, l'interface s'est mise à vibrer et les énergies sont passées de 2 spontanément à 3 et le phénomène de défense s'est installé alors que je soignais la maman. Il est donc en correspondance vibratoire avec elle.

Le temps de prendre des notes complémentaires à propos de la mère, et l'ancrage du corps énergétique au niveau de sa tête a disparu (l'origine des crises d'épilepsie est donc vibratoire).

Je pratique sur lui une première correction rapide par les mains et la pensée. Ce qui fait monter les énergies à 7/8/9. Mais son foie ne vibre qu'à 3, de même la région rénale. Il existe donc chez lui deux zones fragiles. Un travail supplémentaire est donc nécessaire, qui le fait monter transitoirement à 55-55-55...

L'enfant est donc un grand médium qui absorbe l'énergie que je lui donne avec facilité. Peut-être aura-t-il des qualités de guérisseur puisqu'il atteint le chiffre 55.

On peut espérer une évolution favorable sous l'effet d'une régulation énergétique en supprimant les médicaments. Il sera bon de le revoir deux fois par an, avant les aspects astrologiques dissonnants.

Voici maintenant quelques maladies qui relèvent, selon Eliezer Mendes d'une sensibilité désajustée. Je les ai moi-même citées au cours des ouvrages précédents :

« Un individu porteur d'un *eczéma sec ou purulent* sur tout le corps met, par exemple, toute une équipe d'une dizaine de sensitifs dans un état de prurit intense. La création dans un service de dermatologie d'un groupe de sensitifs pratiquant la captation vibratoire et la thérapie énergétique à travers la biocommunication permettrait une étude de ces phénomènes.

Les *alcooliques* possèdent au plus haut point l'hypersensibilité des sensitifs. On peut libérer les patients qui se trouvent en phase aiguë d'excitation psychomotrice par l'attraction médiumnique et la captation vibratoire. Le patient se libère de ses hallucinations en quelques minutes.

Le délirium tremens est reconnu dans les centres spirites, les *terreiros* d'Umbanda et de Candomblé comme un phénomène médiumnique.

L'hypersensibilité du *toxicomane* a constitué la condition indispensable à leur entrée dans le vice. Les captations télépathiques, médiumniques aident même à les atteindre à distance quand ils sont rebelles au traitement. » (Notion à ne pas généraliser, à ne pas utiliser dans n'importe quelles conditions ni sur n'importe quel sujet. Faut-il encore que la chose se fasse pour que les troubles vibratoires portent sur des énergies et des vibrations que peut capter le thérapeute. Les traitements dits « à distance » n'ont en dehors de cas et de circonstances bien précises trop souvent comme seul but que le profit malhonnête de mégalomanes.)

Pour *ouvrir aux aveugles les portes de la perception* au travers du champ PSI, il serait bon de les éduquer dès le plus jeune âge.

Dans *l'asthme,* il faut étudier non seulement les phénomènes d'allergie, mais aussi les vibrations et transferts qui peuvent atteindre le milieu familial... On observe là aussi des cas où l'enfant sert de paratonnerre à un membre de la famille. Par exemple, la nuit où l'enfant dort bien, c'est la mère qui a une crise d'asthme (sans que ce soit une règle).

En *salle d'opération,* les captations vibratoires sont une excellente prophylaxie des troubles per et post opératoires... »

Pour comprendre ces notions, il faut accepter l'idée que l'homme n'est pas un simple corps de matière (celui que l'on dissèque sur la table d'anatomie), mais qu'il est aussi fait d'une partie vivante et invisible à nos sens élémentaires et à nos appareils.

« Les phénomènes qui seront en détail évoqués plus loin à propos des *épileptiques* peuvent en fait être généralisés à toutes les maladies. »

Je prends contact avec lui. Il m'invite à venir immédiatement, il va commencer une séance.

Sautons dans le premier taxi. C'est avec beaucoup de chaleur que m'accueille le séduisant psychiatre, Eliezer Mendes, tout vêtu de blanc, la peau plutôt claire, le cheveu ondulé, le regard profond, d'où émane une immense chaleur humaine. Une grande complicité s'installe immédiatement entre nous. Il me montre une installation stéréophonique très élaborée, puis me présente à ses patients et médiums.

La séance va commencer dans une belle grande salle, au sol couvert de moquette. Tous s'allongent. Je m'assois, écoute, observe.

Une douce musique très persuasive commence à se faire entendre, induisant la relaxation. Le médecin est debout, surveillant les réactions du groupe. Un jeune médecin l'aide, passant du matériel stéréophonique aux malades. Le groupe est disposé d'une façon très particulière. Certains sont isolés, d'autres sont reliés l'un à l'autre par un contact se faisant au niveau des pieds. L'un est le patient et l'autre le médium. Quand on sait que Neptune est le maître des Poissons, que les Poissons commandent les pieds, on n'en est point étonné.

Le ton de la musique est destiné à établir le calme et la détente. Puis le son monte doucement, s'accélère légèrement, devient plus convaincant. Quelques manifestations de type convulsif s'induisent chez certains médiums et patients. En même temps que le ton de la musique monte, le nombre et l'intensité des manifestations vont croissant.

Nous assistons à l'expression la plus évidente de l'effet thérapeutique de la musique chez des sujets en possession d'un Corps-Onde particulièrement développé. Le jeu qui s'installe entre vibrations de la musique et leurs propres vibrations les mène dans un nouvel état de conscience.

En choisissant les musiques qui accompagnent la séance thérapeutique Eliezer ne laisse rien au hasard. Il remplace la thérapie des mots par des sons. Une plus grande liberté de compréhension et d'interprétation est ainsi accordée tant au médium qu'au malade « sensibilisé » dont le système d'expression n'est plus crispé à l'intérieur d'un texte. Animés à leur insu par des vibrations qui font vibrer leur sensibilité psychique, ils découvrent, expriment et dénouent les nœuds qui encordent leur invisible vivant.

Je dirai avec Monique Deschaussée *(L'Homme et le piano)* que la musique « peut faire plonger au plus profond du mystère de l'Homme, de même qu'elle peut créer la communication avec l'Ailleurs, l'au-delà du quotidien, le transcendantal. Elle est en quelque sorte un lien entre l'Homme et l'Universel, lui permettant de se situer dans son contexte cosmique tout en s'exprimant dans sa sensibilité la plus aiguë ». Elle est un des éléments qui induit la transe, et nous avons vu dans *Nos Trois Corps et les Trois Mondes* à quel point elle pouvait jouer non seulement sur le psychisme d'un individu, mais aussi sur l'histoire des peuples par l'intermédiaire de l'aura collective.

Bientôt on comprend que les médiums ont « absorbé » les problèmes conscients ou inconscients de chaque patient. Car elles parlent, pleurent, crient parfois, exprimant une souffrance intense.

Le médecin observe et laisse vivre la crise.

Le patient, lui, fait en compagnie du médium une régression dans le temps. Médium et patient sont entrés dans le Deuxième Monde. Des variations de personnalités se manifestent et certaines suggèrent des retours à des états stéréotypés.

En quelque sorte, c'est *le médium, vivant et parlant qui exprime les désordres cachés et les blocages inconscients du malade.* Il les mobilise, les lui fait découvrir en termes clairs, explicités, éclairant ainsi médecin et patient, devenant ainsi l'agent thérapeutique.

Puis intervient ici et là, suivant les besoins, le Dr Mendès qui se place debout entre les deux personnes qui ont fait cet échange vibratoire. Debout, ses pieds nus entre leurs pieds, il équilibre, dit-il, les champs énergétiques. Ainsi, il devient l'élément agissant sur un champ vibratoire vertical du couple médium-malade, alors que le champ horizontal est constitué par le couple médium-malade[1].

Pendant ce temps, j'observe les solitaires. Certains vivent leur voyage intérieur douloureusement en pleurant. D'autres en convulsant à des degrés divers. L'un d'entre eux entre

1. Voir t. III *(Nos Trois Corps et les Trois Mondes),* les anomalies des champs vibratoires en fonction des positions verticale ou horizontale et les pathologies qui peuvent être entraînées par des ruptures de champ en différentes positions.

dans un état critique, livide, respirant à peine, sans doute s'approche-t-il de l'état de mort symbolique.

Eliezer Mendes va vers lui, me regarde. Ma situation est délicate. Bien que présente en tant que visiteuse, mon métier m'incite à m'en approcher, à l'aider. Que faire ? Ici, ce n'est pas un endroit où l'on pose des questions. Il faut agir par intuition. M'approchant du patient, tâtant un pouls, petit, rapide, des mains glacées, j'hésite sur le comportement à adopter : observer ou agir. Le Dr Mendes, fidèle à sa technique, approche ses pieds de ceux du malade. Je transmets un peu d'énergie au plexus solaire car devant l'aspect de ce jeune homme, le réanimateur que je fus aurait porté le diagnostic de « collapsus » tant le tableau clinique est inquiétant. De vieux souvenirs me hantent et me rendent inquiète à son endroit. Mais le moi actuel dit que tout va bien s'arranger. C'est aussi ce que pense Eliezer qui, tranquillisé par son expérience, va surveiller les voisins.

La musique, l'ambiance, le désir d'aider..., me voici basculant du stade de visiteuse à celui de participante et de thérapeute. C'est une curieuse sensation qui m'envahit : vais-je m'allonger près du malade, vivre pour lui ses problèmes et l'en soulager, ou vais-je agir en guérisseur-émetteur et lui communiquer assez d'énergie pour l'aider à s'en délivrer lui-même ?

Il faut maîtriser ce genre de situation, faire un choix sans être happée par une ambiance. Conserver les capacités d'observatrice est important. Alors, demeurons guérisseur. Discrètement installée près du patient, un peu timide, ne voulant pas interférer avec les coutumes du lieu, mais présente, je suis simplement là : il peut capter s'il le désire mes vibrations et l'énergie, me voici offerte dans l'invisible, à toute demande.

La musique enfle en rythme, en force, en expression. Les patients et médiums s'animent, certains entrouvrent les yeux à l'exception de mon protégé. Eliezer Mendes achève ses équilibrages patient-médium à l'aide des pieds. Bientôt, la plupart sont sortis de leur état et sont assis.

Un changement de rythme encore et tous sont debout. Dansant les yeux fermés, encore immobiles et vacillants ou tournant sur eux-mêmes, tristement ou empruntant des attitudes dynamiques et joyeuses, les voici passés sur un autre plan. Ils métabolisent les énergies négatives.

Il faut maintenant tous les surveiller afin qu'ils ne se cognent pas aux murs, ou que ceux encore à l'état de « châteaux branlants » ne s'effondrent brutalement.

Mon protégé se réanime très doucement derrière sa pâleur. Le Dr Eliezer pense qu'il est temps d'accélérer la sortie de l'expérience vécue dans ce tableau cardio-vasculaire impressionnant et exécute un massage.

Je me dirige vers les autres patients, aidant à tourner ceux qui me demandent aide du regard, soutenant ceux qui vacillent, posant mes mains sur leur plexus solaire. Une jeune fille noire est immobile dans son coin, les yeux fermés, ne parvenant pas à s'élancer. Que faire ? La couleur de sa peau me dit que ses ancêtres ont des traditions et des coutumes qui me sont inconnues. Ne sachant à l'instant décrypter sa demande avec certitude, il est préférable de m'abstenir. Tout est trop rapide et trop neuf pour qu'il me soit possible de m'adapter avec justesse. Il est parfois désastreux de s'introduire en étranger, dans un vécu profond et intime. Une patiente se déséquilibre, s'accroche à moi et m'entraîne dans sa danse, coupant court à mes interrogations.

La musique est au maximum de son rythme et de son intensité, une musique locale brésilienne comme seuls ils savent la faire et qui vous emplit la tête et le corps.

Maintenant tous se donnent la main, nous voici dans la ronde qui se rétrécit et s'agrandit suivant que nous nous approchons du centre ou que nos bras s'étirent. En même temps sont émis des sons O.M. Toutes les énergies se mêlent, se brassent avant de s'équilibrer.

Puis c'est l'accolade générale. J'ai beaucoup de nouveaux amis !

Eliezer Mendes m'offre de rester, je pourrai même habiter ici. Mon court séjour et le programme prévu m'en privent. Plus tard !

L'Espace Transe est donc un lieu de réunion où, à partir d'une mise en état de relaxation, va se créer un *champ d'énergie collectif.* Celui-ci va engendrer des situations hautement efficaces sur le plan thérapeutique.

Une réunion dans une église ou celle d'une congrégation mystique engendre également une énergie qui peut être canalisée pour une utilisation déterminée. Le dirigeant se charge de faire cette orientation.

Ce travail utilise *l'émotion, l'intuition et non plus l'intellect.*

« Dans un premier temps, dit Eliezer Mendes, j'établis une relaxation. Puis j'ai ma manière de sentir et de diriger le groupe.

« Un malade, par exemple, émet une énergie négative. Celle-ci dans un premier temps est absorbée par tous ceux qui sont présents.

« Puis, sortant le groupe de l'état de relaxation, nous le mettons en mouvement pour métaboliser et brûler ces énergies négatives. Nous avons copié là les techniques des primitifs, les Indiens qui soignaient avec des danses. On peut appeler psychodanse, biodanse, ces exercices de type bioénergique qui mobilisent les champs d'énergie. »

Ainsi l'énergie émise spontanément par le groupe est-elle potentialisée par la relaxation, alors que son intention est dirigée par le guide thérapeutique, Eliezer Mendes.

Il faut souligner le fait que dans ces groupes se trouvent des médiums et des guérisseurs doués et spécialement formés, sans lesquels les mouvements d'énergie n'auraient ni cette ampleur ni cette efficacité... Il ne faut surtout pas s'imaginer que l'on peut improviser impunément cette thérapeutique.

APPLICATIONS THÉRAPEUTIQUES

Récapitulons les cas où cette forme de traitement peut s'appliquer :

— Il est possible de traiter ainsi les *psychotiques.* « Pour nous, méditer, c'est faire le vide absolu dans la conscience. Le psychotique, lui, quand il se trouve dans un état altéré de conscience et d'émotion a choisi là sa forme de méditation. C'est nous qui ne le comprenons pas. »

— Il signale même le cas d'un malade atteint d'une *rétention urinaire* causée par une tumeur de la prostate. Une intervention chirurgicale était prévue. Celui-ci est entré en transe et le groupe a capté les énergies qui provoquaient la maladie. La douleur a disparu. Après deux séances, le chirurgien n'a plus retrouvé la tumeur.

— Des *tumeurs malignes* ont pu être éliminées de cette façon.

Il faut une fois de plus émettre des réserves, souligner les capacités toutes particulières de ces gens (nous pourrons nous en faire une idée plus précises bientôt) et surtout ne pas croire que tout soit possible dans un groupe médiumnique improvisé. Si j'expose le cas du Dr Mendès, c'est pour montrer que nous sommes bien faits d'un corps de matière et d'un Corps-Onde, ce n'est pas pour faire penser que tout est facile et inoffensif. N'oublions pas qu'il est médecin, ayant une formation chirurgicale puis psychiatrique, dans un pays où le spiritisme est très vivant et les entraînements médiumniques régulièrement pratiqués dès l'âge de dix-huit ans dans les groupes kardécistes, avant même qu'ait lieu la spécialisation.

Pour Eliezer Mendes, cette technique offre des moyens thérapeutiques à la *crise d'épilepsie* alors que le centre épileptogène demeure la seule possibilité d'échanges entre le dehors et le dedans [1].

Alors que la médecine classique place toujours l'étiologie, c'est-à-dire la cause des crises d'épilepsie, au niveau de « foyers » cérébraux et la caractérise sur l'électroencéphalogramme par des « trains d'ondes » spécifiques, le médecin brésilien constate :

— que si l'on exclut les cas de tumeurs cérébrales, les traumatismes, les corps étrangers et quelques autres cas bien organiques ;

— que bien des personnes présentant des anomalies sur l'électroencéphalogramme ne présentent pas toujours des crises d'épilepsie ;

— que des épileptiques n'ont pas toujours de localisation cérébrale apparente.

Il existe donc une épilepsie qui n'est pas d'origine organique et cette forme, la plus fréquente, est inconnue du milieu médical officiel.

Plusieurs centaines d'épileptiques ont été récupérés chez le Dr Mendes par sa méthode qui :

— supprime toute médication du système nerveux ;

— fait contrôler le phénomène convulsif par le malade lui-même, à l'aide de l'hypnose et de l'auto-hypnose (nous dirions sophrologie), qui favorisent le développement des perceptions extrasensorielles ;

— projette les symptômes convulsifs sur un « sensitif » ou médium préparé. Celui-ci, en transe hypnotique ou non, reproduit les attaques convulsives des épileptiques. Il s'agit de la

1. Voir observation de la p. 191.

captation d'une énergie pathologique du malade par le médium, d'une contamination vibratoire expérimentale.

Pour le Dr Mendes, l'épileptique est lui aussi un médium, un « sensitif désajusté », un médium non averti et non préparé à la captation des charges énergétiques environnantes.

« Ces épilepsies sont des résultantes de forces extra-physiques agissant à travers les organismes. *Ces manifestations sont liées à des champs énergétiques hors du contrôle des lois physiques et physiologiques connues. Les êtres humains fonctionnent comme des champs énergétiques qui attirent les vibrations et les émettent.*

« Notre formation technique, dit-il, en médecine et en psychologie, rappelle la théorie de Ptolémée quand il attribuait à la Terre la propriété d'être le centre de l'Univers. De la même façon nous recherchons une explication " cérébro-centrique " à l'épilepsie, alors qu'une vérité plus profonde, déterminée par une cause psy-centrique énergétique ou ergo-centrique, est à retenir. *Les organes physiques, pièces d'une admirable machine, se comportent comme des éléments qui produisent des effets, mais qui pour exister ont besoin des champs extra-physiques énergétiques*[1]. »

« Chez le psychotique, il existe une dissociation entre le cerveau et le corps. Quand il danse, l'énergie rétablit le contact entre le corps et l'esprit, entre le corps et l'émotion. Il vaut mieux pour le psychotique travailler avec l'émotion. *Un des grands soucis de cette thérapie est de transformer le psychotique, être insensible en être sensible.* »

Le *schizophrène* cherche à assumer deux personnalités divisées ou désintégrées. Il souffre d'hallucinations et de perceptions anormales.

Partant du principe que les schizophrènes sont des médiums souffrant d'une distorsion de leurs capacités de clairvoyance et de télépathie, il les qualifie de personnalités multiples et divi-

---

1. Voir « Syndrome de Neptune » dans *Médecine du Corps Énergétique* et ma conception du « Corps-Onde » présentée dans *Nos Trois Corps et les Trois Mondes.* La conception présentée par le Dr Mendes deviendra plus simple, plus aisée à comprendre. N'émet-il pas l'idée, tout comme je tente de le prouver dans le tome III, que la vie vient du dehors ?

sées (voir les schémas des ruptures des corps du tome II qui souligne ce fait), et les soigne par transe et sophrologie.

En d'autres termes le Corps Énergétique tel que je le décris chez le médium est désigné par le Dr Eliezer Mendes comme « une capacité de clairvoyance et de télépathie », rôle que je lui attribue également.

Inconnu du corps médical matérialiste, il est rejeté et nié en tant qu'entité distincte dans ses capacités et manifestations. Eliezer l'individualise et lui reconnaît, tout comme moi, une physiologie et une pathologie. « Si nous mettons un schizophrène en présence d'un médium en état d'hypnose, il peut y avoir une transmission télépathique d'énergie qui agit sur le médium, occasionnant chez lui des modifications psychiques, émotionnelles et physiques qui reproduisent les symptômes du patient.

Les manifestations schizophréniques sont, dit-il, le fait d'« énergies intruses » et d'« énergies réfrénées » appartenant à la structure propre du patient. Il les nomme respectivement « personnalités intruses » et « personnalités subconscientes » car elles prennent un aspect psychobiophysique, se montrent intelligentes et personnalisées.

Mais si ce dernier peut être mis en transe, il manifeste à son tour, sous forme d'un intense état émotionnel, les symptômes, qu'il modifie et élimine de lui-même.

« Les interférences de ces " personnalités " avec celles du malade, médium ignoré et non préparé, peuvent assumer la domination complète de son esprit malade ou s'associer à son psychisme. »

Ainsi on peut dire que ce médecin, tout comme Agpaoa l'avait fait, a organisé un Centre capable d'accueillir des malades dans de bonnes conditions et de les traiter par voie médiumnique.

Tout comme chez Agpaoa se trouvent réunies toutes les catégories de thérapeutes, capables de soigner les Trois Corps dans un même lieu, dans de bonnes conditions. Une différence : un médecin et non plus un guérisseur dirige l'ensemble d'une telle institution.

« *Malgré ces évidences, malgré toutes ces observations nous nous heurtons ici aux inconditionnels de la science médicale, du médecin, de l'industrie chimique, du commerce, du malade, ainsi qu'à de nombreux préjugés philosophiques, culturels ou religieux* [...] *Je ne présente rien d'original, je ne fais que réanimer d'anciens concepts et je ne fais que définir en termes actuels ce qui est pratiqué depuis la plus haute Antiquité* », ajoute-t-il.

Il est certain qu'un médecin non préparé, encore conditionné par la pensée occidentale matérialiste, ne disposant pas d'un vécu intérieur ne peut admettre aisément ces faits ni ces thérapeutiques qui relèvent plus de l'émotion que de l'intellect. Mais la « culture de l'intellect sans intervention ni développement de l'émotion peut-elle être considérée comme une culture valable[1] » ?

Il n'est pas inutile d'insister sur ces phénomènes qui remettent en question toutes nos conceptions médicales et relatons les circonstances qui lui firent évoquer le fait que des épileptiques puissent être des médiums.

« J'avais reçu une malade présentant des crises convulsives et un comportement névrotique, et j'avais décidé de lui appliquer un traitement hypnotique avec suggestion de tranquillisation et sommeil. La rapidité de l'induction permettait de détecter une grande sensibilité. Elle fit une crise convulsive au cours d'une de ces séances. Puis d'autres crises dans les séances suivantes. Cultivées en état de transe, elles changèrent d'aspect, se transformant en état de communication paranormale.

« Puis je me suis trouvé confronté avec d'autres cas semblables.

« Ces patients recherchent généralement des congrégations liées au phénomène spirite, quelles qu'elles soient. Accompagnant ces patients, j'ai pu me rendre compte que les centres mystiques avec leurs inductions typiques réalisaient le même traitement.

« Mes découvertes expérimentales coïncident avec les phénomènes médiumniques pratiqués au Brésil sous forme religieuse

1. *La Pratique quotidienne médicale* du 2 décembre 1986, sous la plume d'Yves Malinas, explique qu'au début du siècle, la scolarité obligatoire jusqu'à douze ans laissait 5 % de conscrits illettrés. Aujourd'hui, la scolarité obligatoire jusqu'à seize ans laisse 7 % de conscrits illettrés. A douze ans, 20 % des enfants ne savent pas lire correctement et 10 % à l'âge de quinze ans. « Comparé au prix fabuleux qu'ont coûté l'extension de la scolarité et la réduction du nombre des élèves par classe, le résultat, dit Malinas avec humour, sera sans aucun doute qualifié de médiocre par les mauvais esprits. En réalité, il y a progrès et même grand progrès : les anciens analphabètes n'avaient pas leur certificat d'études, ceux d'aujourd'hui sont titulaires du baccalauréat. » Notez que ce journal appartient au bord des journaux relevant de la pensée matérialiste.

dans les cercles spirites tels que kardécistes, umbandistes ou candomblés. »

Détachant la phénoménologie observée de cette sphère mystique, il l'appelle la « *psychobiophysique* ».

« De la même manière que précédemment, c'est-à-dire par hasard, j'ai découvert qu'en plaçant un épileptique près d'un sensitif (médium), celui-ci pouvait capter l'état convulsif de l'épileptique et le reproduire avec les mêmes caractéristiques.

« Avec le transfert de symptômes sur un sensitif nous avions fait un bond en avant. Mais en associant les transferts de symptômes sur un sensitif avec l'entraînement du malade lui-même à l'auto-hypnose, nous nous sommes aperçus que les résultats s'additionnaient et que les temps de récupération de l'épilepsie en étaient raccourcis.

« L'épileptique est donc un " médium désajusté " en raison des caractéristiques de son " champ PSI " et non un malade physique, nous pouvons très bien l'utiliser comme un appareil de captation des vibrations d'un autre épileptique.

« En éduquant le " champ PSI " des épileptiques, ils éliminent leurs manifestations anormales pour entrer dans la phase des manifestations normales de télépathie, clairvoyance, psychocinèse et autres qui, dans le passé, ont conduit beaucoup de " sorciers " aux feux de la Sainte Inquisition et qui continuent aujourd'hui à conduire beaucoup de " sensitifs " à l'aliénation sensorielle, par le traitement coercitif de l'internement et du blocage du système nerveux par les médicaments.

« Je pense comme les Anciens que l'épilepsie est beaucoup plus " un mal des dieux " qu'une maladie cérébrale. Beaucoup plus une anomalie de l'esprit (énergie intelligente qui habite le corps) qu'une lésion nerveuse. Et beaucoup plus une affaire de psychisme qu'une maladie organique.

Il dit aussi que l'on peut parler de « contamination vibratoire » tout comme on peut parler de « contamination microbienne », et pour ma part j'oserai même dire que la contamination « virale » est souvent d'origine vibratoire.

« Quant à la prophylaxie de ces " maladies ", elle était réalisée dans le cadre des habitudes mystiques : baptême, administration des sacrements. Les gestes du signe de croix sont assimilables à la force des passes magnétiques. » Il serait bon d'amener très tôt les enfants à entrer en contact avec des sensitifs, à pratiquer la sophrologie.

« Si certains épileptiques sont de traitement plus difficile, c'est parce qu'il existe des vibrations épileptogènes de deux sortes. Les unes, captées, viennent des individus, de l'entourage. Les autres appartiennent à la structure même du malade. " Les cas qui résistent le plus au traitement sont ceux dont le déterminisme se trouve dans la structure de la personnalité subconsciente. "

« La mise en évidence du phénomène décrit depuis longtemps des vies successives fait également partie de mes recherches. Au véhicule de cette éternité existentielle a été donné le nom d'âme ou d'Esprit.

« A cet être transcendantal nous attribuons la nature et les propriétés du champ " PSI ". Quand un champ " PSI " s'installe dans un être et le modèle, il lui impose sa propre structure, apportant dans cette incarnation les réminiscences de sa " mémoire extra-cérébrale ". C'est dans celle-ci que se rencontrent les défauts de constitution. Ils s'extériorisent à travers des phénomènes psychiques, physiques ou physiologiques.

« Nous serions ainsi à la merci de déterminations réincarnatoires. »

Le Dr Mendes rejoint par là mes hypothèses évoquées au chapitre précédent, évoquant la mémorisation de l' « énergie-information » marquée sur le « Corps-Onde ». Il fait appel aussi, en parlant de champ PSI, à la théorie des « champs » telle qu'elle est traitée sous l'angle d'observations interprétées à la lumière de la physique moderne dans le volume III, *Nos Trois Corps et les Trois Mondes*. Il est bon de le répéter car la prise de position est importante : la vie vient du dehors et le corps physique est structuré à partir de l'invisible.

Cet invisible perdure à la mort de notre corps physique, ainsi que nous l'avons écrit plus haut. Cet invisible conserve une mémoire « extra-cérébrale » dans laquelle sont inscrites nos structures et notre psychisme des vies passées. Les perturbations de ce « champ en mémoire » dans l'invisible projettent au moment de l'incarnation leurs déficiences sur l'embryon qui va donner naissance au corps physique.

Au-delà de ce préjudice existe un espoir, puisque par un retour, une « régression » dans le passé on atteint ces structures invisibles et l'on peut dans une certaine mesure les « nettoyer » de leurs perturbations.

On pénètre donc dans les souvenirs constitutionnels et archaïques qui nous modèlent depuis l'au-delà. Pour audacieuse et invraisemblable que cela paraisse, nous avons vu que des observations prouvent cette réalité, le cas de la petite Simone, par exemple...

« Que ce soit à travers la régression de la mémoire d'un patient en transe hypnotique, la captation télépathique d'un sensitif ou de la clairvoyance, tous ces phénomènes coïncident avec les bases doctrinaires des vies successives et des inter-échanges entre les " âmes " incarnées ou désincarnées, écrit Eliezer Mendes.

« L'aliénation et la contention médicamenteuse ne font que contribuer à la détérioration de l'individu et de son champ énergétique. En faisant une allusion à ce concept, je ne souhaite que mettre en évidence la complexité d'un phénomène que l'on prétend aborder avec un simple comprimé de matière physique, vénéneuse pour les structures subtiles de notre constitution psychobiophysique.

« Par la perception extrasensorielle les " sensitifs " peuvent incorporer en représentation cinématographique des vibrations qui agissent dans le champ PSI. Ils peuvent décrire les taches et les lésions du secteur atteint[1]. Il suffit alors d'envoyer des courants vibratoires énergétiques de la même nature pour provoquer l'amélioration ou la guérison de ces parties malades », souligne le Dr Eliezer Mendes.

« Mais si la démonstration est possible par les résultats obtenus, le processus d'action ne peut être rendu évident que si l'on a accès à cette phénoménologie. Les techniques actuelles sont insuffisantes, et de très loin, pour nous offrir des équipements capables de se mesurer avec les capacités de l'être humain, " cet inconnu " de Carrel. »

« Chez les épileptiques, nous suspendons la médication et cherchons à cultiver tous les phénomènes qui se présentent, à libérer la crise convulsive au lieu de la réprimer. Des médiums assument les charges énergétiques libérées. On assiste à une *aggravation accentuée spontanée* pouvant se présenter sous des aspects schizophréniques, surtout dans le cas de " grand mal " bloqué par des doses excessives de médicaments, jusqu'au

1. Voir les descriptions de Mme Sorbes, vol. III, ch. « Les guérisseurs ».

moment où se produit une accommodation physiologique du système nerveux par la " culture libre " du phénomène.

« Un état de régression dans le temps s'observe. Régression vers l'enfance, puis à l'état de nouveau-né, puis vers la période fœtale.

« Mais la régression peut aller plus loin encore, tomber dans une bande présentant les caractéristiques d'une vie antérieure. On assiste alors à une schizophrénie physiologique. Laquelle suit un cours naturel jusqu'au moment du retour à la conscience normale. Après un temps variable, le malade retrouve toujours son âge réel.

« Les régressions des épileptiques oscillent généralement entre trente et quatre-vingt-dix jours dans leur période critique.

« Le temps de récupération des cas les plus rebelles est allé jusqu'à deux ans avant l'élimination des aspects convulsifs. Mais la plupart des évolutions se sont faites en quelques mois.

« Puis le sujet doit apprendre à assumer sa condition de " sensitif ".

« Quelques-uns des sensitifs les plus doués de mon équipe sont des épileptiques. »

« Ce caractère médiumnique n'est pas le privilège des êtres humains. On peut le retrouver sur des animaux. Des expériences très récentes ont été faites sur des œufs de poule sur lesquels ont été enregistrées des " disrythmies " dues à des influences énergétiques très subtiles provenant d'organismes humains situés à proximité. J'ai moi-même transféré expérimentalement des symptômes et des troubles humains sur des animaux : une douleur de type colite ressentie par un sensitif a été transférée sur un chien. Cette douleur a résisté aux antispasmodiques et a dû être traitée ultérieurement par imposition des mains. »

« Une malade épileptique au psychisme agressif habita un appartement où se trouvait un petit chien bien domestiqué. L'animal commença des crises convulsives et eut un comportement agressif. Devant la curiosité du phénomène, j'ai gardé l'animal à la clinique. Les convulsions ont disparu, mais le comportement agressif a persisté. Une personne de l'équipe a emmené l'animal dans sa résidence où l'espace libre était plus important. Dans son nouvel habitat, le petit chien a donné libre cours à sa schizophrénie, agressant d'autres chiens, jusqu'au jour où, manifestant un grand désespoir, il est entré en convulsions épileptiformes et est tombé raide mort.

« Pendant ce temps, la malade perdait ses symptômes de psychose épileptique et recommençait à vivre d'une manière acceptable. »

N'est-ce pas là une manifestation des échanges qui se produisent entre les Corps Énergétiques ?

Les homéopathes vétérinaires ne se fondent-ils pas, pour choisir le médicament, sur les signes que présente l'animal mais aussi sur le caractère de leur maître ou maîtresse ?

Voici maintenant quelques observations extraites du IVe Congrès International de Psychotronique de São Paulo de 1979 et toujours signées d'Eliezer Mendes. L'interprétation de ces observations est éclairée par les paragraphes précédents :

« Un adulte de trente-cinq ans présente un état convulsif depuis son plus jeune âge. Nous supprimons le blocage dû aux médicaments. Introduction hypnotique, relaxation et captation vibratoire par des sensitifs.

« Régression. Le patient arrive au stade du bébé. Il n'a aucune notion de la mastication, déglutit difficilement les aliments liquides ou semi-liquides.

« Aucune notion d'hygiène ni contrôle des déjections. Reste couché ou semi-étendu dans un fauteuil, ne pouvant se déplacer sans aide. Vous pouvez imaginer le travail que donne un homme de soixante kilos ayant la personnalité et le comportement d'un bébé minaudant.

« Au fil des jours, le bébé évolue vers un état de conscience d'enfant, puis d'adolescence, sans aucun souvenir de sa situation réelle d'homme marié en possession d'un diplôme universitaire. Arrivant à l'âge de quinze ans, il trouvait comique qu'on lui parlât de sa femme et disait : " Ne vous moquez pas de moi, j'ai quinze ans et j'étudie au Collège américain. "

« Ce patient est revenu à un état de conscience normal après six semaines, gardant des convulsions en manifestations sporadiques pendant son sommeil, des attitudes enfantines régressives, avec dépendance accentuée vis-à-vis de tous les membres de l'équipe de thérapie.

« Après six mois, il vit absolument normalement, sans prendre aucun médicament et sans aucune convulsion.

« Il n'est pas encore arrivé au stade de développement des

facultés paranormales au moment où la communication est faite. »

« Par contre, M. W. a présenté dès les premiers traitements des phénomènes paranormaux avec manifestations de “ personnalité intruse ”.

« Il était parfois prêcheur de l'Évangile, d'autres fois un *Padre* parlant latin et faisant des sermons dans des rassemblements improvisés par lui-même comme auditoires imaginaires...

« Dans la réalité, il était ouvrier dans une fabrique de bateaux. Son niveau culturel ne pouvait justifier d'aucune façon les manifestations de ces différentes personnalités.

« L'équilibre psychique s'est rétabli en deux semaines et ses crises convulsives ont été contrôlées en quatre mois. »

Voici une observation qui peut en résumer d'autres et qui, pour douloureuse qu'elle soit, n'en est pas moins explicite.

« Raquel, universitaire, luttait consciemment, désespérément depuis l'âge de six ans contre le célèbre “ cri du paon ” qui précédait ses convulsions, marquée par le verdict d'incurabilité donnée au “ Mal des dieux ”.

« Elle fut reçue dans la clinique en état de mal épileptique : état cataleptique avec hypertonie accentuée de toute la musculature striée à l'exception du diaphragme, malgré six ampoules d'anticonvulsivants et de tranquillisants quotidiens.

« Ses mains étaient serrées depuis plusieurs mois de telle manière que ses ongles entraient dans les paumes de ses mains ; ses pieds étaient en flexion si accentuée qu'ils ne pouvaient lui permettre ni la marche ni la position verticale. Elle était alimentée par sonde gastrique depuis plusieurs jours à cause d'un trismus semblable à celui d'un état tétanique.

« Son père l'accompagnait en sanglotant, complètement désespéré. Il venait de la retirer, sur une civière, d'un grand hôpital et avait épuisé pour elle toutes ses ressources.

« Je l'ai entourée immédiatement de six sensitifs en transe hypnotique couchés sur le sol. En quelques instants les vibrations furent captées et les convulsions apparurent chez ces personnes dévouées qui se consacrent au délicat mystère d'aider à libérer les malades du joug impitoyable de l'épilepsie.

« Les sensitifs commencèrent à éliminer de la salive, à se contorsionner en convulsions et en râles captés à partir du champ

PSI de notre patiente, laquelle, les yeux fixes, le visage marbré, avait un aspect cadavérique.

« En moi vibrait une espérance très tranquille comme au cours de certains moments dramatiques que l'on peut vivre en salle d'opération. Nous travaillions avec des courants énergétiques biophysiques qui déchiraient, métabolisaient les vibrations délétères d'un univers parallèle invisible et agressif qui se présentait sous le nom d'entités ou de personnalités anonymes. J'ai identifié quelques-unes de ces personnalités.

« L'une d'elle, sa propre grand-mère, avait ingéré un formicide en présence de l'enfant quand elle avait cinq ans.

« D'autres personnalités ont été reconnues comme étant des entités agissant dans l'esprit de ses familiers, causant l'enfer qui se rencontrait au sein de cette famille où régnaient l'incompréhension des uns et l'alcoolisme des autres. Tout cet univers de basses vibrations se reflétait dans l'âme sensible de la patiente qui le captait et se mourait d'une agression de telle envergure.

« Elle était le paratonnerre de la famille et portait le fardeau de la perception extrasensorielle, prenant sur elle les douleurs de tous et supportant en plus médicaments et électrochocs.

« En quelques minutes, les énergies des sensitifs ont métabolisé celles de l'univers parallèle, et Raquel a respiré avec plus de tranquillité. Ses yeux ont acquis un brillant plus doux, ses paupières se sont fermées et elle a dormi. Elle a ensuite pu boire sans utiliser la sonde et s'est un peu décontractée.

« Deux jours plus tard, ses mains se sont ouvertes, ses pieds ont repris une position normale. Elle n'a plus eu besoin des infiltrations de corticostéroïdes qu'on lui faisait antérieurement.

« Tous les symptômes se sont évanouis. Elle a recommencé à écrire, d'une écriture quasi lisible, avec encore dans les mains un frémissement accentué. Quinze jours plus tard, elle retrouvait son sourire de jeune fille.

« Aujourd'hui, nous avons un recul de trois ans. C'est un excellent professeur, définitivement libre de la terrible condamnation épileptique.

« Elle consacre ses loisirs à l'amélioration de ses perceptions extrasensorielles, à l'étude de la phénoménologie parapsychique et à ceux qui se trouvent encore dans la voie douloureuse de la maladie. »

Dans ces observations nous reconnaissons les qualités et les faiblesses du don de médiumnité. Résumons brièvement les

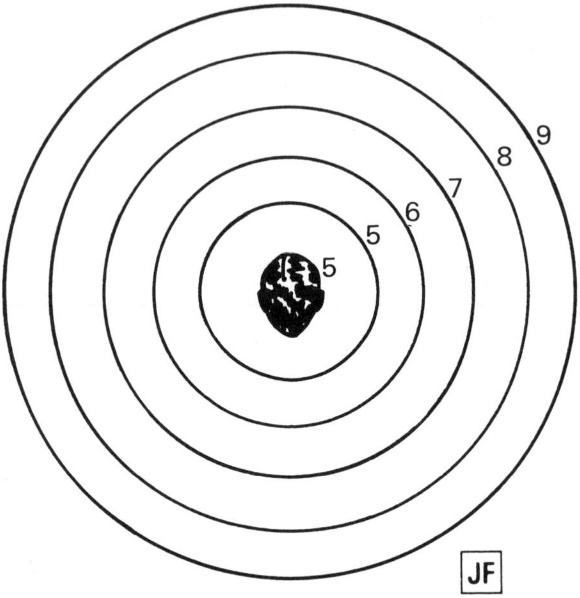

Figure 2a — L'homme vu comme l'atome de Niels Bohr

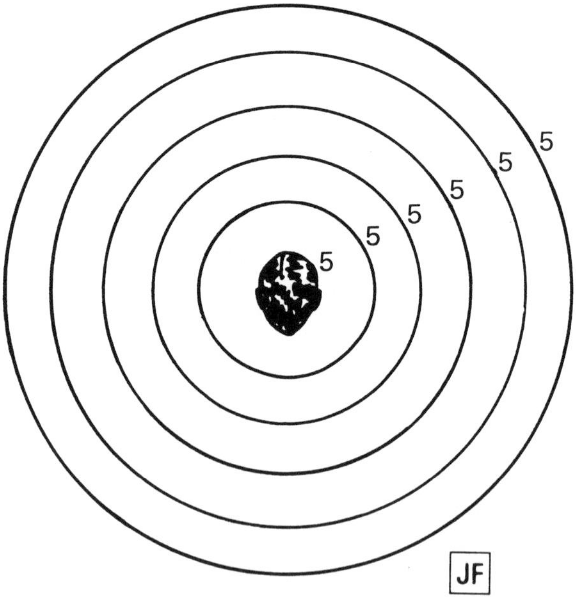

Figure 2b — L'homme fatigué

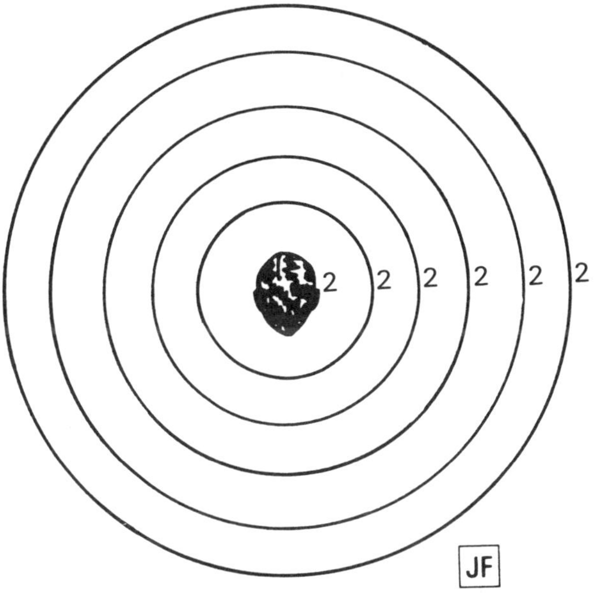

Figure 2c — L'homme épuisé

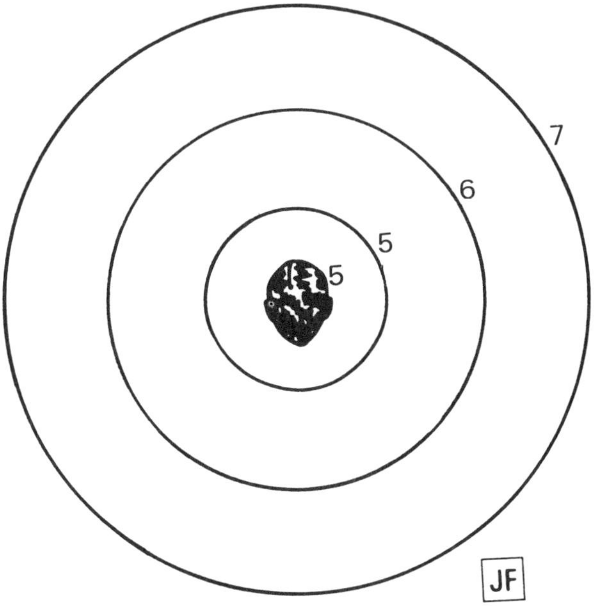

Figure 2d — Le médium

données de base, étudiées dans les ouvrages précédents et qui permettent de les expliquer.

Dans un premier temps, faisant référence à la conception du Corps Énergétique, lequel est identique au niveau de ses couches énergétiques successives aux ondes stationnaires de l'atome de Niels Bohr représenté en coupe, remarquons trois choses :

— Chez l'homme dit normal, les couches sont moyennement espacées et l'énergie va en croissant du centre vers la périphérie (*Figure 2a*).

— Chez l'individu moyen fatigué, les couches perdent leur croissance et gardent une valeur identique du centre vers la périphérie (*Figure 2b*).

— Chez l'individu moyen épuisé, les vibrations sont affaiblies sur tous les plans (*Figure 2c*).

Ainsi *le bouclier de résistance aux agressions* est supprimé.

Chez le sujet doué de médiumnité :

— Les couches d'énergie sont très espacées (*Figure 2d*).

— Entre ces couches de défenses s'immiscent les vibrations de l'entourage.

— Les sensitifs d'Eliezer Mendes font partie des grands médiums ayant la capacité d'obtenir un champ vibratoire « accueillant » vis-à-vis des vibrations de l'entourage.

— Dans ces conditions, elles cèdent leur énergie, perdent leur « bouclier » et deviennent capables, par l'intermédiaire d'une faiblesse éduquée, de devenir les récepteurs vibratoires des énergies négatives du patient. Elles sont en somme l'appareil récepteur d'une télévision, l'émetteur étant le patient.

— Comme ces médiums hommes ou femmes sont en groupe, ils sont capables par le partage qui se fait entre eux des énergies négatives du malade traité, de les supporter chacun sans trop de dommages, alors qu'un seul « récepteur », un seul médium, soumis à la même épreuve pourrait se trouver endommagé, non seulement au niveau de l'invisible, mais aussi au niveau du corps physique.

D'autre part, il est évident que parmi les médiums se trouvent des guérisseurs, dont Eliezer Mendès, qui « rechargent » le groupe.

(C'est la raison pour laquelle, travaillant seule et m'adressant à des cas sévères, je ne vois que quelques malades le matin, au moment des énergies montantes. Fonctionnant à la fois comme émetteur-récepteur solitaire pour étudier clairement la qualité des échanges vibratoires, pénétrant profondément dans leur pathologie, réorganisant les champs d'énergie sur des plans successifs, analysant de plus intellectuellement les faits, il me faut un temps de récupération pour éliminer ces perturbations.)

Les précautions à prendre sont un peu moins grandes si l'on se contente d'un travail superficiel, ou si l'on s'en tient aux cas bénins.

Les machines réceptrices, émettrices, organisatrices un jour sur le marché ne peuvent être que des aides.

La meilleure solution serait évidemment de créer des Centres accueillant et formant médiums et guérisseurs comme chez Eliezer Mendes.

Même si l'explication scientifique satisfaisante pour le rationalisme scientifique n'existe pas, les *faits* n'en sont pas moins là. Il suffit de les admettre. Ainsi que le dit Eliezer Mendes, « *même un aborigène comprendrait que* “ *cela* ” *existe* ».

Pour les chercheurs de métier appartenant à des centres de recherche entretenus par l'État ou de bonnes œuvres, il est aisé de se rendre à l'Espace Transe à São Paulo pour en contrôler l'évidence.

Chapitre VII

RECIFE

Les appels longue distance en direction de Recife, point d'attache d'Edson Queiroz, me coûtant une fortune, prête à abandonner la partie, je formule un dernier appel, bien décidée à prendre une autre direction en cas d'échec.

Victoire ! Queiroz est de retour, il me convie à le rencontrer. Il ne sera pas dans un de ses jours de chirurgie spirituelle mais nous pourrons déjeuner ensemble. Avec joie je l'invite. Il donne l'adresse d'un restaurant pour le lendemain midi.

Vite, le premier avion São Paulo-Recife. Arrivée dans la nuit à Recife, capitale du Permambouc, située dans la région du Nord-Est, région pauvre, rendue célèbre par la vague de sécheresse qui l'assaillit ces dernières années...

Découvrons cette plage de Boa Viagem très tôt le lendemain vers 6 heures : superbe, immense... dorée... ourlée d'un côté d'une mer bleue frangée par l'écume blanche des vagues, de l'autre côté par la double bordure de cocotiers et d'élégants gratte-ciel. Les dimensions de la plage (soixante-dix kilomètres de côte le long de laquelle s'étend la ville) font que proportionnellement, ils perdent leurs dimensions monstrueuses et apparaissent comme d'honnêtes immeubles.

De nombreux amateurs sont déjà sur le bord de mer, marchant, courant, solitaires ou entre amis. Jogging, yoga, gymnastique, natation avant l'heure du travail.

Bientôt m'apparaît la raison pour laquelle cette plage porte ce nom : Succombant à la tentation de nager, j'avance dans la mer, trébuche sur des rochers, avance encore, espère trouver sable et profondeur un peu plus loin. Rien que du rocher. Me propulsant en planche légère au-delà de la *banche,* avec l'espoir d'atteindre un espace accueillant, voici une autre *banche*, puis une autre encore. Endroit peu accueillant, impossible de nager.

Comme toujours, il convient d'abandonner très tôt la plage brûlante et, dès 8 heures, de se mettre à l'abri du soleil si l'on a la peau claire...

Puis c'est l'attente de l'heure du rendez-vous et le moment de sortir de ma valise les documents que Paulette m'a envoyés, afin de situer le personnage.

Le Dr Edson Queiroz n'aurait pas cette vogue si Allan Kardec n'était pas célèbre au Brésil. On s'étonne sans cesse de voir Kardec, si peu connu en France, vénéré ailleurs. Le *Dictionnaire des Religions*, sous la direction de Mgr Poupard (français), ne lui accorde qu'une dizaine de millions d'adeptes dans le monde, dont un million en France, et ne consacre à Kardec et au spiritisme que 22 lignes dans un livre de 1800 pages, soit environ 108 000 lignes. Mais selon un missionnaire anglican, D. Barret, qui a publié ses recherches dans *World Christian Encyclopédie*, 60 millions de Brésiliens adhèrent aux croyances kardécistes, c'est-à-dire au spiritisme expérimental de conception française. Rien que dans le Pernambouc, on compte 300 centres kardécistes ! Soit près de 43 000 personnes étudiant ou pratiquant la médiumnité et le commerce avec les Esprits dans cette région. Si dans le spiritisme on inclut l'Umbanda, le Candomblé et autres croyances du Brésil, je me pose la question de savoir à quel chiffre le spiritisme, vu d'une façon globale, peut s'élever pour une population de cent vingt-trois millions d'habitants.

Le Dr Adolfo Fritz, dont l'esprit « incorpore » le corps d'Edson Queiroz, fut un médecin allemand né à Berlin, tué par une grenade sur le front lituanien durant la Première Guerre mondiale. S'étant livré à des expériences cruelles sur des animaux et des hommes, puis repenti dans l'au-delà, il se rachète en venant en aide aux hommes qui souffrent.

Il s'était déjà incorporé dans la personne du célèbre guérisseur Zé Arigo du Minas Gerais, zone riche de mines variées qui a la réputation d'être la terre où naissent les plus grands sensitifs du pays.

Arigo étant mort dans un accident de voiture, l'esprit a investi Oscar Wilde, célèbre médium. Celui-ci fut traduit en justice à Rio et absous par une sentence du juge Eliezer Rosas. Puis ce fut le tour d'Edwaldo, médium de Bahia. Je me refuse à reconnaître l'« incorporation » chez la pseudo-guérisseuse rencontrée à

Bahia lors du premier voyage. (Peut-être est-ce une chance pour elle, car les trois médiums incorporés jusqu'à ce jour sont morts tous trois d'un accident de voiture.)

Edson Queiroz est le seul médecin diplômé « incorporé ».

Les « guérisseurs incorporés » sont la réponse à l'immense pauvreté de la population, à l'insuffisance sanitaire du pays, au nombre réduit de médecins (sous-payés dans les dispensaires). Ils sont le résultat d'une foi en la bonté divine, en la hiérarchie du Monde des Esprits. Ils viennent tout comme les saints et les anges au secours des humains.

En échange, nous l'avons vu, les humains viennent au secours des Esprits égarés n'ayant pu se dégager de leur corps physique afin qu'ils ascensionnent sur les niveaux vibratoires supérieurs.

Les organisations culturelles mais aussi sociales, médicales se prêtent à la solution simple et gratuite de cette pratique. Les centres kardecistes fonctionnent uniquement sur des donations libres.

Très heureuse à l'idée de rencontrer ce médecin guérisseur, il me faut bien avouer que tout en croyant aux Esprits (puisque rencontrés), je demeure sur une interrogation quant à leur efficacité chirurgicale...

Pour être capable d'analyser les perturbations du Corps Énergétique, de les traiter, de suivre les effets de cette correction.

Pour avoir vu Agpaoa manipuler ces énergies invisibles et les matérialiser sous des formes avoisinant celles de tissus biologiques.

Pour avoir été exposée à la puissance d' « informations » non formulées, émises par lui et transmises de mental à mental.

Pour avoir expérimenté involontairement , puis volontairement en cours de traitement, la valeur et la puissance du symbole.

Pour avoir vu et pratiqué, aidée par un guérisseur de Manille, l' « effet laser » (incision superficielle à partir du doigt dirigé vers le patient) sans contact, j'admets et comprends la puissance organisatrice de la pensée-énergie.

Mais pour comprendre les images présentées par les journaux, montrant de véritables ouvertures corporelles, sans anesthésie, il me manque des données. Pourtant j'ai peine à croire qu'un chirurgien diplômé de la Faculté en soit venu à n'être qu'un habile escroc.

Si un homme aimant à se croire guérisseur, n'en ayant pas les capacités et n'ayant pas d'autre moyen de vivre que de se croire habité et aidé de l'Esprit d'un mort peut être éventuellement suspecté de fraude, ce chirurgien, lui n'a aucune raison de s'exposer à voir supprimer son droit d'exercice contre celui de travailler gratuitement une soirée par semaine, à moins d'une motivation profonde.

Pour quelle raison un tel homme peut-il entretenir des contacts avec les Esprits au Brésil, si ce n'est parce que cette pratique appartient à la culture de son pays ? Et pourquoi cette culture ne serait-elle pas aussi près de la vérité que la nôtre ? (D'autant qu'Allan Kardec était français.)

Le phénomène de possession

Le savoir kardéciste peut-il m'apporter une réponse ? A la page 223 du *Livre des Esprits,* Allan Kardec pose la question et reçoit la réponse suivante :

Question : « Un Esprit peut-il momentanément revêtir l'enveloppe d'une personne vivante, c'est-à-dire s'introduire dans le corps animé et agir au lieu et place de celui qui s'y trouve incarné ? »

Réponse : « L'Esprit n'entre pas dans un corps comme tu entres dans une maison, il s'assimile avec un Esprit incarné qui a les mêmes défauts et les mêmes qualités pour agir conjointement ; mais c'est toujours l'Esprit incarné qui agit comme il veut sur la matière dont il est revêtu. Un Esprit ne peut se substituer à celui qui est incarné, car l'Esprit et le corps sont liés jusqu'au temps marqué pour le terme de l'existence matérielle. »

Question : « S'il n'y a pas possession proprement dite, c'est-à-dire cohabitation de deux Esprits dans le même corps, l'âme peut-elle se trouver sous la dépendance d'un autre Esprit, de manière à en être subjuguée ou obsédée, au point que sa volonté en soit en quelque sorte paralysée ? »

Réponse : « Oui, et ce sont là les vrais possédés ; *mais sache que cette domination ne se fait jamais sans la participation de celui qui la subit soit par sa faiblesse, soit par son désir.* »

Question : « Les Esprits ayant une action sur la matière peuvent-ils provoquer certains effets en vue de faire accomplir un événement ? [...]
Réponse : « Il est bien vrai que les Esprits ont une action sur la matière, mais pour l'accomplissement des lois de la Nature et non pour y déroger en faisant surgir à point nommé un événement inattendu et contraire à ces lois [...] (p. 243). »

Edson Queiroz

L'interprète me guide vers l'endroit où nous allons déjeuner. Voici un grand jardin, ouvert sur la rue par deux portes, de nombreuses tables déjà occupées dehors, un autre restaurant à l'intérieur. Pour ne pas manquer le rendez-vous avec le chirurgien, nous sommes en avance. Ne le connaissant que par les photographies de presse, il convient de guetter alternativement les deux entrées en essayant de le reconnaître.

Nombre d'hommes jeunes, bruns et moustachus entrent, sans qu'il soit possible de les identifier à celui que nous attendons.

Voici un groupe. Pas le temps de se poser la moindre question, l'un des hommes avance droit vers moi, me serre dans ses bras, m'embrasse : « *Ah querida !* »

Jeune, une moustache, les yeux légèrement brillants des médiums, c'est Edson Queiroz. De toute évidence il fonctionne au radar.

Il me présente sa ravissante femme et ses collaborateurs de salle d'opération de la clinique chirurgicale. L'un d'eux parle bien le français, l'autre est déjà venu en France.

Où nous installer ? Il préfère être à l'intérieur afin de parler plus tranquillement. Comment se placer ? Il s'installe en bout de table, son épouse à sa droite, moi à sa gauche. L'interprète serait mieux entre nous deux, mais d'un commun accord, nous voulons un contact direct et nous plaçons l'un près l'un de l'autre.

La conversation commence moitié en français, moitié en brésilien. Il me demande si je crois en l'existence de l'Esprit, une fois libéré du corps de chair et de ses possibilités, si je pense qu'il peut intervenir dans le domaine de la santé par l'intermédiaire d'un médium.

« Oui, je crois que cela est possible, mais je n'ai aucune expérience dans ce domaine.

— Les Philippins, ajoute-t-il, sont plus techniques que les médiums spirites. Ils agissent et utilisent la force psychique. Ils sont conscients qu'à travers une morale équilibrée, l'individu peut amplifier ses valeurs et son potentiel à travers l'amour du prochain et la pratique de la charité. Ici, au contraire, il est clair que les esprits utilisent nos valeurs physiques, et que la conduite du traitement ne nous appartient pas. Aussi bonnes que soient nos valeurs, elles sont utilisées, manipulées, travaillées par les esprits. Le médium devient l'instrument d'un autre cerveau, qui dépasse les limites de son propre cerveau qui se trouve alors dans un état altéré.

— Le médium spirite n'est donc pas conscient ?

— Il est inconscient. Pourtant dans de très rares occasions, même en état d'inconscience, mon esprit demeure dans l'ambiance. La transe est inconsciente, mais dans de rares occasions, les esprits permettent que notre esprit hors du corps, assiste à quelques traitements ou participe comme aide à la chirurgie. Dans la plupart des cas, nous ne nous rappelons rien, nous sommes totalement annulés ; dans d'autres occasions, il nous reste des souvenirs, des autres lieux et des autres milieux dans lesquels nous étions durant le temps de la transmédiumnité.

— Pouvez-vous choisir d'être conscient ou inconscient ?

— Jamais. Jamais nous n'avons choisi ou interféré. Notre connaissance partielle de la médecine conventionnelle, pourrait indirectement interférer dans ce processus et rendre plus difficile l'action des esprits.

— Comment se fait le travail ?

— L'Esprit désincarné agit ostensiblement, parle à travers la gorge du médecin, met en mouvement ses bras, l'entraînant à travailler suivant des conduites et des techniques à chaque fois différentes suivant le malade. Ce travail est fait par un Esprit plus avancé que le nôtre. C'est ainsi qu'en chirurgie, peut se faire en vingt minutes une opération qui durerait quatre heures en chirurgie conventionnelle. Des actes se font en dix-sept secondes qui demanderaient entre trente et quarante minutes. On peut dire que le temps d'intervention se trouve réduit de cent à trois cents fois si on utilise cette méthode, jamais encore utilisée depuis l'âge de pierre. Il ne s'agit pas d'un moyen grossier qui aurait pu être exécuté dans les deux derniers siècles. L'Esprit voit en une fraction de seconde, le périsprit de la personne sur lequel sont enregistrées les anomalies. Celles-ci en se reflétant dans le corps physique donnent un cadre symptomatologique que la médecine classique n'a pas toujours la possibilité de solutionner. L'Esprit participe d'une façon ostensible et directe à l'intervention, utilisant le corps médiumnique du médecin. Ma participation est physique et pas mentale.

Ainsi le résultat de cette association s'exprime en termes d'une thérapie réalisée en de brefs instants. Il n'y a jamais aucun préjudice pour personne. Ni pour le malade ni pour les personnes présentes.

— Comment se fait l'entrée en transe ? Est-elle rapide ?

— Après la lecture d'un texte d'Allan Kardec, un peu de concentration... et j'entre en transe quelques secondes plus tard.

— Êtes-vous fatigué après ?

— Parfois oui.

— Est-ce vraiment une chirurgie nouvelle ?

— Oui, c'est un procédé partiel de transfiguration.

— Et quels sont vos résultats ?

— Depuis cinq ans de contact avec cette nouvelle médecine, la médecine des Esprits, nous avons obtenu beaucoup de connaissances nouvelles, de conduites nouvelles. Nous avons mis en pratique, partiellement, ce qui était possible de faire, dans nos travaux conventionnels à la clinique, dans la mesure où la créature humaine peut apprendre et acquérir.

Cette médecine peut s'appeler la " Médecine Fritsienne ", un anatomo-pathologiste, Amilcar de Souza Leão, écrit un livre sur ce sujet. Ce sera une œuvre scientifique destinée aux médecins. Nous concluons que c'est la médecine du futur. Non pas en termes pratiques, comme elle est ostensiblement présentée aujourd'hui avec le but de choquer et d'éveiller l'attention, mais dans le sens scientifique, c'est-à-dire après étude, analyses sérieuses de ce que nous faisons et aussi dans ses effets. Ceci non seulement dans le sens des manipulations sur le corps physique, mais aussi sur le corps périspirituel qui est le moule, la matrice, de tout ce qui se produit et se reproduit dans notre organisme au niveau psychosomatique, donnant ainsi à l'homme de demain les possibilités de guérir des maladies jusqu'à aujourd'hui incurables par la médecine classique. Nous aurons ainsi plus de possibilités d'action, de contrôle sur la machine humaine somatique. En termes pratiques, nous focalisons plus, nous agissons plus au niveau énergétique, sur les centres de force. »

Je lui explique aussi les difficultés que j'ai eues pour le

rencontrer lors du dernier voyage. Il était dans un avion qui fut détourné...

« Je fus également séquestré la semaine dernière à São Paulo, cette fois ce ne fut pas dans un avion mais dans " un panier à salade ". Il ne me manquait plus que cette expérience-là. Ce fut ma troisième séquestration, une promenade de 72 heures. Mais les esprits ont intercédé et par conséquent tout ceci s'est répercuté et transformé en une grande divulgation, une pénétration plus grande de cette médecine. »

On le sent tout ému quand il évoque le fait : venant de présider un dîner de mille couverts dont les fonds étaient destinés à créer le Centre du Dr Fritz à Récif, il dit son étonnement d'avoir été mis au « panier à salade » et les soucis que toute cette affaire lui donne. Il préférerait occuper son temps d'une autre façon, car il organise le Centre Spirite du Dr Fritz en Centre modèle. Son éradication de l'ordre des médecins le contrarie beaucoup, puisqu'elle peut l'empêcher définitivement d'opérer à la clinique.

Il connaissait la réputation d'Antonio Agpaoa, s'informe sur ma propre façon de travailler. Nous tombons d'accord sur l'existence des corps substils invisibles et sur les mouvements d'énergie.

Petit à petit, l'interprète se lie naturellement avec les accompagnants pendant qu'Edson Queiroz et moi-même essayons de converser en direct. Ce qui nous relie supporte difficilement un intermédiaire. En prononçant lentement les phrases, le courant s'établit, nous nous comprenons au-delà des mots.

Les différences de sensibilité et d'éducation entre lui et moi sont tellement frappantes que je me demande comment il se fait que nous en arrivions à des points d'intérêt communs ! Il est né en 1950, « conversait et jouait dès l'âge de cinq ans avec les Esprits d'enfants ».

Il a fait ses études primaires à l'institut spirite « João Evangelista » Très tôt il s'est intégré à un mouvement de jeunes à la fédération spirite. Il y faisait des recherches sur des bases spirites.

A l'âge de douze ans il eut un accident de voiture lequel fit un mort. Victime d'un traumatisme crânien, il en fut quitte pour des douleurs de tête qui ne cessaient ni par les médicaments, ni par le magnétisme.

Il se présenta alors à une session thérapeutique médiumnique, entra pour la première fois en transe, devint inconscient. Durant ce temps se manifesta à lui l'Esprit de l'ami qui s'était désincarné pendant l'accident.

Il devenait nécessaire de cultiver sa sensibilité psychique, mais la participation avant dix-huit ans aux séances médiumniques est interdite dans les organisations spirites. Il fut alors accueilli par un très humble groupe, ce qui lui permit de développer ses facultés paranormales et de conserver une paix intérieure.

Il avait initialement l'intention d'être ingénieur, c'était le souhait de son père qui était architecte.

Durant ses études de médecine il vécut une expérience pénible. L'Esprit du cadavre qu'il disséquait sur la table du laboratoire de la faculté de médecine venait l'agresser chaque nuit et l'empêcher de dormir.

Ceci jusqu'au jour où il se présenta à une séance de cure médiumnique. L'âme alors transformée lui demanda pardon et l'en remercia.

C'est en 1978 que sa médiumnité s'est extraordinairement développée au cours du travail fait à la fédération spirituelle du Pernambouc où se font régulièrement des pratiques de dédoublement et des cures de désobsessions (on éloigne les esprits qui obsèdent les vivants).

Il insiste pour que je reste ici jusqu'à mercredi afin d'assister à la séance et même un peu plus longtemps pour l'accompagner dans un congrès et y parler. Chose impossible, le billet d'avion ne serait plus valable et mes finances... Puisque je ne peux attendre mercredi, jour de travail avec l'Esprit, il m'invite ce soir chez un ami stomatologiste qui filme les séances, à participer à une soirée vidéo.

Il dit en partant avoir besoin de mes soins. Je pense qu'il plaisante. Son épouse appuie sa demande. Les récentes contrariétés l'ont beaucoup éprouvé.

« Mais l'Esprit ne vous soigne donc pas ?

— Je ne suis bien que lorsque l'Esprit m'envahit pour soigner. A ce moment, je suis pris d'une force et d'une résistance incroyable. Mais c'est un effet passager. Quand l'Esprit me quitte, je suis comme avant. »

On pourrait méditer longtemps sur cette phrase qui signe les rapports entre l'esprit du mort et le corps de l'individu sain habité : Les échanges sont transitoires et atteignent le but thérapeutique proposé. Au-delà, chacun se retrouve indépendant, contacts coupés, sans être « mélangé ».

Le taxi me conduit le soir à l'adresse donnée qui se situe sur les hauteurs de la ville. C'est une villa de rêve qu'habite le stomatologiste ! Introduite dans la maison par un « jardin d'hiver » fastueux où sont servis des jus de fruits, nous continuons le bavardage du matin.

Edson explique qu'il ignore ce qui se fait pendant l'incorporation. Son ami le filme, il regarde ensuite et analyse alors ce qu'il a fait.

Edson Queiroz, peau claire et pâle, grand front lisse, visage bien équilibré, grands yeux au doux regard lointain, nez droit aux narines bien ouvertes et prêtes à frémir, lèvres charnues. Visage lisse, calme, un peu las d'un homme dont émanent tendresse et bonté.

Assez grand, les épaules larges, le thorax épais, il est aussi solidement incarné. Un soupçon penché en avant quand il marche, on a l'impression qu'il avancera quoi qu'il arrive, à la façon des lourdes bêtes, richesse du pays. Ce n'est certes pas le visage d'un être malfaisant !

Qu'importe les critiques qui lui sont faites, il m'a conquise. Pour avoir vécu l'incompréhension, essuyé les critiques, quand mes intentions n'avaient pour but que de repousser les limites de la médecine à l'aide de méthodes simples et peu coûteuses dans un pays rongé par les charges sociales, je suis avec lui. J'ignore ses moyens d'action et ses résultats, mais je suis avec lui. Nous baignons dans une affectueuse harmonie.

Qui ose écrire : « Queiroz est un charlatan car il a soigné un cancéreux, lequel est mort deux mois plus tard ! » ne connaît rien à la maladie. Ne meurt-on pas, traité officiellement dans les centres anti-cancéreux après un long parcours douloureux ? Y aurait-il des morts légales et des morts illégales ?

De toute façon, chaque être vivant doit un jour quitter son corps physique. Comment penser qu'il soit possible de faire obstacle en n'importe quelle circonstance à cette nécessité absolue ? Comment imaginer que la loi des Karmas puisse être vaincue ? Qui est capable de s'opposer à ces Lois ?

Seul, à n'en pas douter, le Divin dans un geste d'absolution !

Mais il est des phases d'incertitude et de choix dans un destin.

Alors, un médecin, un guérisseur, un Esprit, par leur action, exerçant leur effet au bon moment, peuvent renverser le cours des choses. Il existe l'instant où le choix existe. Je l'ai vécu. Pourtant il est une phase de la maladie où aucune alternative n'est possible, des phases ou les Esprits eux-mêmes ne sauront nous aider que lorsque nous serons de l'autre côté du miroir.

A propos des épreuves, voici ce qu'on peut lire dans le livre III, chapitre II du *Livre des Esprits*.

« Vos épreuves sont entre les mains de Dieu et il en est qui doivent être subies jusqu'au bout, mais alors Dieu tient toujours compte des résignations. (...) Dieu ne peut changer l'ordre de la nature au gré de chacun, *car ce qui est un grand mal à votre point de vue mesquin et à celui de votre vie éphémère est souvent un grand bien dans l'ordre général de l'univers ;* et puis n'y a-t-il pas de maux dont l'homme est le propre auteur par son imprévoyance ou par ses fautes ! Cependant les demandes justes sont plus souvent exaucées que vous ne le pensez ; vous croyez que Dieu ne vous a pas écoutés parce qu'il n'a pas fait un miracle pour vous, tandis qu'il vous assiste par des moyens tellement naturels que cela vous semble l'effet du hasard ou de la force des choses ; souvent aussi, le plus souvent même, il vous suscite la pensée nécessaire pour vous tirer vous-mêmes d'embarras. »

Projections

Nous voici installés devant le magnétoscope. Pendant que l'on prépare les bandes, je pense à l'étrange hasard qui me conduit des Philippines au Brésil. D'un guérisseur à l'autre. Celui-ci a la formation de chirurgien, et moi celle d'anesthésiste-réanimateur. Complémentaires sur le plan de la formation médicale, quelles sont nos complémentarités et nos différences sur le plan de l'Invisible ? Et comment le savoir ?

Alors commencent deux heures et demie de projection.

Au début, une foule de malades assemblés dans une salle écoutant un discours préparatoire. Puis voici Edson sur l'écran. Il lit un texte d'Allan Kardec. Puis voici le moment de l' « incorporation ». Il change d'expression, de visage, le regard devient inexpressif, la paupière lourde, la narine dilatée, la bouche molle aux commissures tombantes, il se déplace tel un éléphant pataud. C'est fait, il est « incorporé » par l'esprit du Dr Fritz.

Les patients se présentent, annoncent nom, adresse, maladie. Voyons comment il travaille.

Il se sert de grosses aiguilles à intraveineuses jetables, calibre 40/12, les pique ici et là, les tourne sur elles-mêmes, une sorte d'acupuncture locale. Ceci pour certaines maladies, telles les sciatiques.

Il jette l'aiguille par terre, la fait ramasser, l'utilise à nouveau pour bien montrer que l'asepsie, c'est-à-dire l'absence de stérilisation, est inutile dans ce cadre de travail. Ce qui signifie qu'il travaille sur l'énergie. D'emblée on sait qu'il ne travaille pas sur le plan du monde ordinaire mais sur celui du Second Monde, le Monde de l'Énergie, où les lois de l'asepsie sont différentes. L'Esprit, Queiroz et le « Corps-Onde » du malade s'y rejoignent...

Voici quelques opérations mineures : ablation de lipomes de tailles diverses et de kystes, voici un kyste d'un tendon. Il fait remarquer qu'il n'y a pas de saignement. Plusieurs adénomes du sein. Apparemment, les malades ne souffrent pas. Ils repartent, debout.

On y voit aussi les moments dénoncés « scandaleux » par certains : il crache dans un œil, fait déposer dans une plaie la poussière des souliers disant que c'est de la pénicilline, etc., pour encore prouver que l'asepsie...

Étant donné l'étrangeté de la chose, malgré ma sympathie pour lui, j'observe le film en critique. On dit que tout est filmé et projeté en temps réel. Apparemment, les patients filmés ne souffrent pas. Force m'est de le constater. Mais je voudrais bien l'observer directement !

« Les suites sont-elles simples ?

— Très simples. Suivant les cas, on leur remet une ordonnance qui prescrit un repos, un régime ; on leur prescrit parfois des médicaments. Je les revoie, suivant le cas, les jours suivants, puis 30, 60, 90 jours plus tard. Parfois 6 mois plus tard. Le malade ne sent rien. Ni anesthésie, ni hypnose, ni magnétisme, seulement action sur la conscience du malade. Pour faciliter la cicatrisation, et que la cicatrice soit rectiligne, régulière avec des bords bien unis, j'incise au début. Rarement une suture est nécessaire à la fin, seulement dans le cas où le volume de la matière extraite laisse un trou. C'est pour éviter ce trou, qu'il faut une suture, rendue nécessaire sur le plan esthétique. »

Une intervention m'étonne beaucoup : l'ablation d'une tumeur de la thyroïde, il s'agit d'un véritable acte de chirurgie. Edson spécifie qu'il a effectué cette intervention en vingt minutes alors qu'il aurait peut-être fallu deux heures en chirurgie réglée.

Le Dr Queiroz-Fritz écrit à la fin de chaque opération une ordonnance qu'il remet au malade.

La séance de cinéma est un peu longue à mon goût, mais patiemment, je laisse les cassettes se succéder les unes aux autres sans intervenir. Elles intéressent Edson qui semble en découvrir certaines et les commente en chirurgien classique. Il serait important pour me faire une idée juste d'étudier l'état énergétique des patients avant, après et de suivre ces patients quelque temps.

Enfin des conversations s'amorcent au-delà de l'écran, d'un fauteuil à l'autre, montrant que l'attention baisse. On interrompt la projection.

Queiroz me dit une nouvelle fois combien il est fatigué.

En l'examinant, je m'aperçois qu'il l'est effectivement, puisqu'il vibre à 2/2/2 [1]. J'en profite pour examiner l'image du Corps Spirituel, ce qui me le fait découvrir immense, tel que je n'en n'ai jamais vu.

En lui demandant d'amorcer l'état dans lequel il entre en transe, ce corps se modifie d'une façon très précise.

En me plaçant dans son champ énergétique, je laisse aller mains et bras qui dessinent spontanément des mouvements, corrigeant, en dehors de toute réflexion, son champ magnétique.

Il annonce immédiatement qu'il sent les courants vibratoires sur lui, autour de lui, qu'il respire mieux, qu'il se sent mieux.

---

1. La technique de l'obtention de ces chiffres est décrite dans les ouvrages précédents. Il s'agit de percevoir au niveau du pouls, la résonance vibratoire des couches d'énergie du « Corps-Onde ». Chez l'individu normal on obtient sous le doigt qui palpe avec légèreté le pouls 5 pulsations suivies de 5 silences sur le premier orbe. Le second donne 6 pulsations suivies de 6 silences. Le troisième orbe montre 7 pulsations suivies de 7 silences, etc. On retrouve l'analogie avec les énergies croissantes des différents orbes de l'atome de Niels Bohr depuis le centre vers la périphérie. On peut « palper » directement sous la main ces orbes en éloignant progressivement la main du corps physique. Mais cette technique demande une plus grande sensibilité, « le feeling ».

Ces perceptions, analysées, mesurées, permettent d'identifier les caractéristiques essentielles du corps vibratoire, d'en déterminer les anomalies de forme et de vibration. Enfin et surtout de surveiller l'évolution des perturbations aux différents stades du traitement.

Lui disant que pour donner plus et me protéger, je ne soigne qu'à l'heure où les énergies montent, il me propose de se rendre à mon hôtel afin d'être soigné demain matin.

C'est d'accord, de bonne heure, demain matin avant de prendre l'avion.

Matérialisation

Réveillée par la lumière du jour, avant l'heure convenue, je vérifie tranquillement ma trousse de soins. Elle m'accompagne toujours en voyage avec quelques médicaments homéopathiques et une petite bouteille d'huiles essentielles.

Je prépare soigneusement les aiguilles. Les sortant une à une, les rinçant sous l'eau du robinet, les déposant dans un cendrier de verre avant de les faire sécher sur le rebord de la fenêtre au soleil.

A l'heure convenue, Edson est dans le hall de l'hôtel. Nous nous dirigeons vers ma chambre. Celle-ci, en rez-de-chaussée, donne sur une cour intérieure avec piscine. Aussi ai-je une bonne prise de terre et suis-je bien placée pour soigner un tel médium qui va absorber mon énergie comme le ferait une éponge.

A l'examen en position debout, il vibre à 3/3/3.

Le Corps spirituel, tel que je l'imagine, présente l'exceptionnelle forme découverte hier soir. Une fois de plus je lui demande d'amorcer la mise en relation avec l'Esprit. La forme se modifie.

Edson s'allonge sur mon lit, tête aux pieds, calme, tout confiant.

Agenouillée sur un coussin, commençons le traitement. Les perturbations siègent électivement au niveau de la sensibilité ébranlée par les émotions et les contrariétés récentes.

Il ne fait aucun commentaire durant la durée du traitement, sinon pour dire qu'il sent au fur et à mesure du travail les courants d'énergie s'organiser. Paupières closes, concentré, recueilli même, on devine qu'il expérimente la manipulation avec attention et intérêt.

Le traitement terminé, commençant à ôter les aiguilles et à les placer dans le cendrier qui est sur la table voisine, un peu à distance du lit, je m'aperçois qu'il contient quelque chose que je ne connais pas. Un objet de métal chromé d'une belle qualité.

Une sorte de petit cylindre terminé par des aiguilles au nombre de huit. Edson à cet instant se lève.

« Est-ce à vous ? » lui dis-je.

Il regarde avec attention l'objet pour l'identifier, semble ne pas savoir ce dont il s'agit et fait une moue négative :

« Ce n'est pas à moi.

— A moi non plus. J'ignore ce que c'est. »

Avec simplicité, il ajoute :

« C'est un " transport ". Vous et moi ensemble, c'est normal qu'il se produise un phénomène. Cela vient sans doute d'Allemagne. »

Déjà instruite par Mgr Airlindo, j'évite de montrer un trop grand étonnement, lequel pourrait passer ici pour une grossière inexpérience, voire de la stupidité.

Maintenant qu'il est debout, je vérifie les formes invisibles et les chiffres des vibrations d'Edson. Il vibre à 7-7-7/8/9. Pas plus pour ce grand guérisseur ?

Comme s'il devinait ma pensée, il explique :

« Vous et moi ne sommes pas faits de la même façon. Vous portez l'énergie en vous, vous êtes branchée sur les forces de la Nature. Vous collaborez avec les forces de la Nature. En moi, je n'ai pas vos forces présentes. Elles me viennent d'ailleurs, on me les communique quand j'entre en transe, en communication avec l'Esprit. Je suis essentiellement le médium d'un Esprit. Les forces montent quand je suis " incorporé " par cet Esprit. C'est l'Esprit qui me donne des forces, oui je sens une grande force en moi à ce moment. C'est aussi l'Esprit qui travaille à ma place, quand je suis incorporé. Nous ne sommes pas branchés sur les mêmes forces. »

Cette séance me rappelle celle vécue près d'Agpoa, quand le soignant, il me disait : « *I feel you* », me critiquait et corrigeait mes distractions et erreurs[1]. Edson lui aussi m'informe sur ma constitution invisible et précise nos différences et nos points communs. Sont présentes chez lui intelligence et intuition. Il sent en médium, mais analyse en clinicien. Je brûle du désir de

1. Voir *Médecin des Trois Corps,* p. 253.

partager et d'expérimenter avec lui mille choses, car nous vivons d'une même culture occidentale et de dons complémentaires.

A la fin de l'entretien, il est aisé de constater qu'en l'absence de traducteur nous nous sommes parfaitement compris. Les mots ont servi de support à la transmission de pensée.

Nous nous promettons de nous revoir plus longuement l'an prochain.

Ce qui peut, vu de la France, paraître étrange devient chose normale replacé dans le contexte de sa vie. Depuis l'adolescence, son monde quotidien laisse une place aux Esprits tout autant qu'aux vivants.

Il est fait de deux cultures différentes et les vit toutes deux avec la même intensité : sur l'action possible des Esprits sur la matière, on peut éventuellement s'interroger. De la médiumnité, de la bonne foi et du but de la recherche du Dr Edson Calvacanti de Queiroz, on ne peut douter.

C'est dans l'avion, en ouvrant *Le Livre des Esprits,* que je m'instruis un peu plus sur le monde du Dr Edson Queiroz. Au chapitre « Essai théorique sur les sensations chez les Esprits », je lis :

« Le périsprit est le lien qui unit l'Esprit à la matière du corps ; il est puisé dans le milieu ambiant, dans le fluide universel (c'est un langage du siècle dernier). Il tient à la fois de l'électricité, du fluide magnétique et jusqu'à un certain point de la matière inerte (sans doute ce que je nomme Corps Énergétique). On pourrait dire que c'est la quintessence de la matière ; c'est le principe de la vie organique, mais ce n'est pas celui de la vie intellectuelle. La vie intellectuelle est dans l'Esprit. C'est en outre l'agent des sensations extérieures. Dans le corps, ces sensations sont localisées par les organes qui leur servent de canaux. Le corps détruit, les sensations sont générales. [...]

Nous savons qu'il y a perceptions, sensations, auditions, vision; que ces facultés sont des attributs de tout l'être; mais encore une fois par quel intermédiaire ? C'est ce que nous ne savons pas. Les Esprits eux-mêmes ne peuvent nous en rendre compte, parce que notre langue n'est pas faite pour exprimer des idées que nous n'avons pas, pas plus que dans la langue de sauvages il n'y a des termes pour exprimer nos arts, nos sciences et nos doctrines philosophiques. »

(Retenir la phrase : « *parce que notre langue n'est pas faite pour exprimer des idées que nous n'avons pas* », c'est bien là que se trouve le problème, celui qui concerne les échanges entre celui qui sent, voit, et celui qui demeure enfermé dans la prison des sens ordinaires.)

En disant que les Esprits sont inaccessibles aux impressions de notre matière, nous voulons parler des Esprits très élevés dont l'enveloppe éthérée n'a pas d'analogue ici-bas ? Il n'en est pas de même de ceux dont le périsprit est plus dense ; ceux-là perçoivent nos sons et nos odeurs, mais non pas par une partie de leur individu, comme de leur vivant. On pourrait dire que les vibrations moléculaires se font sentir dans tout leur être et arrivent ainsi à leur *sensorium commune* qui est l'Esprit lui-même, quoique d'une manière différente, ce qui produit une modification dans la perception.

Ils entendent le son de notre voix, et pourtant ils nous comprennent sans le secours de la parole, par seule transmission de la pensée ; et ce qui vient à l'appui de ce que nous disons, c'est que cette pénétration est d'autant plus facile que l'Esprit est plus dématérialisé.

Quant à la vue, elle est indépendante de notre lumière. La faculté de voir est un attribut essentiel de l'âme : pour elle, il n'y a pas d'obscurité ; mais elle est plus étendue, plus pénétrante chez ceux qui sont plus épurés.

L'âme ou l'Esprit a donc en elle-même la faculté de toutes les perceptions ; dans la vie corporelle elles sont oblitérées par la grossièreté de leurs organes ; dans la vie extra-corporelle, elles le sont de moins en moins à mesure que s'éclaircit l'enveloppe semi-matérielle.

Cette enveloppe puisée dans le milieu ambiant varie suivant la nature des mondes. En passant d'un monde à l'autre, les Esprits changent d'enveloppe comme nous changeons d'habit en passant de l'hiver à l'été, ou du pôle à l'équateur. (Voici qu'on peut reconnaître les lois des Trois Mondes !) Les Esprits les plus élevés, lorsqu'ils viennent nous visiter, revêtent donc le périsprit terrestre et dès lors, leurs perceptions s'opèrent comme chez nos Esprits vulgaires ; mais tous, inférieurs comme supérieurs, n'entendent et ne sentent que ce qu'ils veulent entendre ou sentir. Sans avoir des organes sensitifs, ils peuvent rendre à volonté leurs perceptions actives ou nulles ; il n'y a qu'une chose qu'ils sont forcés d'entendre, ce sont les conseils des bons Esprits. La vue est toujours active, mais ils peuvent réciproquement se rendre invisibles les uns pour les autres. »

Quant au phénomène des apports, puisque apport il y eut en fin de traitement, c'est dans le *Livre des Médiums,* au chapitre V, que se trouvent des informations.

« Il faut, pour obtenir des phénomènes de cet ordre, avoir avec soi des médiums que j'appellerai des *sensitifs,* c'est-à-dire doués au plus haut point des facultés médianimiques d'expansion et de pénétrabilité ; parce que le système nerveux de ces médiums, facilement excitable, leur permet au moyen de certaines vibrations, de projeter autour d'eux avec profusion leur fluide animalisé. [...] En effet leur système nerveux, presque entièrement dépourvu de l'enveloppe réfractaire qui isole ce système chez la plupart des autres incarnés (s'agirait-il de la gaine de myéline ?), les rend propres au développement de ces divers phénomènes.

En conséquence, avec un sujet de cette nature, et dont les autres facultés ne sont pas hostiles à cette médianimisation, on obtiendra plus facilement les phénomènes de tangibilité [...] et même la suspension dans l'espace de la matière inerte la plus lourde. *A fortiori* obtiendra-t-on ces résultats si, au lieu d'un médium, on en a sous la main plusieurs également bien doués. [...] Ajoutez que les apports nécessitent toujours une plus grande concentration, et en même temps une plus grande diffusion de certains fluides, et qu'ils ne peuvent être obtenus qu'avec des médiums les mieux doués, ceux dont l'appareil électromédianimique est le mieux conditionné.

En général, les faits d'apports sont et resteront excessivement rares... D'ailleurs ces phénomènes sont d'une nature telle, que non seulement tous les médiums n'y sont pas aptes, mais que tous les Esprits eux-mêmes ne peuvent pas les produire. En effet, il faut qu'entre l'Esprit et le médium influencé, il existe une certaine affinité, une certaine analogie, en un mot une certaine ressemblance qui permette à la partie expansible du fluide périspritique de l'incarné de se mêler, de s'unir, de se combiner avec celui de l'Esprit qui veut faire cet apport.

Cette fusion doit être telle que la force résultante devienne pour ainsi dire *une* ; de même qu'un courant électrique, en agissant sur le charbon, produit un foyer, une clarté unique. Pourquoi cette union, pourquoi ce foyer, direz-vous ? C'est que pour la production de ces phénomènes, il faut que les propriétés essentielles de l'Esprit moteur de quelques-unes de celles du médianimisé ; c'est que le *fluide vital,* indispensable à la production de tous les phénomènes médianimiques, est l'apanage *exclusif* de l'incarné, et que, par conséquent, l'Esprit opérateur est obligé de s'en imprégner. Ce n'est qu'alors qu'il peut, au moyen de certaines propriétés de votre milieu ambiant, inconnu de vous, isoler, rendre invisibles et faire mouvoir certains objets matériels et des incarnés eux-mêmes. »

Edson a raison, lui et moi avions réalisé par notre complémentarité une situation propre à faciliter le travail de l'Esprit qui a, par là, voulu se manifester. Plus tard, un ami pharmacien m'apprendra que l'instrument est destiné à réaliser les vaccinations pour B.C.G. Je ne sais s'il faut retenir cela comme une manifestation à nos côtés de la présence du Dr Fritz.

Comment n'ai-je pas lu plus tôt Allan Kardec ! Il explique mille choses que je suis allée apprendre par un grand détour aux Philippines et par un autre grand détour au Brésil ! Nul n'est prophète en son pays, et sans doute me fallait-il vivre les étapes du déconditionnement.

Un dernier après-midi à Rio, dont je n'aurai pas eu le loisir d'explorer les beautés, une ultime promenade sur Copacabana, face à ce somptueux paysage, puis retour en car à l'aéroport où très en avance sur l'heure de convocation j'ai le temps de réfléchir, devant l'étalage publicitaire en faveur du café brésilien... cadeau au Brésil de Mme Orvilliers.

CONCLUSIONS AU TERME DU SECOND VOYAGE

Un voyage circulaire et dynamique se révèle être le mieux adapté aux dimensions du pays. Des repères amicaux sont indispensables pour s'introduire au cœur de la vie brésilienne, pour faire connaissance de l'âme du pays, et jusqu'à nouvel ordre la présence de l'interprète est nécessaire. Patience, résistance morale et physique se révèlent une fois de plus être des atouts d'accompagnement indispensables pour faire face aux contretemps et difficultés diverses.

Tout se présente différemment de l'ambiance des Philippines et du Centre de mon Maître Agpaoa. Mais c'est le temps passé près de lui qui me permet de comprendre ce qui se passe ici, et peut-être même d'être admise dans certains lieux, car le travail fait par les épreuves sur mon corps invisible est détectable par ces grands médiums rencontrés. Ce voyage marque un net progrès dans ma connaissance du Monde des Esprits.

L'expérience me prouve combien sont vivants Allan Kardec, Léon Denis et bien d'autres Français spirites au Brésil et combien ils ont marqué la conscience de millions de Brésiliens.

De notre survie au-delà de la mort et des capacités éventuelles de communication avec le Monde des Esprits, je ne peux douter puisque ma propre expérience m'y contraint. Que ces rapports avec les Esprits et surtout que par nos maladies nous puissions purger à leur place un karma non résolu (je songe à la grossesse de Dona Marta) me trouble sur le plan médical.

Le souvenir des vies antérieures enregistré sur notre Corps-Onde me semble être une hypothèse de travail, de recherche intéressante.

Cette hypothèse modifie complètement la finalité de l'acupuncture, l'homéopathie, les médecines vibratoires en un mot, y compris le guérissage, puisque ces thérapies sont capables d'effacer, de nettoyer les perturbations de ce Corps-Onde, seraient-elles capables de modifier en même temps notre passif d'information-énergie ?

Le guérisseur peut-il se charger d'un tel passif ? Oui s'il est capable d'effectuer des transmutations énergétiques dans l'invisible, de « nettoyer » ces informations qui imprègnent sa propre « aura ».

Ce que j'ai vu et vécu chez Mgr Airlindo m'incite à vouloir rencontrer Thomaz. Il me reste un souvenir de cette soirée puisque mon niveau vibratoire de base qui était jusque-là 55 depuis cette expérience est passé à 72, me plaçant ainsi sur la même fréquence vibratoire que les objets « transportés » ou transmutés. Sans pour autant me sentir différente, mon efficacité de guérisseur s'en trouvera accrue.

Il faut aussi retenir l'expérience du « transport » alors qu'Edson Queiroz et moi-même mêlions nos vibrations durant l'acte thérapeutique.

Après avoir passé en revue tous mes gestes, toutes les étapes de la préparation au traitement et les gestes d'Edson depuis son arrivée, à aucun moment il n'apparaît qu'il ait pu déposer quoique ce fût dans le cendrier parmi les aiguilles. Bien que cette pensée puisse être injurieuse à son endroit, elle fait partie de l'enquête. Acceptons aujourd'hui ce petit morceau de métal chromé avec simplicité.

Je pense avec affection à ceux qui se sont employés à m'ouvrir les portes du monde brésilien : l'ami qui m'accueillit à Rio alors que la prise de contact avec le pays envisagée depuis Paris me semblait insurmontable, José, Paulette, Mgr Airlindo, Andrade Guimarães et Edson Queiroz.

Chapitre VIII

TROISIÈME VOYAGE

Premier voyage : février 1984, second : novembre 1984. Une longue réflexion avant d'entreprendre le troisième... La première satisfaction passée, demeurent plus vivants que tout en moi les souvenirs de ces explorations hasardeuses, coûteuses, dangereuses, harrassantes sous le soleil de plomb, me donnant parfois l'impression de courir sur des milliers de kilomètres après les éléments d'un immense puzzle impossible à rassembler dans le temps et dans l'espace. Je dépose mes valises... pour un temps d'autant que le dévoué José a quitté São Paulo et que ma fille n'est plus disponible pour m'accompagner. Ce sont des excuses à cette lassitude morale.

Il me faut laisser le temps de mûrir à cet enseignement si loin de mon monde quotidien.

Cette relation des expériences brésiliennes est aussi très difficile à faire entendre comme réalité à l'Européen. Aussi est-il nécessaire de renouer les fils de ma pensée avec ceux de la terre occidentale, pour que langage et recherches puissent être entendues par un minimum de personnes appartenant au monde des soignants.

En prenant le temps d'écrire le troisième ouvrage, en disant que l'anatomie de l'homme n'a pas été envisagée sous l'angle de la physique moderne et que la voie intellectuelle existe autant que la voie intuitive ou émotionnelle pour aborder les Trois Corps, j'ai l'impression de laisser le temps aux lecteurs ouverts mais attardés dans le rationalisme de s'adapter au monde de l'ère du Verseau... En écrivant *Nos Trois Corps et les Trois Mondes,* il m'a semblé pouvoir élargir le cercle des lecteurs complices, capable d'aborder le Quatrième Monde.

En fait, j'ai bien tort de me plaindre, car si parfois certains considèrent avec inquiétude mes idées et font le nécessaire pour les étouffer, le courrier reçu et les entretiens avec mes patients me rassurent. Je suis même étonnée de leur haut niveau d'évolution (lequel n'a rien à voir avec le niveau social). Je découvre que nombre de gens possèdent une sensibilité aiguisée, une compréhension parfaite du message et constate que le niveau d'informations délivré par la majorité des journaux, radios ou télévisions est bien inférieur à celui d'une bonne partie de la population.

La contrainte sociale empêche souvent les responsables de s'exprimer alors qu'ils ont une connaissance intuitive du monde subtil. Beaucoup ne le font qu'une fois sortis de la vie active. Comme j'ai « osé » (courage ou inconscience ?) on m'écrit, on se presse affectueusement dans des salles toujours trop petites pour le nombre d'auditeurs lors des conférences. Tous m'aident à penser qu'il faut continuer et me forcent à évoluer.

J'observe qu'en très peu d'années une évolution des catégories de lecteurs et de patients concernés s'est faite. Après la sortie du premier ouvrage, *Médecin des Trois Corps*, ce qui me frappait, c'était comment il avait « libéré » surtout des femmes d'un certain âge, sensibles, médiums, voyantes, prises dans les affres de la culpabilisation chrétienne vis-à-vis de leur médiumnité ou de leurs capacités d'opérer des guérisons. Libérées de la crainte d'être entre les mains du Diable puisque j'avais osé écrire et décrire avec logique mon vécu. Elles s'accordaient le droit de le vivre elles aussi.

Le second ouvrage, *Médecine du Corps Énergétique*, avait en majorité « libéré » des jeunes médecins, pour lesquels la médecine énergétique prenait un sens, des guérisseurs pas encore sûrs d'eux qui commençaient à comprendre comment ils fonctionnaient, des acupuncteurs qui comprenaient les échanges d'énergie et pourquoi ils étaient souvent fatigués.

La sortie du troisième, *Nos Trois Corps et les Trois Mondes*, a satisfait ceux qui avaient adhéré intuitivement aux premiers sans les accepter complètement, n'étant pas des thérapeutes de l'énergie, ne souffrant pas en particulier de perturbations énergétiques, mais se posant des questions. La rationalité des explications les avait satisfaits.

De mon côté, au niveau des patients et du courrier, ce qui me frappe de plus en plus est l'apparition chez les jeunes hommes d'importantes remises en question à la lecture de ces livres, ainsi que l'importance des troubles d'origine vibratoire qui peut les affecter et qui tend à prouver que nous entrons de plus en plus dans l'ère du Verseau, où régnera l'Onde. Tout se passe comme si une génération de femmes avait préparé le moule, relayée maintenant par des hommes jeunes, plus conscients du monde vibratoire que ne l'ont été leurs pères et grands frères.

Et j'attends que le ciel me devienne plus clément côté Brésil.

L'ange gardien se présente en la personne d'une ancienne interne du service d'anesthésie-réanimation que j'avais dirigé et avec laquelle j'étais demeurée en termes affectueux. Son époux, nommé au Brésil pour diriger la filiale d'une entreprise française, l'y avait récemment entraînée. Cette jeune femme au doux nom de... France vint me rendre visite lors d'un séjour à Paris et me proposa de m'aider, c'est ainsi que le troisième voyage fut envisagé.

RIO DE JANEIRO

Munie d'une lettre de douze pages venant de José et contenant des recommandations et des adresses, j'embarque pour Rio. Retiré dans un hôpital peu accessible, triste de ne pouvoir m'aider plus efficacement, il s'efforce d'être présent... à sa façon...

C'est vers 5 heures du matin que l'avion survole Rio. Une des plus grandioses et des plus belles villes du monde est annoncée. Jaillit alors de la mer une dentelle de plateaux, de plaines et de cônes rocheux dont le plus célèbre est le Pain de Sucre.

Prévenante et dévouée, France est à l'aéroport pour m'attendre. Pâlote, les traits un peu tirés, présente depuis 4 heures du matin car, dit-elle : « Si le vent est favorable, l'avion peut gagner une heure. »

Pénétrant chez elle, la splendeur de la baie s'impose. Sous la douceur du matin, l'immense salon ouvre ses larges fenêtres sur la mer. Un téléphérique s'élance vers le sommet du Corcovado. A angle droit le petit port affiche ses voiles blanches le long d'une plage de sable doré. Éclate la lumière du ciel. Dessinent et peignent une ambiance de rêve le profil de la côte et la palette de la mer. Sur le point d'atterrir ou venant de s'envoler, les flèches scintillantes d'avions abandonnent des traces de fumée blanche, inscrivant des diagonales lumineuses dans le ciel. Au sol, jardins et pelouses vertes. Des piétons passent, disant que je ne rêve pas.

La célèbre baie, toujours représentée sur les cartes postales, soudain *vécue* de l'intérieur d'un appartement, me communique un formidable bonheur. Devenant beauté tangible elle met en état de grâce.

France ne semble guère participer à mon émotion et répond :

« Cela, c'est de la dorure, la vraie richesse c'est le silence. »

Serait-elle blasée ?

Je déballe mes cadeaux, les « classiques » à offrir aux exilés français : foie gras, nombreux fromages odorants et chocolats bien entendu pour les enfants. J'ai plaisir à voir, tout en jetant un regard en biais vers la magnifique baie, ces visages souriants, à boire aussi ces jus de fruits exotiques.

Jamais voyage d'études n'a si bien commencé.

France va partager mes difficultés en vivant pendant deux jours le calvaire du téléphone et celui des prises de contact : le Dr Queiroz n'habite plus au même endroit. Il ne travaille plus au Centre Spirite mais à la Fondation du Dr Fritz. Il n'est pas arrivé, il est déjà parti. Il n'est pas à la fondation. Il est à la clinique. Non, il ne peut répondre au téléphone car il opère, etc. Deux jours d'appels avant de l'avoir en personne. Il me donne un rendez-vous à son retour d'Uruguay. A reconfirmer le 15 avril avant son départ. Toute l'organisation du voyage va se régler autour de cette rencontre.

Quant à Thomaz, cinquante appels chez lui nous répondent « occupé » ou demeurent sans réponse. France immobilise une personne afin de l'appeler toutes les demi-heures pendant qu'elle-même téléphone sur une autre ligne. Appel chez le papa pharmacien. Thomaz est invisible, il prépare un déménagement vers le Nord-Est. Appel à Juiz de Fora Passo chez une amie de Thomaz, médecin lisant le français et qui m'avait écrit disant qu'elle espérait me rencontrer après lecture de mes livres. Elle nous invite chez elle à prendre connaissance de toute la documentation qu'elle a sur Thomaz, elle a vécu cinq ans près de lui. Démarche sympathique, mais c'est l'original que je veux voir, examiner, mesurer, voir travailler.

Appel à Brasilia. Paulette répond présente. Elle prendra quatre jours de vacances pour m'aider. Quelle chance ! Mgr Airlindo est lui aussi à Brasilia, il m'attend de pied ferme.

Andrade Guimarães ? Simplement deux ou trois appels pour le joindre. Nous nous reverrons quand je serai à São Paulo.

Le groupe des médecins spirites m'attend pour une conférence dans cette ville. Comme je n'y ai pas de point de connaissance, nous leur demandons en échange de bien vouloir me piloter. Cela semble être accepté. Alors pour quelle raison France téléphone-t-elle à une de ses amies, Véronique, lui demandant de m'accueillir le premier soir chez elle ?

Entre-temps, je fais plus ample connaissance avec l'appartement et me rend compte des inconvénients de la ville de Rio. La chambre de mes hôtes, bien qu'immense, est rendue « aveugle » par la fenêtre qui s'ouvre à trois ou quatre mètres du rocher de basalte. Quant à ma chambre, elle donne sur une cour intérieure. Cette cour intérieure est cernée par quatre immeubles. Disons qu'approximativement soixante-huit appartements donnent sur la même colonne vibratoire. Tous les bruits s'en trouvent amplifiés. Les coups de marteau et de pioche, voire les bétonneuses ne cessent de fonctionner. Les odeurs de cuisine montent, les radios mêlent leurs sons. France me dit encore la fréquence des incendies dans certains quartiers de la ville des gratte-ciel vieillis et les drames qui s'ensuivent. Les pompiers ne peuvent atteindre que le huitième étage avec leurs échelles et les immeubles sont infiniment plus haut. Si bien que le secours peut venir des hélicoptères, mais que bien souvent les gens se suicident en se jetant d'en haut plutôt que de griller.

Je découvre ainsi les secrets de la célèbre baie et comment chaque médaille a son envers.

POUSO ALEGRE BIS

Après être demeurées quarante-huit heures suspendues au téléphone, nous décidons que c'en est assez. Pourquoi ne pas aller jusqu'au village de Thomaz sans plus attendre ? Empruntant voiture et chauffeur, nous partons. J'apprécie ce mode de transport plus agréable que le car.

Nous traversons le plateau du Minas Gerais, terre bénie du Brésil. Vu du dessus, c'est la Normandie (un peu plus chaude...). Vu du dessous, c'est le coffre-fort du pays, avec ses mines de métaux précieux. Entre le ciel et la terre, les hommes et les femmes les plus doués du Brésil, tous les dons leur sont donnés. On y trouve le plus grand clairvoyant, Chico Xavier, et les plus grands médiums. Les plus grands phénomènes humains aussi, dont Thomaz, sont nés dans cette région. Les vibrations de cette terre sont à nulle autre pareilles.

Nous descendons à l'hôtel situé sur la grand-route, bien connu maintenant. Immédiatement nous posons la question :

« A-t-on vu Thomaz ?

— Oui il est venu hier. »

Nous asseyant à la terrasse, tout en dégustant un jus de *guarana,* voulant croire à la chance de le voir entrer et passer devant nous. Nous déjeunons au même endroit avec le même espoir vain au cœur.

Mieux vaut téléphoner pour prendre contact.

Le cauchemar du téléphone va reprendre sous toutes ses formes : il est occupé, muet ou sur répondeur. Nous appelons Maria-Caelia pour obtenir sa recommandation, elle nous invite surtout une fois de plus à passer chez elle en revenant.

Le lendemain, il faut prendre une décision. Allons sur place.

Voici la rivière, les maisons de part et d'autre du chemin parallèle. Miraculeusement la grande porte du jardin est ouverte !

France timidement s'avance. Depuis la maison, un homme vient à sa rencontre. Secrétaire de Thomaz, il lui apprend que Thomaz est au village. Très occupé, il prépare son déménagement pour le Nord-Est. Histoire connue. Peut-il le mettre au courant de notre visite en nous recommandant de Maria-Caelia ?

Prenons la voiture et rendons visite au papa pharmacien, passons dans ces charmantes rues en pente situées sur la colline, bordées de petites maisons aux volets de couleur, écrasées sous le soleil.

Des clients font à l'instant des achats dans cette pittoresque pharmacie. Accueillies un peu plus tard dans l'arrière-boutique, même scénario que l'année précédente. Nous reparlons des soucoupes volantes, des Esprits. Le papa nous conte les exploits de son fils, mais très fermement nous dit que Thomaz est inaccessible.

Pleinement consciente qu'il n'existe aucune raison pour que Thomaz prenne de son temps pour me recevoir sous le seul prétexte que je suis française, sachant combien Thomaz doit être dérangé et sollicité sans retour, je lui dédicace un livre, y joignant une lettre d'invitation à dîner en compagnie de sa femme pour laquelle je suis munie d'un parfum.

Quelques heures plus tard, nous voici entrant d'un pas plus assuré dans le jardin par une porte miraculeusement toujours grande ouverte. Le secrétaire japonais s'avance, France négocie. Comme nous sommes maintenant en pays de connaissance, nous en apprenons un peu plus. Certes le secrétaire japonais connaît Maria-Caelia, mais il tient aussi en grande estime une autre dame psychanalyste, Dona Ines, que Thomaz a guérie d'un cancer. Cette dame habite Rio de Janeiro, il descend souvent chez elle en arrivant dans cette ville.

Nous proposons de revenir pour savoir si Thomaz accepte l'invitation. « Inutile, dit le secrétaire, je vous téléphone dans une heure. »

Et c'est l'attente au téléphone d'un appel qui ne vient pas.

Alors, nous retournons chez Thomaz, assiégeant véritablement sa retraite. OUI, il accepte l'invitation, mais pas avant 21 h 30 ce soir.

... Nous sommes apaisées, bien que n'osant pas trop y croire. Le reste de la journée se passe à déchiffrer les articles et livres écrits à son propos.

Thomaz Green Morton de Souza Coutinho est né le 16 mars 1947 dans l'État de Rio de Janeiro. Son père, pharmacien, lui a donné le prénom très original de « Green Morton », du nom de l'homme qui inventa l'anesthésie générale ! Ce qui devrait pouvoir créer un lien entre nous.

Thomaz vivait comme un petit garçon tranquille, quand, le 16 mars 1959, un fait extraordinaire va changer sa vie. Ce jour-là, il va à Faisqueira, un quartier de Pouso Alegre. Alors qu'il pêche à la ligne au bord de la rivière, un rayon de lumière tombe sur l'extrémité de la ligne, carbonisant celle-ci, le projetant en arrière, provoquant une chute ; son propre corps est à ce moment irradié de lumière. Il demeure inconscient quelque temps, puis récupère après quelques soins.

Une voix lui dit :

« Thomaz, des forces te protégeront à partir de ce moment, tu posséderas un grand pouvoir mental, tu pourras guérir, aider les gens à résoudre leurs problèmes. Garde ce morceau de ligne le restant de ta vie. Tu n'utiliseras pas cette force pour ta seule protection. Tu l'offriras à ceux qui viendront à toi pour les aider à résoudre un problème. Il suffira que la personne ait assez de foi pour en faire la demande tous les jours à 6 heures du soir et elle sera aidée. Ces petits morceaux de bois seront un moyen de syntonisation avec toutes les forces cosmiques et divines. Tu formeras par eux un courant mental et spirituel d'un très grand pouvoir. »

Alors se sont développés tous ses pouvoirs fabuleux. Les morceaux de bois de la ligne ont été conservés et se sont trouvés être des protecteurs efficaces contre divers maux.

Thomaz a pour cri de guerre le son « Râ ». Quand il veut provoquer un événement il crie : « Râ » et la chose se fait. Je me souviens des objets « transmutés » ou « transportés » chez Mgr Airlindo.

Le rencontrer me permettrait, en l'examinant, d'obtenir des données supplémentaires sur la constitution de la partie invisible de l'être humain.

A 21 heures, habillées, prêtes à partir, nous attendons dehors tout en ayant déjà un peu faim. 21 h 30, personne. Nous lui accordons le droit d'être un peu en retard. 22 heures, personne, 22 h 30, personne.

23 heures, au moment où nous nous sentons prêtes à dîner seules, sa grande voiture blanche glisse vers nous. Mais c'est le secrétaire qui en sort. Thomaz dort. Il a matérialisé dans la soirée, puis a mangé ses matérialisations et cela l'endort. C'est toujours ainsi. Nous n'osons l'interroger sur la qualité des matérialisations comestibles. Mais demain ? Demain midi, il déjeune avec sa famille avant de partir. Si nous voulons être à 14 heures à sa maison, on nous montrera si nous le souhaitons le film au magnétoscope de ses exploits.

Pas tellement surprises, mais lassées, nerveusement épuisées, nous dînons tristement, n'ayant plus rien à nous dire, n'ayant plus à espérer qu'un film au magnétoscope.

Le lendemain, nous avons rendez-vous avec Maria-Caelia à 18 heures.

A 14 heures, nous nous avançons vers la maison de Thomaz. La grande porte est toujours ouverte. Tout près de la maison, un immense camion de déménagement. Des allées et venues entre la porte d'entrée personnelle et le camion dont l'arrière est béant, montrant, déjà entassés, nombre de meubles et objets. Une fois de plus nous nous présentons. C'est une dame qui nous reçoit. Elle semble très ennuyée à l'annonce de l'objet de notre visite, le magnétoscope est déjà rangé au fond du camion...

Attendons le secrétaire... Le temps passe... Saura-t-il le sortir ?

J'admire la patience de France qui m'accompagne dans l'aventure. Alors qu'elle ne « souffre » pas des mêmes motivations que moi, elle a pris définitivement mon parti et endure toutes les difficultés en conservant la même gentillesse attentive.

Tout à coup, retournement de situation. Quelqu'un arrive et nous dit :

« Demandez au chauffeur de rentrer la voiture dans le jardin. » C'est chose faite.

Alors, au mépris des consignes de Benoît, mari de France, nous séparant du chauffeur qui avait pour mission de veiller sur notre sécurité, nous entrons dans une seconde propriété attenante à la première par un grand portail que l'on referme sur nous.

Nous voici installées dans une sorte de salon où sont exposées des photos de Thomaz réalisant des exploits. Sur une table basse des albums de photos que l'on nous suggère de regarder. Contre un mur la télévision privée de son magnétoscope.

France cette fois commence à paniquer. Pour quelle raison sommes-nous séparées du chauffeur-protecteur ? Elle voudrait le rejoindre et se dirige vers le grand portail à double battant qui sépare cette maison de la précédente. Quelqu'un la repousse sans explications supplémentaires vers le salon. Je trouve le renversement de situation cocasse. France se sent plutôt séquestrée. J'essaie de la rassurer, il ne peut rien nous arriver car nous sommes dans la maison d'un guérisseur.

Le temps passe. Les pages des albums sont feuilletées les unes après les autres. Elles montrent Thomaz seul ou entouré d'amis, réalisant des expériences invraisemblables. L'une d'entre elles attire spécialement mon attention. La première photo montre une série d'œufs, j'en compte vingt-deux, disposés en spirale. Déjà, je reconnais l'appel aux lois du Second Monde.

Sur la deuxième photographie, l'un des œufs a été cassé dans une assiette. Les suivantes montrent le développement accéléré du « germe » de l'œuf qui se transforme progressivement en embryon puis en poussin sous la main de Thomaz...

Ce qui touche à la biologie est particulièrement intéressant, voici un fémur que l'on s'apprête à casser avec un marteau... en voici les morceaux... Thomaz, les mains sur les morceaux, s'apprêtant à pousser son cri ! Sur la dernière photographie le fémur est reconstitué !

Thomaz fait des voyages dans les autres dimensions. Il part, dit-il, chez les extraterrestres et quand il en revient, il porte sur le front une tuméfaction grosse comme un œuf de pigeon.

Tout ceci n'a aucune valeur si l'on n'y assiste pas. Ce peut être le fait d'un montage. Pourtant Mgr Airlindo est sur les photographies, ce qui est une référence.

Le temps passe, nous allons sans doute manquer notre rendez-vous avec Maria-Caelia. Prévenues contre les éventualités de rendez-vous annulés par les contretemps de la veille, nous décidons, tant pis ! d'un commun accord, d'abandonner la partie et de quitter les lieux pour ménager la rencontre avec Maria-Caelia et ouvrons la grande porte du jardin. Aussitôt quelqu'un se précipite et sans plus d'explications nous refoule. Situation paradoxale : après avoir vainement si longtemps souhaité entrer ici, voici que nous ne pouvons plus en sortir.

Nous voulons réitérer notre sortie. Même refoulement impératif.

Nous voici obstinément maintenues à l'intérieur de la forteresse.

Un jeune homme vient bientôt nous tenir compagnie. Il s'exprime un peu en français et nous dit mieux parler la langue anglaise à cause de la proximité de l'Amérique. Il nous affirme que Thomaz a l'intention de venir nous dire rapidement bonjour avant de s'en aller.

Les heures ont passé... Et Maria-Caelia qui nous attend dans un bar ! Impossible même de la prévenir.

Tout à coup, la grande porte s'ouvre brutalement. Un homme, une force de la nature, surgit, criant dans un grand geste bras levés à mon intention : « Râ ! expression de l'énergie positive ! » Juste le temps de faire le même geste et de pousser le même cri, pour lui signifier que je me mets en syntonie avec lui, il me prend dans ses grands bras, me serre contre lui, m'embrasse... pour tester mes énergies sans doute...

Il explique dans sa langue qu'il est désolé de nous faire attendre. Il faisait ses adieux à la famille avant de s'en aller vers le Nord-Est. J'ai le temps d'observer une tuméfaction arrondie un peu violacée au milieu de son front. Si je n'étais pas devant un authentique magicien, je dirais qu'il s'agit des restes de l'effet de la pose d'une ventouse.

Mais il va m'offrir instantanément une preuve de ses capacités. Sa jolie épouse l'accompagne et, comme je lui offre le flacon de parfum :

« *Perfume!* dit Thomaz. *Não necessario* », et, glissant son doigt sur la peau de son bras, il montre comment lui fait du parfum : le long de son bras puissant et poilu, sous la seule pression du doigt, perlent des gouttes qui pourraient être de la sueur, mais qui sont des perles de parfum, lesquelles dégoulinent le long de son bras, embaumant les lieux...

Je sentirai bon toute la journée. Il disparaît en nous disant qu'il sera heureux de nous revoir plus longuement une autre fois.

Nous avons maintenant le droit de rejoindre le premier jardin, voiture et chauffeur. Que ceci soit une leçon de patience pour tous ceux qui voudraient rencontrer Thomaz...

Demain est dimanche. Au Brésil, pour raisons économiques, les distributeurs d'essence sont fermés depuis 20 heures le samedi jusqu'à 8 heures le lundi. Aussi est-il bon de faire provision d'essence et de téléphoner à Maria-Caelia supposée nous attendre dans un restaurant.

La nuit tombe, le niveau d'essence baisse... sans qu'apparaisse le moindre poste de ravitaillement. Notre grosse voiture, dont le réservoir indique le vide apparemment depuis longtemps, glisse toujours sur les routes en direction de Juan, quand elle le peut en roue libre. Étonnant! je sens une odeur d'essence dans la campagne. Est-ce obsessionnel ? J'ignore toujours par quel miracle nous parvenons à Juan de Foras. Reste à régler le problème de l'essence. Nous apercevons des camions dans un champ à l'écart ! Le chauffeur nous y mène bien que France craigne les mauvais coups. Il revient, nous annonçant que nous allons suivre une voiture dont le propriétaire possède une camionnette dont il va partager l'essence avec nous. L'homme-sauveur vide avec soin le réservoir de sa camionnette pour emplir celui de la voiture. De France qui veut régler l'essence au prix fort, il exige le prix légal disant avec une grande simplicité : « C'est un service civique ! » La tension tombe brusquement dans un grand éclat de rire.

On insiste sur les risques, mais on oublie que les gens honnêtes et serviables sont plus nombreux que les bandits, ils font moins parler d'eux.

Le temps d'une prise de contact en français avec Maria-Caelia qui veut nous retenir jusqu'à demain. Ce sera pour l'année prochaine.

De retour à Rio, nous souhaitons faire connaissance avec Dona Ines dont le secrétaire de Thomaz et Maria-Caelia nous ont parlé.

Très aimablement elle nous donne rendez-vous.

Une jolie maison illuminée au fond d'un jardin, le souvenir d'un temps plus humain, surgit entre deux gratte-ciel ! Les portes ouvertes laissent circuler les courants d'air. Tout respire l'harmonie et la paix, aussi ne suis-je pas étonnée de voir nous rejoindre au salon une distinguée et souriante dame dépassant les soixante-dix ans.

Psychanalyste, elle m'interroge sur les raisons qui me font venir jusqu'à elle. Fascinée semble-t-il par les théories qui sont miennes, elle dit combien elle regrette d'être seule à les entendre et m'invite à donner une conférence dans une des réunions de chercheurs libres qu'elle anime chez elle. J'accepte d'emblée car l'ambiance me plaît infiniment.

Connaissance faite, elle accepte de parler librement de Thomaz. Certains propos ne peuvent être entendus de tous.

Elle porte autour du cou un bijou, petit cœur qui s'ouvre et contient de très fins morceaux de bois, à peine plus gros que des échardes. L'ouvrant, elle explique que Thomaz lui avait offert quelques fragments de la fameuse canne à pêche pour venir en aide à ses patients les plus défavorisés. Bientôt, sa réserve s'est presque épuisée. Elle hésitait à offrir les derniers fragments, quand un jour, ouvrant ce petit cœur, elle vit que son pendentif en était rempli de nouveau. Le miracle de la multiplication s'était produit ! Elle dit aussi que son propre cœur est très fatigué. Ne pourrai-je lui donner un peu de force en attendant Thomaz ? Je m'exécute volontiers. Et nous prenons rendez-vous pour une conférence lors de mon prochain passage à Rio. Notre difficile périple a donc eu le mérite de nous faire entrevoir Thomaz et de nous mener jusqu'à Dona Ines.

Chapitre IX

LE CHAPITRE DE L'IMPOSSIBLE

Paulette, derrière la vitre de l'aéroport, me fait de grands signes : « Vite, dit-elle, allez vous refaire une beauté, nous avons rendez-vous tout de suite avec un des ambassadeurs de Brasilia qui voudrait vous rencontrer. »

Et nous voici dans le quartier des ambassades. Toutes sont rassemblées sur une même portion de la ville, ce qui permet d'assurer une sécurité plus étroite, renforcée actuellement en certains points chauds. Introduite dans le bureau d'un ambassadeur qui parle heureusement français, celui-ci me dit être fort intéressé par les idées que je professe. N'étant pas disponible ce soir pour en discuter plus longtemps, serai-je libre un jour prochain pour un déjeuner en famille ?

ABADIANA

Le lendemain matin, Paulette, très tôt sur pied prend le risque de nous conduire elle-même avec sa vieille voiture sur les cent kilomètres de route qui nous séparent d'Abadiana. Là, João Teixeira, un médium guérisseur (incorporé par une entité nommée le « Doutor Augusto »), a le mérite d' « opérer » avec un simple couteau de cuisine !

Pour se rendre à Abadiana en partant de Brasilia, prendre la route d'Anapolis puis celle d'Alessania (que de jolis noms), et demander la Casa Dom Inacio de Loyola, nom officiel du centre qui se prétend être un grand hôpital dans lequel trois mille personnes sont attendues chaque jour pour se faire traiter par João de Abadiana, ou João de Deus, ou João Curador.

C'est une promenade pour moi, plutôt qu'une enquête sérieuse.

J'aime l'ambiance qui règne alentour de Brasilia : le ciel qui n'en finit pas, offrant au regard ses superbes nuages savamment morcelés, colorés ou ombrés, cet air frais de l'aube, ces routes désertes et sinueuses où l'on est si seul qu'elles semblent vous appartenir..., ces immenses espaces qui vous enveloppent, où *tout* peut arriver.

Dans un champ un parking. Un peu plus loin, un hangar. Sur le côté un endroit pour se réconforter prolongé par un autre qui s'allonge, égayé de petites portes, c'est l'hôtel. Paulette envisage de « l'essayer ».

Une inscription sur le mur :

« *Pour ceux qui croient aucune explication n'est nécessaire et pour ceux qui ne croient pas aucune explication n'est possible.* »

Un peu plus loin, la très jolie prière de saint Ignace de Loyola :

« Seigneur fais de moi un instrument de ta paix.
Là où il y a la haine, fais que moi j'apporte l'amour.
Là où il y a offense, fais que moi j'apporte le pardon.
Là où il y a la discorde, fais que moi j'apporte l'union.
Là où il y a des doutes, fais que moi j'apporte la foi.
Là où il y a l'erreur, fais que moi, j'apporte la vérité.
Là où il y a le désespoir, fais que moi, j'apporte l'espérance.
Là où il y a la tristesse, fais que j'apporte l'allégresse.
Là où il y a les ténèbres, fais que j'apporte la Lumière. »

Après une bonne heure d'attente, à 8 heures précises l'assistant se présente. Pas ici de distinction religieuse, chacun peut penser selon sa religion. Il demande à l'Esprit du Saint de nous unir à travers lui, donne des ordres de bonne tenue et de discipline, suggère de corriger nos attitudes mentales avant le traitement.

Quelques prières encore, des conseils de vie et de régime. Du régime sont dispensées les femmes enceintes, les enfants et les vieillards.

Il annonce qu'il y aura des traitements avec incision et d'autres sans incision. Que ceux qui veulent être « opérés » passent par la porte de gauche, ils seront opérés devant le public et ceux qui veulent être « soignés » demeurent ici. Si quelqu'un éprouve un malaise dans la salle, qu'il fasse signe car certains peuvent se trouver « opérés » sans le savoir (ce qui laisse présager l'éventualité de manipulations énergétiques).

Et voici João Teixeira en personne : un grand homme au visage pulpeux, à la chevelure fournie. Une grande présence, mais avant tout un regard exceptionnel de médium. Des yeux bleus, globuleux, brillants, différents de ceux de l'hyperthyroïdien pour qui est averti.

Les articles des journaux m'avaient fait sourire par la médiocrité de leur sens critique. A les en croire, João guérissait tout le monde, de tout, sans restriction. Plus encore, on y vantait presque la saleté des vieux couteaux utilisés (tout en sachant qu'au niveau énergétique l'asepsie est un luxe inutile, il n'en est pas moins vrai que la propreté n'est pas à dédaigner).

Il n'est pas étonnant qu'après semblable littérature des centaines de pauvres diables se pressent dans ces lieux misérables, arrivant souvent en cars, de très loin, sur ce terre-plein dénudé où voltige la poussière au moindre souffle, au moindre pas. Ces faiblesses n'atteignent pas le « patron ». Le personnage (trop ou mal utilisé) est un phénomène, une force de la nature.

Les premiers rangs doivent se mettre à genoux. Il ne s'agit pas de prier, mais de laisser voir les rangées de malades plus en arrière.

Car João va opérer.

Plaqués tels qu'ils sont contre le mur, debout, prêts à subir l'opération, pâles d'incertitude, d'angoisse et de frayeur, ces malades évoquent des papillons épinglés tout vivants sur le carton d'une vieille boîte.

João pourrait de par sa nature ressembler à un grand boucher bien nourri. Il avance, pesant, se plie en deux, incise superficiellement, qui à l'emplacement de l'ovaire, qui sur l'estomac, sort ce qui pourrait bien être des caillots de sang et avec ostentation, à l'aide de fil et d'une aiguille..., recoud... Les sujets, toujours plaqués contre le mur, livides, bras écartés pour s'accrocher à quelque chose, bien qu'ils ne puissent rencontrer que le mur lisse. Ils ressemblent à des christs en croix d'une nouvelle religion. Les soutenant sous les épaules et sous les cuisses, on les emmène avant qu'ils ne s'effondrent complètement.

Cette misère humaine, cette pauvreté, cette souffrance mêlée de foi m'éprouvent. M'éprouveraient encore plus si une femme distinguée que l'on dit médecin n'annonçait qu'elle a été guérie d'un cancer par João et participe aujourd'hui en tant qu'aide aux traitements.

Sans doute suis-je encore trop occidentalisée pour accepter le fait.

Maintenant, traitement général pour tous ceux qui ne sont pas opérés ! Malgré notre arrivée matinale, l'essentiel nous a échappé : nous n'avons pas de numéro d'ordre et serons les dernières à être traitées. Paulette prend donc la file d'attente (deux heures), m'accordant généreusement la permission de m'asseoir du bout des fesses sur le mince espace laissé libre d'un banc, entre deux mamas opulentes, sous le toit de tôle ondulée chauffé à blanc par le soleil.

Les gens sont en file, debout, bien disciplinés, répondant à l'appel de leur numéro. Sur le banc, des va-et-vient me font devenir voisine de tous genres de malades avec lesquels j'échange mes énergies... Spectacle affligeant, situation épuisante. Point question d'aller dans un coin m'isoler car le soleil est gardien de tout espace.

Enfin notre tour approche et je rejoins Paulette. Nous traversons lentement en diagonale une pièce occupée par deux doubles rangées de guérisseurs recueillis, les yeux clos. Tout comme chez Tia, le médium est soutenu par un guérisseur placé derrière lui.

Ici s'amorcent les mouvements d'énergie.

Puis nouvelle attente, et pas à pas nous voici entre quatre rangées de thérapeutes assis paupières baissées. A l'extrémité de la diagonale, clôturant le passage, João est assis devant une table. Contre une poignée de main — bonjour — il donne un papier contenant une prescription, laquelle n'est qu'un numéro de préparation. Il peut de la sorte « voir » une armée de malades sans être épuisé. Pas innocent, assez fin médium pour deviner que je partage généreusement mes vibrations sans aucune protection dans son hall, il demande que nous demeurions encore l'après-midi.

Dans une dernière salle, assises cette fois, nous subissons une jeune personne à la voix suave accompagnée de musique qui pratique habilement une sorte de sophrologie collective pour nous laisser sur une impression de calme après l'épreuve.

Nous déjeunons à la cantine d'une douteuse propreté. Fatiguée par la chaleur, n'ayant pas encore absorbé le décalage horaire, suspectant l'exiguïté et l'absence de confort, je propose à Paulette que nous prenions deux chambres pour mieux nous reposer. On nous dit que pour l'instant tout est complet, mais que « ça » va se libérer. Étonnant, car il est plus de midi.

Le déjeuner terminé, nous réclamons. Les chambres sont encore occupées. Mais certains vont partir. Combien de *lits* voulons-nous ? Nous répétons deux *chambres* et prenons encore un café. Paulette réclame, réclame encore. Je tombe de sommeil. Quelque chose nous gêne : on continue de nous parler de lits et nous parlons de chambres. Prudente, j'ose suggérer :

« Ne pourrait-on rentrer ce soir à Brasilia ?

— A la guerre, comme à la guerre, dit Paulette, acceptons l'expérience. »

L'explication nous est fournie quand, nous approchant de *notre* chambre (après avoir loué trois lits !), nous apercevons par les portes laissées ouvertes des familles entières assises côte à côte sur des lits. Ces chambres ne sont que des abris du soleil. Parfois une personne est allongée, très faible, entourée de la famille.

Je m'allonge épuisée sur une couverture élimée, déchirée et plus que douteuse, dans une chambre contenant... les trois lits pour nous deux. Paulette veut prendre une douche. Elles sont collectives, les toilettes le sont aussi... et l'eau manque. Mon amie rejette l'épreuve sous le seul prétexte de prendre soin de ma santé...

Avec une patience infinie, nous reprenons la file d'attente l'après-midi, munies cette fois de billets numérotés et réclamés dès l'ouverture du guichet car la foule se presse encore.

La souffrance et la maladie, la perspective de la mort sont des ressorts invraisemblables pour mobiliser affectivement les malades et les familles et les mener jusqu'à ces endroits impossibles...

Même jeu, même scène. L'attente est infinie cette fois sur une autre face du bâtiment dans un étroit couloir, alors que les retardataires sont exposés au soleil. On s'appuie comme on peut sur un mur, sur l'autre, d'un pied, de l'autre, durant des heures... Un vrai chemin de croix...

Nous repassons en procession ultra-lente, pas à pas, entre les allées de guérisseurs en méditation, au rythme des poignées de main et d'ordonnances distribuées par João en bout de piste. Qui me demande de rester encore demain. Non merci. Jeune fille à la voix suave, pour nous laisser sur une impression céleste. Sortie. File d'attente pour acheter les bouteilles numérotées. Manque de patience. Nous ne sommes pas (encore) malades. Partons. Épuisées. Sans attendre les médicaments. Nous avons tort car la nuit la colique étreint notre abdomen, nous faisant nous souvenir du repas pris à la cantine, faisant de bien-portantes des malades.

La seule idée qu'il veuille créer quatre-vingts lits pour accueillir des nourrissons me fait frémir... Si le magnétiseur a un pouvoir décuplé sur les bébés en raison du rapport taille-poids des forces en présence, que penser des risques de toxicoses mortelles capables de survenir dans cette ambiance ?

Et je demeure sur le souvenir d'un bain de misères humaines.

Mais j'en retiens une superbe phrase : « *Pour ceux qui croient aucune explication n'est nécessaire et pour ceux qui ne croient pas aucune explication n'est possible.* »

L'HOSTIE

Nous sommes, ce soir, attendues chez Mgr Airlindo. Le pont n'est pas encore construit au-dessus du lac, il faut toujours faire le même grand détour pour atteindre sa maison.

Je retrouve cette ambiance si particulière de la nuit brasilienne. Ces immenses avenues sur la platitude, ces lumières à perte de vue, ces allées d'immeubles alternant avec d'immenses espaces vides qui peuvent laisser place à toute les suggestions... En l'occurrence celle des soucoupes volantes que Paulette ne manque pas d'évoquer !

Celles-ci descendraient fréquemment sur ces grands espaces. Les groupes d'étudiants de tous âges qui rentrent tard le soir en sortant des cours auraient maintes et maintes fois l'occasion de les rencontrer. Car nombreux sont les gens d'ici à s'instruire après leur travail ; ils apprennent des langues, suivent des instructions spirituelles, etc. Je suis frappée par cette soif de savoir des populations les plus simples. Nous sommes dans un pays neuf et dynamique. Ceux qui y vivent s'apprêtent à prendre le relais de notre continent usé et fatigué.

Paulette n'a jamais vu de soucoupe volante, mais elle connaît un homme qui établit des relations suivies avec les « petits hommes verts » et qui part faire des voyages avec eux. Il a même le droit d'enregistrer leurs conversations. Pour l'instant ces notions me dépassent, Paulette m'en conte les détails. Tout comme on écoute une fable, j'entends, en me demandant si le destin m'offrira un jour de participer à une telle aventure avant la fin de ma vie.

Nous voici devant la demeure de Mgr Airlindo. Un coup d'œil dans le ciel pour tenter d'y découvrir la comète de Halley...

La voiture devant la porte d'entrée, le Christ qui saigne sur le mur de droite en entrant, la servante discrète et Monseigneur souriant et distingué. Je retrouve mes souvenirs.

Deux messieurs arrivent bientôt : l'un au teint chaud est dentiste et se nomme Raymondo. L'autre, de type européen, fonctionnaire des services publics, se nomme Amyr, moustachu et barbu, son regard est très doux.

Mgr Airlindo et moi évoquons les souvenirs de l'an passé. Je lui signale que j'ai conservé l'acquis de l'an dernier et vibre toujours à 72.

Il me propose de voir si les objets transportés par l'intermédiaire de Thomaz me font toujours le même effet. Ayant déjà subi l'épreuve, sans inquiétude, je vois venir sa petite caisse de bois blanc. Il en sort les objets en m'en faisant apprécier l'énergie.

Voici qu'apparaissent les fameuses cinq hosties soudées en un seul objet. Avec un sourire interrogateur et complice, il me dit : « Voulez-vous ? »

Installée, solidement appuyée contre le dos du fauteuil, prenant l'objet entre les mains, fermant les yeux, me voici prête à toute éventualité.

Je sens les chemins empruntés par les courants vibratoires qui me parcourent dans les diverses circonstances de la vie. Ce peuvent être des modifications apportées par une situation nouvelle, les échanges avec un patient, la prise d'un médicament homéopathique ou de phytothérapie.

A partir de l'objet mis entre mes mains par Monseigneur naît un courant primaire qui va circuler à l'intérieur de mon corps.

« Oh ! dis-je, j'ai l'impression que mes yeux vont sortir de ma tête. »

Toutes les sensations connues et mille fois éprouvées qui tracent les circuits énergétiques vont apparaître, ce qui n'aurait rien d'extraordinaire si le rythme et la vitesse bien connus n'étaient décuplés. J'ai la sensation de vivre un film de Charlot première manière. Tout est en accéléré. Ce n'est pas une simple accélération à la vitesse de parcours, c'est réellement le vécu d'un Charlot qui se déroule à l'intérieur de moi-même, plaqué sur le plan du schéma vibratoire habituel, sensation probablement due à de petits sauts d'énergie, empruntant relais après relais le circuit énergétique. Pas inquiétant cette fois, mais imprévu, du jamais vécu.

Il est intéressant d'écouter l'enregistrement effectué ce soir-là et de relater ici mes sensations alors tout haut exprimées : « J'ai l'impression que mes yeux vont éclater. Beaucoup de choses se passent au niveau des yeux. J'ai l'impression que toutes mes énergies courent, comme si tout était pressé. Puis, je sens des vibrations émanant de la médaille comme si la médaille avait un pouls sous le pouce gauche, puis la même chose à droite. Je passe à la jambe gauche, à la jambe droite. Toujours une sorte de pouls sous les doigts. Maintenant une réaction du pouls de la médaille entre mon cœur et la médaille. Maintenant entre la médaille et les deux mains. Des tas de choses se passent dans les mains. Sans doute nous approchons bientôt de la fin car les échanges deviennent plus globaux, plus larges. Des énergies tournent autour de la médaille, autour de ma colonne vertébrale, entre environ septième cervicale et cinquième dorsale. Cela descend vers les pieds, remonte à la cinquième dorsale. Un échange entre la droite et la gauche. Des choses entre ma colonne dorsale et le cœur comme s'il y avait une relation entre la colonne et le cœur. Maintenant sans doute la fin des mouvements plus généraux de haut en bas, de bas en haut comme si j'étais une bobine. »

Et la médaille est lâchée brutalement. Le temps mesuré dure à peu près dix minutes entre le début et la fin des échanges. J'ouvre les yeux et me « compte », vibrant non plus à 72 mais à 81.

La médaille vibrant maintenant à 2. Elle vibrait à 81 avant l'expérience. Mgr Airlindo, lui, vibre à 4 à cet instant et son Corps Spirituel est complètement bloqué.

Tout comme l'an dernier, il prend l'hostie, va lui faire toucher le Christ. L'hostie reprend doucement ses forces après la mise en contact avec le Christ : 9, 12, etc., ainsi que Monseigneur dont le Corps Spirituel reprend sa forme initiale, pendant que le chiffre de mes vibrations continue de grimper, passant de 81 à 86, puis 90 (et finiront à 96).

« La prochaine fois ce sera 100, dit Monseigneur, il faut revenir. »

Ayant perdu le mode de communication explosif de la fois précédente, c'est une relation sautillante qui s'est établie entre l'objet et moi.

Les échanges entre la médaille, le *Padre*, le Christ et moi m'interrogent profondément. Dois-je me sentir coupable de « prendre » l'énergie de ces hosties, du père ? N'ayant rien demandé, le procédé de transmutation qui m'est offert a le mérite d'être original, expéditif. Avec simplicité acceptons le don, sans vouloir tout comprendre.

« Monseigneur, lui, ne se pose pas de questions, il jubile simplement de voir cette expérience se reproduire avec une variance. Les choses étonnantes ne l'étonnent plus. D'ailleurs, avec beaucoup de simplicité, me désignant sur le mur, derrière le fauteuil sur lequel je suis installée, un christ d'ivoire qui porte une trace sanglante sur le tibia, il annonce : " Il s'est mis à saigner il y a deux jours. "

Le symbole figuré sur l'objet avec lequel j'ai communiqué peut me fournir un début d'explication : On y voit le symbole du Poisson et de l'Eau. Astrologiquement Lune et Jupiter se trouvent dans mon thème dans le signe des Poissons. Coïncidence ? Résonance vibratoire ? »

Amyr dit soudain : « Une médaille est tombée dehors. » On cherche longuement dans l'herbe et dans le noir... pour la trouver environ cinq minutes plus tard. C'est l'Eucharistie... pour le père, dit-on.

Bientôt une autre, pour Paulette, mais c'est la taille au-dessous.

J'avoue ne rien comprendre à ce qui se passe. Pourquoi s'amusent-ils à perdre et à retrouver des médailles dans l'herbe ?

AMYR

Plus que jamais : « *Pour ceux qui croient aucune explication n'est nécessaire et pour ceux qui ne croient pas aucune explication n'est possible.* »

Je vais m'installer dans le fauteuil habituellement réservé à Thomaz en m'interrogeant sur le pourquoi de la présence de ces deux messieurs dont je n'ai pas encore vraiment fait connaissance car ils s'expriment en portugais. Celui présenté comme étant Raymondo fait des gestes, comme s'il pleuvait quelque chose, tout en riant.

Paulette se penche vers moi et explique :

« En venant, ils entendaient les médailles tomber sur le toit de la voiture, pourtant ils ne se sont pas arrêtés pour les ramasser dans le noir, il n'est pas prudent de s'arrêter la nuit. »

Je demande des explications supplémentaires :

« Amyr a une spécialité, il matérialise les médailles. Il a matérialisé une médaille de saint Benoit, mon saint préféré. J'avais fait une recherche à son propos trois ans plus tôt. Il ignorait ce détail, mais une médaille de saint Benoit m'est arrivée. »

« Je sens qu'il tombe quelque chose : une aiguille ! » dit tout à coup Amyr.

« Elle est tombée dans le jardin », ajoute-t-il nous emmenant sur la terrasse devant la piscine éclairée. Après avoir cherché quelques instants nous la trouvons. Ce n'est qu'une grosse aiguille à coudre !

« J'ai pensé " aiguille ", il est venu ceci », dit-il.

Quelle attitude prendre ? Est-ce un jeu, un artifice, une farce ?

Il est probable que si Monseigneur a invité ses amis en même temps que moi, ce n'est pas pour assister à un spectacle de prestidigitation, mais pour me faire assister à une séance de matérialisation.

N'étant pas voyante, il m'est impossible de contrôler ce qui se passe à l'instant. Une de mes amies, exceptionnelle médium, voyait aux Philippines de petits grains de lumière surgissant, se précipitant vers un point, pour s'y concentrer, s'agglomérer autour du coton mouillé du guérisseur jusqu'à former la matière.

Intéressée, je demande à Amyr la permission de l'examiner sur le plan de l'invisible, ce qu'il accepte bien volontiers. Il vibre globalement à 7, tout comme Edson Queiroz, et son Corps Spirituel est identique.

Tout à coup, il s'approche de moi et me demande :

« Êtes-vous dévouée à un saint, à une sainte ? Moi, je suis dévoué à sainte Bernadette. Quel saint priez-vous habituellement ? »

Prise au dépourvu, ne sachant que répondre, n'ayant pas l'habitude de prier un saint mais plutôt de me joindre vibratoirement au Cosmos, que répondre ? Paulette insiste : « Si vous voulez obtenir une médaille, il faut nommer un saint. » Me vient à l'idée un lieu de culte de la Normandie, Lisieux. Invoquons sainte Thérèse de Lisieux.

« Comment sainte Thérèse est-elle faite ?

— Elle est jeune, elle porte des roses dans les bras et un Christ.

— Est-ce sur elle qu'a été écrit *Mon château intérieur ?* Je demande que cette sainte vienne », annonce Amyr.

Je réplique que je préférerais recevoir la médaille perdue d'Agpaoa.

Amyr dit qu'il ne matérialise que les médailles de la religion catholique, il n'est pas branché sur l'Orient et n'a aucun succès dans ce monde-là. Inutile donc d'insister. Il me faut me concentrer, penser à sainte Thérèse. Il demande de l'eau et boit, c'est à ce moment, dit-on, que se font les matérialisations. Examinons son invisible alors qu'il énonce ses sensations :

« Je sens mon cœur qui commence à partir en tachycardie et je sens que je deviens froid et léger. »

Il se couvre de sueurs froides. Alors qu'il vibrait à 7 au départ, Il vibre maintenant à 3, puis 2, et le Corps Spirituel se modifie dans sa forme au niveau de la tête, restant identique à lui-même au niveau du corps physique.

« Quelque chose me vient dans la bouche », dit-il.

Le niveau d'énergie maintenant remonte, atteignant la normale, le cœur se ralentit. Il confirme sentir quelque chose dans la bouche, puis frotte ses doigts contre sa paume... et l'ouvre. Voici une médaille de la sainte tout argentée dans sa main, sept minutes après qu'il en ait formulé la demande.

Sainte Thérèse est superbement ciselée, en en variant le point de vue, en modifiant l'inclinaison de la médaille, elle se présente telle un hologramme et semble changer d'expression.

« C'est un métal différent de celui auquel nous sommes habitués, dit Monseigneur. Habituellement les médailles sont légères, celle-ci est très lourde. Jamais nous n'avons vu ce genre de métal ici matérialisé. »

Pour moi c'est le poids de la médaille d'Agpaoa que j'ai perdue.

L'instant de stupéfaction passé, malgré la beauté de sainte Thérèse, je regrette que ce ne soit pas la médaille perdue. Elle était de forme triangulaire, d'un métal semblable à du bronze, portait des inscriptions en mauvais latin ainsi qu'un œil d'où s'échappaient des rayons.

« Faites examiner ce métal, dit Monseigneur, vous retrouverez le métal de la médaille que vous avez perdue. »

Soyons honnête : la première idée qui m'est venue à l'esprit, plutôt que de penser à la sainte, fut de retrouver la médaille que Tony Agpaoa m'avait donnée, me disant de toujours la porter. Elle s'était trouvée égarée après la découverte de la forme de ce que j'ai tendance à appeler jusqu'à nouvel ordre le Corps Spirituel.

Cette pensée a-t-elle influencé la qualité du métal apparu ?

Monseigneur remarque que l'autre face est lisse, seul visible, un « o », rien d'autre, alors qu'elles sont habituellement toutes gravées recto verso.

Je propose alors en riant que l'on appelle saint Antoine de Padoue, lui saurait peut-être l'aider à retrouver ma médaille !

On me demande de mesurer l'énergie de la médaille. Elle vibre à 72 comme tous les objets transmutés.

A ce moment, la comète de Halley est évoquée, tous sortent dans le jardin, les yeux braqués vers le ciel.

« Attention, je crois qu'il va tomber une médaille par ici », dit Amyr en désignant une région de la pelouse.

Tous se précipitent, fouillent l'herbe, s'aident cette fois d'une lampe-torche et ne trouvent rien dans l'herbe.

« Encore une autre un peu plus loin », continue-t-il.

Toujours rien. On m'explique qu'elles sont *en train « de se faire »*.

Effectivement, quelques minutes plus tard, les médailles sont là.

Pendant ce temps j'observe affectueusement ma médaille pour laquelle je suis pleine d'admiration et d'attention. Elle se modifie, tel un objet qui vit ; la face de sainte Thérèse est toujours argentée alors que l'autre face modifie sa couleur, empruntant doucement la couleur de la médaille d'Agpaoa. Elle n'est pas terminée. Elle se modifie.

« C'est une fabrication artisanale », plaisante Raymondo.

Paulette remarque qu'une ligne transversale apparaît en

haut de la face de sainte Thérèse (dix minutes après son apparition) ; treize minutes plus tard elle se transforme encore.

« Je ne sais pas si vous remarquez, mais elle n'est pas très très ronde ! » signale Paulette.

La médaille n'est plus vraiment ronde. Une sorte d'incision horizontale vers le haut est nettement dessinée, tandis que sur un des bords elle s'érode, laissant découvrir des feuillets successifs, ressemblant à de fines lamelles de métal empilées les unes sur les autres. Un des côtés d'un triangle pourrait bien s'y amorcer. Voici une médaille ambiguë : un peu ce que j'ai demandé, un peu aussi ce que j'ai profondément souhaité.

S'amorcent des nuances de bronze sur sainte Thérèse qui prend des reflets et un relief différent.

Puis mes amis racontent des histoires drôles peu communes.

Raymondo explique qu'Amyr avait demandé un objet en écrivant cela sur un papier, le dessin s'est fait sur le papier mais l'objet ne s'est pas matérialisé.

Mgr Airlindo raconte qu'un jour Amyr était à Pouso Alegre, lui téléphonant et lui disant qu'il avait une assiette pleine de médailles devant lui. Et tout à coup les médailles ont disparu de Pouso Alegre et sont arrivées ici à Brasilia devant Monseigneur, au fur et à mesure qu'Amyr les voyait disparaître de l'assiette.

C'est au tour d'Amyr de raconter qu'il était allé voir un ami et avait senti qu'il tombait pour lui une médaille. On ne l'a pas trouvée, mais en rentrant chez lui, Amyr a vu qu'elle était tombée à son propre domicile, aussi est-il retourné la porter à son ami !

Quarante minutes plus tard, nous voyons tous que le métal bronzé continue d'envahir la face de sainte Thérèse. La sainte est trop belle ! Il faut arrêter cette transformation ! Je veux la garder ainsi !

Les histoires continuent. Un couple se disputait à São Paulo devant Amyr. Il leur est venu une médaille de la Sainte Famille avec un saint Joseph !

Paulette ayant apporté une bouteille de champagne et des gâteaux, on installe des verres sur la table, on ouvre la bouteille et l'on boit à la santé de nous tous.

Toujours préoccupée par ma médaille, j'observe que l'attache est identique à l'attache de celle d'Agpaoa, c'est-à-dire perpendiculaire à la face de la médaille.

« Comment sont les attaches des autres médailles ? »

Nul ne répond, c'est le silence. Ils regardent, sans voix, le verre de Mgr Airlindo. Au fond de celui-ci brille une médaille.

Repêchée à l'aide d'une cuillère et identifiée, on reconnaît le Saint-Suaire de Turin lui-même qui vient nous tenir compagnie. Sur l'autre face, un Soleil qui brille de tous ses rayons ; une inscription d'une netteté incroyable : « Illumine seigneur ton visage sur nous. »

« La prochaine sera pour moi », dit Paulette.

Et la même médaille vient pour Paulette, mais plus petite.

« Il faut, pour que la médaille arrive, qu'il y ait une syntonie entre moi et la personne, explique Amyr. Il y a des personnes avec lesquelles je vis et pour lesquelles il ne se produit rien.

— Comment s'est développé votre pouvoir ?

— Tout a commencé quand j'avais dix ans. Des choses disparaissaient dans la maison et que je rematérialisais. Moi aussi je disparaissais de la maison. Je me souviens que j'étais dans quelque chose de complètement vert. Pour les autres, j'avais disparu. Je n'étais bien que seul. Heureux quand j'étais seul. Je suis arrivé de l'école un jour, mes parents étaient très tristes. Ma mère pleurait. Elle m'a raconté qu'elle avait la nostalgie de l'Arabie. Je me suis senti très léger sous l'effet de l'émotion, j'ai senti comme si quelque chose m'aspirait. J'ai disparu à ce moment. J'entendais ma mère qui pleurait et qui disait : " Je veux revoir mon fils, je veux revoir mon fils ".

Après deux heures, je suis revenu dans la chambre de mes parents avec une feuille et un fruit de tamarin qui est une plante d'Arabie.

« Vous souvenez-vous être allé au Moyen-Orient ou non ?

— Non, je voyais seulement une dimension verte, rien d'autre. C'était le résultat de l'émotion. Je voulais faire quelque chose pour eux. Et tout le monde était très content. Maman a dit : " Surtout ne refais plus jamais cela. "

La nuit, je dormais très peu et restais à la fenêtre à regarder les étoiles, et ça me procurait des émotions agréables, car je me sens ici dans un monde très restreint, limité. J'avais peur de raconter ce qui se passait à mes parents qui pourtant m'ont beaucoup aidé. Mon grand-père aussi. Toujours avec moi, toujours croyant et acceptant ce que je disais.

— Et avec les autres enfants ?

— J'ai toujours eu de bonnes relations avec les autres. Mais je m'isolais en me plaçant toujours au dernier rang car il arrivait des choses étranges à l'école. Je me sentais léviter et devais m'accrocher à la chaise. Au collège où c'était très strict, je levais la main pour aller à la toilette pour léviter tranquillement. Je courais dans le corridor, j'ouvrais la porte des cabinets, je m'asseyais sur la toilette et je pleurais pendant que la lévitation que je ne savais éviter se faisait.

— Et dans le travail ?

— Beaucoup de problèmes dans le travail. Les cendriers, les verres qui lévitent, etc. Beaucoup de problèmes. Je suis pensionné à un pour cent car j'ai des problèmes de cœur (problèmes de cœur avec les extraterrestres, dit quelqu'un !). Les cardiologues disent que j'ai comme une espèce d'angine depuis 1980. C'est une fausse angine de poitrine, mais j'ai des comprimés d'Isuprel. Maintenant je fais un autre travail dans l'exportation.

— Quels sont les rapports avec la matérialisation ?

— Quand je matérialise il arrive que l'électrocardiographe s'arrête.

— L'échocardiographe se coince et ne marche plus, ajoute Raymondo. Il faudrait faire un cathétérisme. Son taux de cholestérol est normal.

— Enfant, j'avais déjà une douleur extraordinaire qui venait avec le phénomène. »

Les étoiles brillent dans le ciel, les amis continuent de rechercher la comète. La température est agréable, l'eau scintille dans la piscine bleue, les uns et les autres vont et viennent, le verre de champagne à la main ou l'œil sur une lunette qui ne veut pas se laisser régler.

Je suis là, décontenancée, faite par le monde du possible et de l'impossible, maintenant plongée dans celui où tout est possible.

Pensive, avec la médaille qui continue de se modifier au creux de la main, songeant aux erreurs soutenues à propos des matérialisations biologiques faites aux Philippines. Tous les disaient impossibles. Me voici pourtant avec la main plus étrange encore, songeant à tout le ridicule dont certains ont voulu m'habiller, à toutes les ruptures affectives causées par mes affirmations.

Le Ciel m'envoie MA preuve absolue, après quinze ans de recherches. Ma preuve la plus tangible sous la forme d'une médaille de sainte Thérèse ! Et cette magie se fait chez Mgr Airlindo !

Lui non plus ne craint pas les remises en question, ni la mise à plat des erreurs du code religieux. La magie se fait chez lui !

Des médailles continuent à tomber du ciel. Et chacun de nous en reçoit au moins une à son goût dans la soirée.

Le premier moment d'étonnement passé, le métier reprenant le pas, il me faut contrôler les modifications physiologiques survenant chez Amyr et accompagnant le processus de matérialisation.

Tout d'abord il demande de l'eau et boit avec avidité. Puis il pâlit, des sueurs apparaissent, le rythme de son cœur s'accélère, on sent qu'il est mal à l'aise. Après un temps qui peut varier de quinze à trente secondes environ, il annonce que l'objet va apparaître.

Un certain temps peut s'écouler, de l'ordre de quelques secondes à quelques minutes, avant que l'on ne voie l'objet : *il se « fait »*. Il existe déjà sur le plan de l'invisible, à l'état potentiel, il n'est pas encore actualisé, devenu matière. Pourtant il peut apparaître, pas encore complètement terminé, et c'est le cas de la médaille de sainte Thérèse qui continue de se transformer.

Avec sa permission, j'examine Amyr au calme. Son corps physique vibre à 7-7-7-8/9/10... Son Corps Spirituel est toujours largement développé.

En cours de matérialisation, l'énergie tombe brutalement. Ce qui est à l'origine du malaise. Puis doucement, elle remonte.

Il me parle de son cœur et de ses crises de tachycardie qui accompagnent les matérialisations et qui peuvent être suivies de douleurs précordiales. Celles-ci pourtant ne présentent pas les caractères des crises d'angor. D'ailleurs, il a eu recours très souvent à des examens qui ne montrent aucune anomalie, ce qui étonne le médecin.

Je suppose donc qu'il souffre de troubles purement énergétiques.

L'examen de son cœur confirme l'hypothèse en montrant un manque d'énergie très localisé à la région précordiale. Ce qui peut être corrigé s'il le permet. Oui. Alors je ressens à mon tour une douloureuse constriction au niveau de mon bras qui le palpe, il dit ressentir, lui, une sensation de grande légèreté et un bien-être dès que je commence à lui toucher la tête de la main, puis éprouve la sensation de marcher sur un nuage. Ce qui lui est très agréable. En même temps l'énergie devient normale dans la région précordiale.

Mais partager mes forces avec ce grand médium-éponge a aspiré mon énergie, je ne vibre plus qu'à 5. Monseigneur s'inquiète. Je le rassure en disant que quelques bonnes respirations vont me permettre de récupérer. Ce qui ne manque pas d'arriver.

Puis Raymondo continue avec simplicité de raconter des histoires drôles, qui pour d'autres seraient considérées comme des miracles.

Allant avec Amyr à Brasilia prendre un café dans un bar, le café est devenu du parfum. Ils ont quitté le bar sans rien boire. Revenant le lendemain, la même chose s'est produite.

« Sur quatre fois, une fois seulement nous avons pu réussir à boire un café ! Une autre fois, le café à peine servi, les cuillères commencent à se tordre et le garçon de dire :

« " Mais quel est le sorcier qui va payer les frais ? Bien, vous payez un café, mais ça coûte plus cher à la maison qu'un café de payer les cuillères ! "

« Un autre jour, je prends une bière pour éviter l'histoire des cuillères, mais ça devient aussi du parfum. Le lendemain, même chose. Alors je dis tant pis ! je vais le boire. J'ai été malade trois jours ! A chaque fois que je voulais boire ou manger, je vomissais. »

Soirées superbes, simples, riantes, loin des contingences humaines, des catégorisations psychologiques, parapsychologiques, loin des étiquettes. Nous vivons les faits de la Nature avec simplicité. *Aucune mise en scène.* Nous sommes entre nous, sans contrainte aucune, tels des enfants joyeux dans un espace où tout est possible et qui n'est ni le Ciel ni tout à fait la Terre. Peut-être sommes-nous entrés dans l'âme du Cosmos. Mon Deuxième Monde, intermédiaire entre le Ciel et la Terre. Nous y jouons en parfaite simplicité et sans la moindre arrière-pensée.

L'AMBASSADE

Autre style. Autre ambiance, même sympathie. Pour l'occasion, Paulette revient avec un sac à main neuf, alors qu'elle n'était partie chercher qu'un paquet de cartes à jouer neuf, demandé mystérieusement par M. l'Ambassadeur.

L'ambassade ? Décor de rêve : grands espaces, quelques objets précieux, somptueux bouquets, vue sur un jardin équatorial.

Madame et bientôt un ami nous accueillent avec des jus de fruits, n'abordant prudemment que des banalités relatives au climat et la vie à Brasilia, jusqu'au moment où le maître de maison se présente pour donner le ton.

Puis nous passons à table sous l'auvent qui n'est plus la maison et pas encore le jardin. Les enfants sont présents, jeunes encore, avec leur gouvernante. M. l'Ambassadeur annonce que les enfants doivent être informés des réalités de l'existence du visible et de l'Invisible et qu'ils ne sont pas de trop autour de cette table où la conversation sera libre.

Elle l'est. Table ronde ornée d'un élégant centre de fleurs, service de porcelaine, couverts d'argent, maître d'hôtel aux gants blancs contrastent avec notre table d'Abadiana. Le charme de la vie est fait de ces contrastes de situations. Nous évoquons nos soirées chez Mgr Airlindo et les interrogations qui pèsent sur notre constitution, notre provenance et notre devenir au sein du Cosmos dans le cadre d'une culture avancée des sciences.

A la fin du succulent repas, notre hôte nous invite au salon, ouvre le paquet de cartes à jouer tout neuf, le répand sur la table basse. Avec étonnement je le vois frapper énergiquement du bout des doigts ces cartes que nul n'a encore touchées. Puis madame est priée de s'éloigner quelques instants. Il prend alors quelques cartes en main, nous demande de faire notre choix. Nous lui en désignons une, laquelle est remise dans le paquet qui est battu et étalé. Madame est rappelée.

« Sans réfléchir, surtout sans réfléchir, choisis-en une ! »

Et madame sort celle que nous avions choisie.

Belle expérience de transmission de pensée.

En présence de sujets aussi exceptionnels, il me vient à l'idée de voir ce qui peut les relier. L'une et l'autre vibrent au même chiffre

7 en cet instant. Il sont en harmonie. La carte choisie vibre également à 7, en harmonie avec eux, alors que les autres vibrent à 1. La carte retrouvée a donc reçu *l'énergie-information venue de la pensée* (problèmes bien étudiés dans les ouvrages précédents).

M. l'Ambassadeur veut recommencer l'expérience avec moi. Non entraînée à ce genre d'exercice, j'accepte, à peu près persuadée que les conditions ne sont pas réunies pour une réussite. Éloignée, puis rappelée à lui, il me dit tout comme à son épouse : « Choisissez sans réfléchir. »

C'est un échec.

Alors, appliquant cette fois réflexion et expérience acquise des lois de l'Invisible, me souvenant de l'énergie-information, je cherche au *feeling*, en passant la main au-dessus du tas de cartes, celle qui vibre à 7... et immédiatement sort alors la bonne carte, celle que l'on attendait.

A chacune sa voie, sa façon de procéder.

Nous aimerions parler plus longtemps de tout cela, mais les rendez-vous administratifs sont là qui commandent.

Heureux choix que fait un pays, quand un de ses responsables présente cette capacité de concentration et ce pouvoir d'information sur la matière !

LA ROSE

Plus que jamais : « *Pour ceux qui croient aucune explication n'est nécessaire et pour ceux qui ne croient pas aucune explication n'est possible.* »

Nous revenons le lendemain soir chez Mgr Airlindo.

Toujours avec en tête l'idée qu'Amyr pourrait, soit me récupérer depuis l'autre continent la médaille d'Agpaoa, soit m'en matérialiser une identique, je me présente avec *Nos Trois Corps et les Trois Mondes* entre les mains. Il porte sur la dernière page de la couverture la photographie d'Agpaoa mise à l'intention des nombreux lecteurs qui la demandaient. Afin de ne pas soulever le lièvre des matérialisations qui gardait un parfum de scandale, j'avais choisi une photographie prise à l'issue des cérémonies de départ, alors qu'il tenait une rose dans la main, plutôt qu'une séance de travail.

Amyr et Raymondo sont déjà présents lorsque nous arrivons. Raymondo est accompagné de sa mère. Le compte fait, nous sommes, avec Monseigneur et sa servante, six personnes présentes.

Ne perdant pas de temps, je m'approche d'Amyr debout au milieu de la pièce, son premier verre d'eau entre les mains, et lui montre la photo d'Agpaoa, essayant de lui expliquer... « mon maître que voici » et reprends l'histoire de la médaille perdue...

Il est en train de décapsuler un verre d'eau de plastique et en arrache la languette qui dépasse de la surface.

« Oh ! *rosa, rosa* », dit-il en désignant la rose tenue par Agpaoa sans s'appesantir sur ce dernier. En même temps, il plie les bords de la languette métallique arrachée, demande si le morceau de métal est bien de la même dimension que la rose, attend mon approbation. Ce détail me semble superfétatoire et je réponds oui, sans contrôler, ne voyant pas l'intérêt de la chose. Le morceau de métal est maintenant entre ses deux doigts, pouce et index de la main droite ; il le malaxe quatre ou cinq fois, et laisse glisser au creux de ma main la reproduction de la rose, me disant de la porter sur moi.

Oh ! étonnement, oh ! merveille, c'est une petite rose argentée, bien découpée en relief, finement gravée sur l'autre face de sainte Rita, la sainte des Causes désespérées, me dit-on. La maman de Raymondo annonce avoir justement pensé à cette sainte à cet instant et précise qu'habituellement sainte Rita de Cassia se trouve à la droite du Christ et non pas à sa gauche comme ici...

Amyr dit avoir eu, à l'instant de la matérialisation un fort goût sucré dans la bouche et avoir vu derrière un rideau transparent une femme avec des yeux de verre...

Il n'existe pas de mots pour dire mon étonnement.

Alors l'entourage s'extasie sur la beauté, la finesse de l'objet et me demande :

« Mais pourquoi tient-il une rose dans les mains ? »

Et d'expliquer que la veille de chaque départ de groupes de malades, une fête était organisée en leur honneur. Le personnel était entraîné à danser et à chanter, puis les aides présents chantaient des mantras, disposaient des bougies allumées en forme de croix sur le sol ; Tony arrivait, une gerbe de roses dans les bras, les disposait au sol, devant la croix, faisait lui-même ses gestes et ses incantations, et, la cérémonie terminée, offrait une à une les roses aux dames présentes. La photo fut prise au moment où il tendait une rose pour l'offrir.

A cet instant, en moins de temps qu'il n'en faut pour l'écrire, Amyr avale un verre d'eau rapidement, se couvre de sueur, émet quelques sons rauques et se présente avec, dans la main, une superbe rose en bouton... et me l'offre.

Elle embaume de son parfum toute la pièce. J'en tâte les pétales, n'en croyant ni mes yeux ni mes doigts ; c'est une « vraie rose », elle porte des feuilles, on voit la section oblique de la tige et même deux épines coupées pour éviter les piqûres... Pour éliminer une supercherie, jetant un regard circulaire autour du moi, je ne découvre que des roses artificielles dans un vase sur la table basse ; courant au jardin, j'examine un à un dans le clair-obscur les quelques rosiers malingres présents. Monseigneur sourit en me voyant courir ici et là. Les fleurs de son jardin n'ont rien à voir avec cette rose superbe, en bonne santé, un prototype de rose qui me tombe du ciel. Ce n'est pas une supercherie.

J'accepte l'idée que c'est l'Esprit d'Agpaoa présent ici qui m'envoie cette médaille en forme de rose, plus jolie à porter que la précédente, ainsi que la fleur par l'entremise de mon nouvel ami.

Quand la rose est venue, il a donc senti de nouveau un excès de sucre dans la bouche, il avait soif, se sentait séparé du monde comme s'il était derrière un rideau, vraiment coupé du reste du monde. Il a voulu dire :

« *Padre* Airlindo, voyez la rose », mais il n'avait plus de voix. A cet instant, sans doute a-t-il produit les grognements rauques qui ont attiré mon attention.

Quand sa salive devient acide, c'est à ce moment-là qu'il a envie de faire un travail d'énergisation sur les malades. La chaleur venant à l'intérieur de lui-même, il sent un besoin de boire de l'eau.

Agpaoa se servait d'eau lui aussi.

L'eau peut permettre toutes les transmutations. Ceci dans toutes les situations puisque Raymondo précise que le chocolat s'est transformé en lait hier au café italien ; ils l'ont donnée au chat.

Une médaille grosse comme une pierre est tombée sur leur voiture en venant. Une autre médaille arrive, elle est argentée et dans les mains de son destinataire, elle devient dorée.

Pour le souvenir, je veux enregistrer le résumé de la soirée sur mon petit magnétophone. Mes amis ont le leur. C'est donc sur leur demande et devant trois magnétophones que je fais en français la relation de ce qui vient de se passer. Puis chacun vérifie son enregistrement.

Seul le mien a fonctionné ! Pourtant les deux autres magnétophones actionnés par des personnes différentes sont bien en état de marche... C'est donc à partir de mon propre enregistrement qu'ils vont maintenant pouvoir recevoir le message sur les leurs, qui maintenant fonctionnent.

Nouveau souvenir d'Agpaoa dans ce genre de procédé : annuler des enregistrements lui était un procédé familier. Parfois aussi, il lui est arrivé de s'adresser à moi, me disant que j'avais à répéter à une personne pourtant présente ce qu'il avait dit.

Après un moment de repos, Amyr va « faire » une nouvelle médaille. Ce qui me permet de confirmer mes premières impressions à propos des modifications d'énergie et d'observer les modifications concomittantes de son Corps Spirituel. Puis j'entraîne Monseigneur vers un fauteuil pour enregistrer ses sentiments à propos de ces phénomènes.

MONSEIGNEUR

Et toujours : « *Pour ceux qui croient aucune explication n'est nécessaire et pour ceux qui ne croient pas aucune explication n'est possible.* »

Monseigneur parle des objets volés et de leur histoire.

« C'étaient des transports, des transmutations qui m'avaient été offertes par Thomaz : des fourchettes tordues, des christs, des hosties, des médailles. J'étais à la cathédrale pour célébrer le culte. Pendant ce temps j'ai été volé. Mais quelque temps plus tard, je vais donner un cours de contrôle mental dans la région où habite Thomaz et je lui raconte.

" Ils reviendront, *padre,* ne vous inquiétez pas. "

Et j'ai pris ma voiture pour rentrer chez moi. Des lumières éclataient sur la voiture. Un objet est entré, cognant ma tête en laissant une trace sur ma tête, c'était mon christ qui revenait.

« Deux mois plus tard, en le revoyant, je lui dis qu'il manquait des hosties.

" *Padre,* elles reviendront ! " De nouveau pendant le retour à Brasilia, une lumière et un grand bruit, la voiture était fermée et les hosties sont apparues.

Mais des médailles manquent toujours. J'étais chez lui et nous allions manger un gâteau. Je dis à Thomaz :

" Il me manque quelques médailles ", et *pang* ! il prétend qu'une médaille est arrivée à l'intérieur du gâteau.

" Mangez ceci, *padre* ", me dit-il en m'offrant un morceau de gâteau. A l'intérieur du gâteau, il y avait bien une médaille. Et comme cela lentement les médailles sont revenues une à une. Chacune a son histoire. »

« Quelques mois plus tard, Thomaz était là, à Brasilia pour une conférence. A 2 heures du matin, alors que j'allais prendre ma voiture et rentrer chez moi, il me dit : " Je vais chez vous, *padre* ", Et alors des lumières, des lumières traversant le pare-brise. Arrivent *cent cinquante-six médailles* alors que la voiture était fermée. Il pleuvait des médailles de tous les saints, de tous les saints ! Il dit :

" Cryptus, Cryptus, être extraterrestre, la lumière blanche. Manifestez-vous ! Manifestez-vous ! "

Des lumières partout qui éclatent, des lumières partout !

" Cryptus, Cryptus, être extra-terrestre, manifestez-vous ! Qu'est-ce que le *padre* doit faire avec ces médailles ? "

Des lumières énormes partout disent :

" Il faut les donner ", c'est ce que j'ai fait. »

« Pouvez-vous, *padre,* me raconter comment sont venues les cinq hosties qui ont fait grimper le niveau de mes énergies ?

— Oui, et c'est drôle ! Une autre fois, j'étais chez lui dans la salle d'énergisation. Pendant une heure : des lumières, des lumières apparaissaient continuellement. Pan, pan pan, pan ! continuellement.

« Il s'est agenouillé devant moi, il m'a dit :

— " *Padre* Airlindo, je vais vous confesser une chose. Cette lumière blanche qui apparaît continuellement, je l'appelle Cryptus, mais ce n'est pas Cryptus, l'extraterrestre, c'est le vrai Christ qui apparaît aujourd'hui. Tout était éclairé, des lumières partout, un bruit qui faisait " crcrcrcrcrr ". Il confirme, il confirme, c'est le Christ. Je dis :

« " Thomaz, le Christ est là, et le Soleil et la Lumière, vraie Lumière. "

« C'est l'Évangile qui dit cela, vraie Lumière pour le salut des hommes. Quand je dis ça : crcrcrcrcrcrc, de nouveau les lumières et le bruit. Alors, à genoux, il pleure, et moi je pleure aussi d'émotion.

« J'ai douté pourtant. Jusqu'ici, c'était Cryptus un extraterrestre qui se manifestait, maintenant c'était la Lumière, maintenant il devenait le Christ — vraie — Lumière. Alors j'ai dit :

" Christ, si c'est Vous, cette Lumière, alors donnez-moi une manifestation de cette Lumière. " Et j'ai fait une petite prière personnelle, et comme Thomaz finissait l'énergisation, dix minutes plus tard, quand je suis allé chercher ma veste, dans l'armoire, il y avait des médailles dont deux de l'eucharistie et le Christ, le grand que vous avez vu hier. Nous sommes allés dans l'autre salle pour filmer ces médailles. Il les place sur la table et les amis regardaient. Pendant qu'il filmait : pong, pong; pong, pong, arrivent quatre médailles encore. Je doute encore : sur quinze médailles il y avait seulement deux médailles de l'eucharistie. Or, j'avais demandé au Christ une manifestation eucharistique de sa présence.

« Je vais dans une autre ville, une semaine après, donner une conférence et je retourne chez Thomaz. Alors je prends cinq hosties, quatre grandes et une petite, et je dis au Christ : " Si c'est vraiment vous, qui êtes là sous forme de cette Lumière blanche, je vous demande une autre manifestation, un témoignage de votre présence. Faites arriver quelque chose avec ces hosties, avec ces hosties non consacrées. " Je les ai laissées dans ma valise et n'ai rien dit à personne.

Cette nuit-là, nous étions environ quinze personnes chez Thomaz. J'étais sur le point de partir, il était minuit déjà, plus ou moins. Soudain il dit :

" Un apport, un apport. Qui l'a reçu ? C'est un apport. Qui l'a reçu ? "

Tout le monde cherche dans les poches. Personne ne trouve. Il dit :

« "*Padre,* un message pour vous. "

Alors je suis allé dans ma chambre, j'ai ouvert la valise, elles étaient là, *cinq hosties en bronze et les cinq autres non consacrées à côté. J'avais reçu le message.* C'est ainsi que sont venues ces hosties.

— Sont-elles bien ces hosties, celles que je ne voulais pas toucher l'année dernière ? Celles avec lesquelles j'ai eu cette nouvelle aventure cette année ? dis-je au *padre.*

— Oui, c'est ça.

— Merci, *padre,* de me raconter cela. C'est important pour moi de connaître l'histoire de ces hosties, car je les sentais tout à fait différentes vibratoirement des autres apports. C'était un apport christique. C'est pourquoi elles ont augmenté si brutalement mon niveau d'énergie.

— Oui, c'est important pour moi aussi ! C'est extraordinaire, oui.

— Pour vous, *padre,* ça prouve quoi ?

— Je ne sais pas exactement. Que le Christ est présent, oui, je n'ai pas de doute, voyez il saigne constamment. Trois fois ici et l'original quarante fois chez Thomaz. Le petit christ d'ivoire a saigné sur sa jambe, il a saigné l'autre semaine quand Amyr était ici. Le Christ saigne, il me donne une chaude foi, il est présent. *Il y a des extraterrestres aussi, on dialogue avec eux.*

— Qui dialogue avec eux ? Vous ?

— Oui, moi, mentalement. Ils se manifestent, pan, pan, pan ! sous forme d'éclairs. Tout le monde les voit chez Thomaz. Si vous restez une nuit avec Thomaz chez lui, vous allez les voir. Ce sont des intelligences extraterrestres qui se manifestent tout de suite. Ils se manifestent par des éclairs, vous pouvez les interroger, si la réponse est non, il n'y a rien, si c'est oui, il y a des éclairs : clac ! clac, clac ! On les a photographiés et filmés en vidéo. On arrête la vidéo et on voit des disques parfaits. Les disques les plus parfaits que j'aie vus. Ces lumières sont des disques, c'est parfait, parfait.

— Donc cela prouve qu'il y a des Esprits. Ce sont des Esprits d'un autre monde ou bien ce sont les Esprits de nos morts ?

— Ce sont des Esprits d'un autre monde parce qu'ils vont vers une autre planète. Souvent on les appelle *Afronvé* (j'écris comme j'entends sans garantir l'orthographe). Ils disparaissent ici et retournent quelques jours après ou quelques heures après. C'est très intéressant, c'est *é-pa-tant !*

— Comment vous situez-vous par rapport à la religion ?

— La religion m'éduque. Par rapport à la religion, je crois qu'il y a des extraterrestres, il y a beaucoup de mondes habités, la religion ne le dit pas. Mais la science confirme, n'est-ce pas ? Je suis convaincu qu'il y a beaucoup de mondes habités, mais pas sous la même forme, sous forme de lumières, d'énergies. Pas sous notre forme à nous, sous forme de lumières. »

La lecture du livre du Dr Ritchie m'a rappelé cette description de Monseigneur. La scène se passe alors que son « double » se trouve à côté de son corps mort, où il s'aperçoit que son corps désincarné n'a aucune influence sur le concret :

« Je regardai, stupéfait, tandis que la lumière augmentait encore, venue de nulle part, paraissant briller partout en même temps. Toutes les lampes de la section n'auraient pu fournir une telle luminosité. Et toutes les lampes de l'univers pas davantage !

C'était une lumière incroyable : comme si un million de lampes à souder s'étaient embrasées en même temps. Dans mon étonnement, me vint une pensée prosaïque dont l'origine était probablement une lecture de biologie à l'université. " J'ai de la chance de ne pas avoir d'yeux naturels : cette lumière m'aurait détruit la rétine en 1/10 de seconde. "

Non, je me corrigeai : ce n'était pas la lumière.

« C'était LUI (... un Homme fait de lumière).

Je comprends pourquoi Agpaoa me disait avec beaucoup de simplicité : « Branchez-vous sur la Lumière. » Point n'est besoin de mots, de phrases, de gestes particuliers, si l'on se branche sur la Lumière.

Nous rejoignons bientôt les amis qui se racontent des histoires. C'est Raymondo qui parle. Ami d'Amyr et de Thomaz, il est en possession de souvenirs qu'il présente, non pas comme des miracles, mais simplement comme des aventures drôles, des jeux imprévus.

« A l'hôtel *Hoton Palace,* Thomaz nous appelle, Mgr Airlindo et moi, comme témoins : il a fait s'entortiller toutes les fourchettes et couteaux, fondre les clefs de l'appartement, parfumé tout l'hôtel de son parfum ! L'hôtelier était furieux. Mais un avocat, tout à fait enchanté de ce qu'il avait vu, a payé la facture complète de tout le monde, y compris celle de Mgr Airlindo et les cuillères, les fourchettes, les couteaux en argent qui s'étaient entortillés.

Le lendemain, il y eut un *chourrasco* préparé en l'honneur de

Thomaz. Mais Thomaz avait filé de bonne heure le matin, avant que les gens soient réveillés. Il a laissé tomber tout le monde. Il est ainsi.

Thomaz aime bien être tranquille avec ses amis, mais tout le monde le poursuit. Comme il voulait passer le Carnaval tranquille, il a dit à sa secrétaire de téléphoner dans tous les États qu'il serait là. A Rio qu'il serait au Carnaval de Rio, à Saint-Paul, qu'il serait au Carnaval de Saint-Paul, à Belo Horizonte, à Brasilia, etc., partout on l'attendait, et personne n'est allé à Pouso Alegre et là, il était tranquille avec nous ! »

Une fois ils ont passé cinq jours chez lui et Thomaz les a énergétisés.

« Il y avait des Lumières. J'ai eu une tachycardie à 160 et Monseigneur a eu la dysenterie. J'ai eu peur de voyager ainsi car nous étions en voiture et Monseigneur aussi était préoccupé. C'était l'énergie de Thomaz, le médecin a dit que ça passerait, c'est passé un peu plus tard.

Un jour Thomaz a entortillé beaucoup beaucoup de cuillères et des pièces de monnaie devant moi, j'ai eu de la tachycardie à 160 et pendant vingt jours — *pendant vingt jours !* — mon intestin a refusé de fonctionner. Le médecin a dit qu'il avait eu un excès d'énergie, que mon métabolisme était modifié par excès. Puis tout est redevenu normal.

C'est normal d'avoir des problèmes quand on va le voir et de souffrir ensuite d'un excès d'énergie. Monseigneur reste souvent trois nuits sans dormir du tout. Ma mère qui est âgée n'a plus faim, n'a plus sommeil, mais soudain beaucoup d'activité. Elle a quatre-vingts ans. Comme elle est sensitive elle reçoit beaucoup plus d'énergie de Thomaz que quelqu'un d'autre. »

UNE SOIRÉE AVEC AMYR

Ce soir Paulette et moi terminons notre dîner, quand un appel téléphonique nous surprend. Le temps de reconnaître la voix qui appelle et le visage de Paulette s'éclaire un peu plus encore. De sa voix la plus suave, elle explique que la « *senora Janina esta aqui* » et qu'il est le bienvenu dans sa maison.

C'est le señor Amyr qui s'invite, quelle aubaine ! Paulette jubile car c'est la première fois qu'Amyr lui fait cet honneur.

Un coup de sonnette quelques minutes plus tard. Amyr se présente dans l'encadrement de la porte, un bon sourire sous la barbe.

Il va sous peu faire une conférence à Uberaba, là où vit Chico Chavière. Ah, Chico Chavière ! difficile à rencontrer ! Là non plus pas d'écho à ma demande. Une conversation un peu à bâtons rompus va se poursuivre plusieurs heures. Le petit magnétophone mis en marche discrètement me permet de rapporter la conversation sans omissions, sans erreurs.

« C'était en 1977. Nous étions dans un appartement avec mon cousin et des odeurs me font me souvenir de ma maison d'enfance. Mon cousin me dit : " Tu changes de visage. " Mes yeux se " tiraient ". Quand cela arrive je suis conscient, je sens une mutation dans mon corps, la peau est très tendue, les yeux me tirent. Je prenais alors deux ou trois petits chats dans mes bras et commençais à léviter avec les chats, et mon cousin se mettait à pleurer. Quand je vais quelque part les chats me suivent. Hier, il y en avait six qui me suivaient.

A sept heures du soir les lumières ont commencé à apparaître devant ma fenêtre. Je suis allé me coucher dans ma chambre et mon cousin dans la sienne. J'ai commencé à entendre les gens crier dans la rue. Il y avait une belle lumière qui ressemblait à une lune pleine, moi j'étais sûr que c'était de l'énergie concentrée sur moi. Sont venus des reporters qui ont pensé que c'étaient des ovnis. De cette lune il en est sortie une toute petite qui est venue devant ma fenêtre. Le portier a dit qu'il avait vu deux tout petits hommes. Je pense qu'il y a eu un " contact ".

« " Seul le portier a vu les petits hommes, vous ne les avez pas vus ?

— Seulement le portier. "

Là où je travaillais tous les arbres se desséchaient. J'envoyais de l'énergie à l'arbre qui était en face de moi, et lui seul restait bien vert. » En effet il me montre une photo qui permet de contrôler le fait.

Il montre encore la photo d'une ferme où tous les moyens de planter avaient été essayés, mais rien ne poussait. « J'ai énergétisé l'eau pour faire un essai et on a vu le gazon pousser. »

Il me montre le courrier. Certains lui envoient le petit papier de la loterie pour lui demander le bon numéro, dit-il en riant, il ne répond jamais à ce genre de courrier.

Voici le cas d'une malade qui avait une tumeur du cou englobant la jugulaire et qu'on ne pouvait opérer. Il a envoyé de l'énergie pendant vingt minutes. Il a énergétisé l'eau et lui a dit de s'en servir tous les jours. Elle avait un papier dans la main à ce moment-là, qui est devenu le Christ du Saint-Suaire. La tumeur s'est ouverte dix-sept jours plus tard, il en est sorti quelque chose et elle s'est fermée toute seule.

Il avait donné de la petite monnaie énergétisée à une femme qui se trouvait dans une caravane. Un jour elle a perdu ses clefs. Elle se trouvait dehors avec ses enfants, son mari et ne les trouvait pas. Il pleuvait. Elle a pris la monnaie dans sa main, son mari a dit : « Ça ne sert à rien, c'est une bêtise », mais elle les a trouvées à ce moment-là.

« Il faut faire la même chose avec mes lunettes.

— Janine a perdu ses lunettes, dit Paulette.

— Pas possible... Quand cela ? Avant-hier. Mais vous les aviez chez Mgr Airlindo ! Pas possible ! les petites lunettes ?

— Je voudrais bien qu'il me les trouve... demandez-le-lui.

— Chut ! dit Paulette, il ne faut pas demander. »

Amyr est particulièrement sensible au malheur des enfants. Le samedi, il part avec un camion dans lequel il a réuni les dons offerts dans la semaine et va nourrir, soigner et habiller les enfants d'un village pauvre.

Il raconte qu'une infirmière allait faire une injection d'un liquide transparent à une petite fille qui avait une leucémie grave et qui allait mourir. Sous la main d'Amyr, le liquide est devenu bleu. L'infirmière l'a injecté tout de même, l'enfant a guéri. Malheureusement, il n'en est pas toujours ainsi. Parfois des médailles peuvent apparaître sur le lit de l'enfant ou même des fleurs sans qu'il soit pour autant guéri. *Il y a des karmas qui ne peuvent être levés, mais les malades et plus encore leur famille veulent trop souvent l'ignorer.*

Tous les guérisseurs savent cela.

Je lui suggère de « demander » du riz ou des paquets de lait plutôt que des fleurs et des médailles pour ses protégés. Il n'y avait pas pensé.

« La médaille est un signal pour moi, car on l'entend, on la voit, cela prouve qu'il existe quelque chose ailleurs, que je suis en contact avec l'Esprit d'un saint. Très souvent un être se manifeste et se matérialise dans ma chambre. Il est grand, vert, le visage allongé, les yeux en oblique et sent une forte odeur de cannelle très agréable, la nuit, entre 1 heure et 3 heures du matin, quand je vais commencer à dormir.

— Si tard ?

— Je dors peu, trois heures par nuit.

— L'homme vert a la peau verte ou bien est-il vêtu de vert ?

— Tout est vert et cette partie est plus foncée, les yeux aussi sont verts, tout ce que je vois est vert. Il y a toujours un signal sur les parois ou sur le plafond, c'est une main quand il s'en va. Quand des trépidations surviennent en voiture, je sais qu'il va se produire un phénomène et des traces de main apparaissent sur les vitres.

— Il vous dit quelque chose ?

— Il dit mon nom ; si je suis nerveux, il me dit d'être calme.

— Qui est-ce pour vous ?

— Un Maître ! Il apparaissait déjà quand j'étais petit ! »

Et cela me rappelle l'enfance d'Agpaoa (voir *Nos Trois Corps et les Trois Mondes*). Lui aussi vit son Maître vers l'âge de cinq ans.

« A quel âge vous est-il apparu pour la première fois ?

— J'en ai le souvenir dès l'âge de huit ans. Déjà, plus petit, je sentais une présence. La première fois que je l'ai vu, j'ai plutôt senti cela comme une préparation à quelque chose, je m'y suis habitué petit à petit. Mon grand-père apparaissait et disparaissait lui aussi. Il était là, puis devenait un reflet. Il était dans la salle, puis soudain dans la cuisine.

— Cela vous arrive-t-il à vous aussi ?

— Très souvent, très souvent, très souvent... J'apparais et je disparais. J'ai l'impression quand je vais disparaître d'être comme aspiré, principalement quand je suis un peu angoissé, à ce moment, je ferme la porte, je vais m'allonger, je veux être seul. J'ai toujours voulu être isolé.

— Pour que les autres ne voient pas cela ?

— Non, pour ne gêner personne. Ma famille est très unie, très bonne, je ne veux pas l'inquiéter. Elle a toujours bien compris ce qui m'arrivait.

— Vous avez de la chance de vivre au Brésil, en France on vous aurait mis en service psychiatrique.

— Un jour le docteur a voulu me faire une piqûre, *fffou !* j'ai disparu.

— Aviez-vous peur de moi, hier, quand je vous ai soigné ?

— Non, pourquoi ? (Il rit.) On a voulu me faire du glucose parce que j'avais eu une douleur, l'aiguille s'est pliée en deux... Les douleurs cardiaques viennent toujours au moment des phénomènes. Au moment des émotions. »

Je l'examine, il manque encore d'énergie au niveau du cœur comme s'il était en cours de transmutation en ce moment.

« Quand les objets que je transmute viennent directement dans les mains du destinataire, j'ai des marques sur les épaules. »

L'examinant encore, la forme du Corps Spirituel m'incline à penser qu'il est en train de transmuter, mais il n'annonce rien pour l'instant.

Quand j'étais petit, je faisais cuire des œufs avec mes mains quand je sentais qu'elles étaient chaudes.

Je fais aussi sortir des poussins d'un œuf sans germe, comme Thomaz. Mais Thomaz ne fait que cela et vit de cela, moi, je travaille, j'ai des préoccupations d'horaires. L'année dernière chez ma mère en vacances, tout arrivait très vite. Mon neveu arrivait avec une pomme verte, elle mûrissait. J'avais beaucoup moins de douleurs au cœur.

Le travail, c'est un problème. Alors que ma secrétaire travaillait, elle me dit : " Oh ! regardez, le verre est en train de léviter, les fougères commencent à se balancer. " Elle pleure alors !

Hier, elle travaillait dans le bureau, elle me dit : " Comment avez-vous fait pour entrer, la porte était fermée à clef ? " Je suis passé au travers des murs sans y penser. Je dois faire très attention avec elle. »

Je suis persuadée qu'Amyr, tout comme Thomaz, est capable de passer d'un monde à l'autre tout en se transformant, en prenant la forme et l'aspect propre au Monde avec lequel il se confond, devenant vibrations ou lumière. Tout comme nous le ferons, involontairement cette fois, au moment de la mort.

En aparté, j'insiste auprès de Paulette : « Et mes lunettes ? » Elle fait remarquer qu'en lui posant question sur question, on l'empêche de se concentrer... Elle se refuse de toute façon à en reparler, ce serait l'équivalent d'un reproche.

Amyr sort des clefs de ses poches, il nous les montre : chacune est sur un porte-clefs différent car non séparées, elles s'enroulent. Quelquefois, il n'a pas assez de poches différentes pour les ranger, il en met une dans sa chaussure...

« Il y a un Centre Spirite à Brasilia, j'y suis allé ces jours-ci. En regardant le Christ, il s'est mis à saigner. Aujourd'hui j'ai rencontré Raymondo, on a parlé de vous, Janine, près de l'aéroport, il était 16 heures. On s'est demandé pourquoi nous étions passés tous les deux par ici au même moment, alors que nous n'y avions pas rendez-vous. On a regardé par terre, il y avait un papier sur lequel il y avait marqué : Jeanne d'Arc, une sainte française.

« Hier soir notre voiture a dépassé votre voiture, *tac, tac, tac, tac, tac!* les médailles se sont mises à tomber. Raymondo a dit : " Mais c'est une attaque caractérisée ! " Sa mère ne voulait pas qu'il s'arrête pour ramasser les médailles, elle a peur car il a déjà été attaqué dans la voiture. Mais elle avait une médaille dans sa chambre en arrivant.

J'ai entendu pour la première fois parler de sainte Rita hier par la mère de Raymondo. Elle avait demandé un signe du Christ. Il lui est apparu une blessure sur le front hier soir, mais elle ne l'a pas dit, c'est son fils qui l'a remarquée en sortant.

J'ai matérialisé sans le vouloir une serviette de toilette. Nous étions en conversation avec des amis et j'ai senti qu'un phénomène allait arriver, j'ai dit : " Pensez à une lettre, pensez à une chose qui commence par cette lettre mais ne pensez pas à un tigre quand même, il faut quelque chose qui tienne dans la cuisine ", et il est arrivé une serviette pliée, une serviette de toilette ! Ici, il y a quelque chose qui va tomber... »

Nous cherchons et voici une médaille. C'est un transport qui est coincé entre un meuble et le mur. Un petit Jésus, une auréole autour de la tête, un lys dans la main, avec saint Joseph. Paulette dit devant cette merveille : « *De-fi-ni-ti-vo* », car parfois, les transports s'en retournent. Thomaz, s'il s'agit d'un diamant, quand c'est trop beau, annonce : « On ne peut garder cela », et le diamant disparaît.

« Vous devriez boire un peu plus d'eau, dis-je, pensant aux lunettes.

— Quelque chose va tomber », dit-il.

Je le vois regarder autour de lui. Anxieuse, je pense toujours aux lunettes. Mais la conversation glisse vers un autre sujet.

Il dit énergétiser les pièces de métal et les distribuer à ses malades, comme on donne en France de l'eau énergétisée. Il reçoit le contenu de mon porte-monnaie dans la main. Puis ce sont les adieux.

C'était le 11 avril 1986.

Paulette et moi admirons encore sa superbe médaille... et bavardons encore un peu. A son tour elle me conte des histoires.

Thomas était chez des amis à Lusiania. A un certain moment de la journée, on ne le trouve plus. Les amis s'inquiètent et téléphonent à son père.

« Mais il est là, il prend sa douche » (distance 1 300 km).

Thomaz était chez des amis à Garoulios. Il dit :

« Au revoir, je m'en vais. »

Il sort... par la fenêtre du cinquième étage, et arrive sans dommage au sol.

Thomaz un jour s'est retrouvé assis sur l'herbe dans un jardin. Il a demandé au jardinier :

« Où suis-je ?

— Chez le général Oucho.

— Cela tombe bien, c'est un ami. »

Juste à ce moment-là, le général Oucho (ufologue célèbre) arrivait à sa *fazenda*.

Paulette raconte encore une histoire de transport collectif vérifiable.

Deux couples voyageaient en *Argentine* dans deux voitures distinctes pour aller dîner chez des amis. A un certain moment la voiture de devant, ne voyant plus l'autre, refait le chemin en sens inverse et ne la voit pas.

Les occupants de la seconde voiture se sont trouvés dans un brouillard, puis en sont sortis. Ne reconnaissant alors pas leur route et pensant qu'ils s'étaient trompés de chemin, ils l'ont demandé, ils étaient au *Mexique !* Au consulat de Mexico, ils ont raconté leur aventure et téléphoné à leurs amis. Ils ont été rapatriés. Ils étaient, il y a peu de temps encore, à Brasilia près du lac et Paulette les y a connus. Ils avaient fait l'objet d'un « transport ».

Puis la voici faisant des recherches sur sainte Rita car elle possède une grosse documentation sur les saints depuis ses rencontres avec Amyr chez Mgr Airlindo.

Voici la belle prière de sainte Rita, la sainte des Causes désespérées :

« *J'ai recours à votre confiance, en espérant que vous allez me secourir. Ne permettez pas que je verse plus longtemps des larmes. Délivrez mon cœur de toutes les angoisses qui m'oppriment. Restituez-moi le calme de l'esprit. J'ai tenté tous les moyens pour être soulagé, mais ils ont été inutiles. Je dépose toute ma confiance en vous, qui avez été choisie par Dieu pour être l'avocate des cas désespérés. Vous que tous appellent la Sainte des Impossibles, regardez vers moi, pour que moi aussi je puisse chanter l'hymne des actions de grâces devant votre image. Intercédez maintenant et toujours pour tout ce que je voudrai obtenir et je ferai connaître dans tous les endroits où j'irai votre grande miséricorde pour les affligés.* »

On peut constater que cette sainte est bien celle qui convient aux causes que je défends, aux malades que je soigne : les cas désespérés, les cas impossibles !

Paulette débarrasse la table et s'en va ranger les verres dans la cuisine. Un peu déçue, je vais dans la chambre avec l'intention de retourner une dernière fois toutes les affaires de ma valise pour y chercher mes lunettes. A cet instant, Paulette crie :

« Janine, les lunettes sont dans la cuisine... »

Sur la table, toutes mouillées, voici mes lunettes. (Il pleut dehors, c'est donc un transport.) Les branches en sont, il me semble, un peu modifiées dans leurs reflets, le cordon est sale. Amyr travaillait sans nul doute secrètement à ce transport depuis l'instant où nous en avions parlé. Je m'explique pourquoi en l'examinant je l'ai trouvé en situation énergétique de transmutation et me sentais étonnamment fatiguée près de lui. Il s'alimentait en énergie.

Satisfaite, je vais dormir tranquille, en possession de mes lunettes, de précieux souvenirs enregistrés et d'un début d'explication aux mystères qui accompagnent ces étranges messieurs Amyr et Thomaz.

A propos de la médaille de sainte Thérèse de Lisieux

Cette médaille argentée initialement sur les deux faces s'est rapidement modifiée sous mes yeux. Une des faces, le revers, avec le temps a pris la couleur du bronze.

Gardée à l'abri de l'air et de la lumière, le bronze tend à gagner.

En même temps sont apparues de légères mutations de forme.

On voit que les bords laissent apparaître la façon dont elle est faite : apports successifs de feuillets de métal, appliqués les uns sur les autres et s'érodant irrégulièrement les uns par rapport aux autres.

Un numismaticien a pu constater à deux reprises qu'elle se modifiait.

Il nomme en jargon de métier les érosions des bords « des coups de lime ». Il est bien évident que je ne me suis en aucune façon livrée au jeu de limer la médaille. Le processus de dégradation est spontané.

Voici son compte rendu établi le 30 octobre 1986.

ESSAI D'ANALYSE NUMISMATIQUE D'UNE MÉDAILLE

Données métrologiques

Circonférence irrégulière.

Diamètre dans la plus grande extension : 31,5 mm.

Diamètre dans la plus courte extension : 29 mm.

Épaisseur en périphérie : 1 mm.

Épaisseur maximale au niveau de la tête en relief : 2 mm.

Valeur sèche : 10,474. Valeur humide : 9,277.

Densité : 10,474/1,197 = 8,7502.

Métal : Bronze composé : Cuivre : 950 — Étain : 40 — Zinc : 10.

La surface a été légèrement argentée.

Il faut noter que la médaille « sonne » différemment au revers, et à l'avers au niveau de la tête (son de l'argent plus clair).

Description

« Cette médaille présente un aspect irrégulier et contradictoire :

La circonférence est irrégulière et ne révèle pas une frappe mécanique industrielle.

Le personnage central, au contraire, est constitué d'un motif (sainte Thérèse) gravé finement puis frappé mécaniquement dans un atelier.

La surface de l'avers autour du personnage est parsemée de stries et hachures, dans l'intention évidente d'effacer le texte d'une inscription dont on aperçoit les éléments au-dessus de la tête du personnage : D, O, M, I (?) début de Domini ou Dominus, et en bas sous la main (trace de signature du graveur initial).

Le revers a été totalement effacé par frottement ou raclement et ne présente que des rayures et stries.

La couche argentée est présente sur les bords à l'état de traces.

La tranche de la médaille est fortement irrégulière et porte les rayures dues à des coups de lime à métaux, ainsi que les bords de l'avers sur le côté droit, ce qui donne au métal un aspect feuilleté, en strates.

La bélière fait partie intégrante de la médaille et n'est pas le résultat d'un apport ultérieur par soudure. Elle porte elle-même trace de coups de lime. »

Tentative d'interprétation rationnelle

« Cette médaille ne cesse d'intriguer par ses contrastes : frappe et finition délicates et soignées du personnage central, telles que l'on s'y attend sur toute médaille traditionnelle fabriquée mécaniquement et industriellement, contrastant avec l'aspect fruste et artisanal de bricolage du revers de la périphérie de l'avers et de la tranche, causé par de nombreux coups de lime. Ces coups de lime semblent destinés à égaliser la circonférence (alors que c'était inutile si la médaille était frappée industriellement) et à effacer un texte de bordure.

La pellicule d'argent pour la partie restante ne présente pas un aspect en croûte ou effeuillé tel que le donnerait un placage, mais semble adhérer à la masse de bronze (application sur métal à chaud ?).

Le tintement différent de la médaille au niveau de la tête laisse penser à la présence d'une petite couche d'argent, pour la partie restante (équivalent théoriquement à l'épaisseur du personnage en relief ?), bien qu'un placage en épaisseur de la figurine d'argent sur le disque de bronze ne soit pas sérieusement envisageable.

L'ensemble de ces contradictions pourrait trouver une explication logique et rationnelle si l'on admettait la possibilité pour cette médaille d'avoir été découpée, bélière y compris, dans un objet de plus grande dimension tel que ciboire, calice, vase, élément métallique de piété ou destiné au culte.

Cet objet de piété aurait présenté à l'origine un décor imprimé mécaniquement, composé de divers éléments et inscriptions, dont la figure de sainte Thérèse aurait été détachée maladroitement afin de constituer à partir d'elle la médaille.

La question se pose de savoir quel intérêt pourrait représenter un tel travail, alors qu'il existe quantité de médailles ordinaires de faible prix pour ce même sujet, plus satisfaisantes sur le plan esthétique usuel, ou simplement harmonieuses.

Seule une autre supposition peut répondre à cette question : il faut admettre la valeur particulière " émotionnelle " de cette figure précise de sainte Thérèse, telle qu'elle serait concevable si elle provenait d'une relique particulièrement chargée de pouvoir de guérison attesté ou supposé, ou si elle possédait une valeur personnelle pour le " fabriquant " (souvenir, intérêt historique, etc.). »

En conclusion

« Un essai d'interprétation logique et rationnel de l'aspect de cette médaille, s'il est plausible, laisse insatisfait. Cette gêne provient-elle de l'apparence illogique et inhabituelle du travail fruste des bords ?

Toutefois, le facteur de l'insolite ne peut entrer dans le système de données et de considérations scientifiques classiques basé sur une philosophie cartésienne et rationaliste, sans lui faire courir le risque de l'absurde, quant aux conclusions du raisonnement.

Ce type de facteur ne peut être pris en compte que dans un système de pensée, d'appréhension des conceptions entièrement différent, quoique peut-être parallèle ; celui d'une logique de l'irrationnel.

Le 30 octobre 1986.

Labrot Jacques, numismate médiéviste, jetons, métaux, médailles. »

Pour moi, la médaille est bien entendu le résultat contradictoire de nos deux intentions : celle d'Amyr souhaitant obtenir une médaille avec le portrait de sainte Thérèse, et moi souhaitant secrètement retrouver la médaille triangulaire et de bronze d'Agpaoa, bien que favorable à celle de sainte Thérèse.

Le schéma donné dans *Nos Trois Corps et les Trois Mondes*, page 292, est parfaitement explicatif, j'y ajoute un terme, celui de « mentalisation », qui se situe entre le « pattern » du Troisième Monde et le symbole propre au Second Monde. (*Voir figure 3, page 286.*)

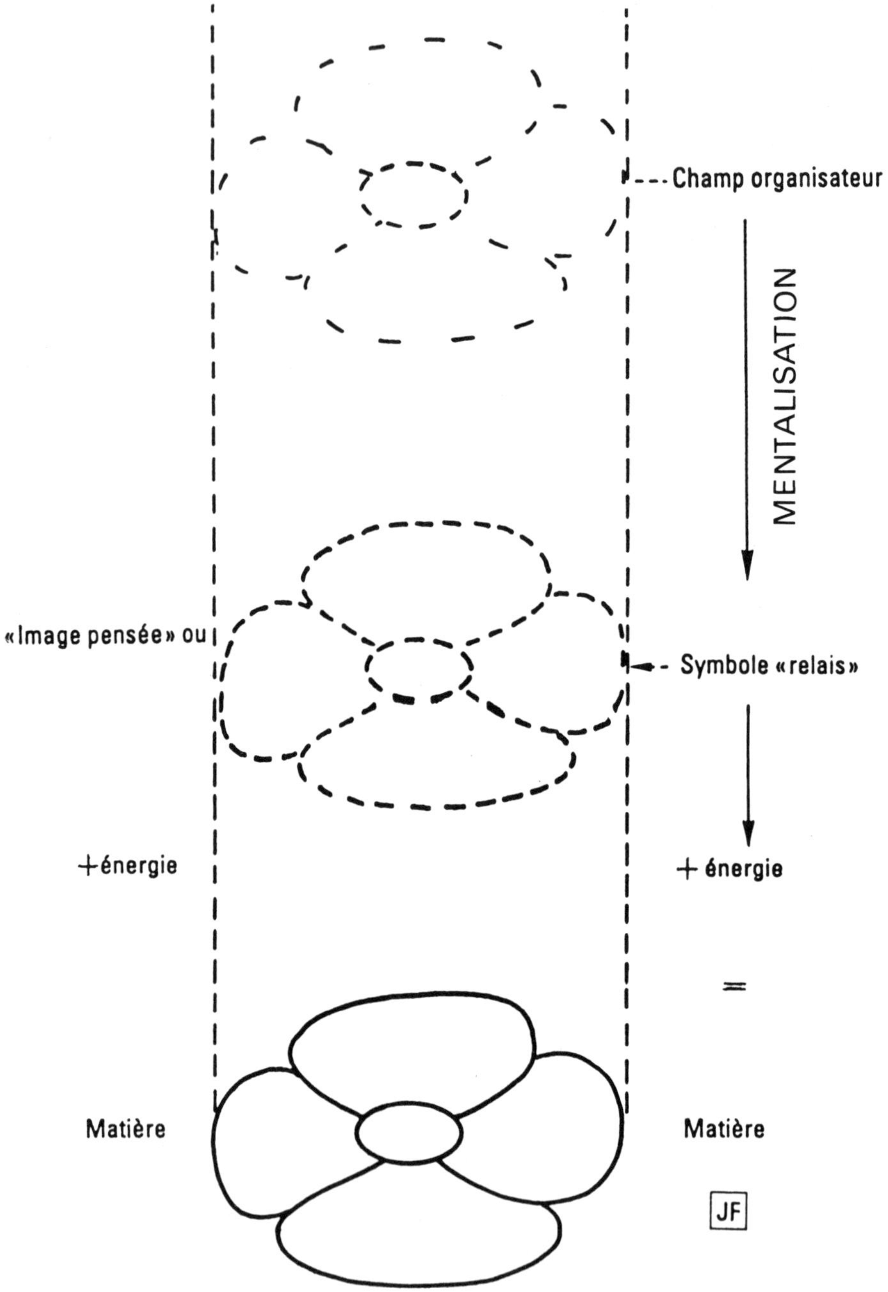
Champ organisateur
MENTALISATION
«Image pensée» ou
Symbole «relais»
+énergie
+ énergie
=
Matière
Matière
JF

Figure 3

Connaissance, Savoir et Pouvoir

Ceci nous amène à évoquer les relations entre le Savoir, le Pouvoir et la Connaissance, trois états auxquels il est possible d'être confronté soit à titre personnel, soit en temps que thérapeute.

— *Le savoir.* En pratique médicale, *savoir et pouvoir* se superposent assez bien. Le jour par exemple, où l'on a imaginé greffer le rein d'un donneur sur un malade, on a laissé prendre le maximum de risques aux sujets. Dans la mesure où ceux-ci acceptaient ce risque, le geste médical, certes expérimental, se justifiait puisque l'on pouvait espérer au cours des années acquérir la maîtrise de cette situation. Ce qui n'a pas manqué de se produire. Dans cette aventure, patients et médecins n'ont envisagé comme seule valeur que la vie sur terre et ce qui est nommé « progrès » médical. Pas un seul instant n'a été considéré l'aspect libératoire de la mort. Les épreuves de la vie sur terre, on les veut ! La vie au sein du monde subtil, on l'ignore. A cette époque, tout en faisant partie de l'équipe médicale des premières greffes, moi-même n'avais jamais envisagé cet aspect de la question, le Savoir n'était pas mon fait.

Le *Savoir,* c'est non seulement savoir faire, mais aussi comment *cela* se fait. Savoir comment se sépare notre âme de notre corps, connaître son devenir, les circonstances et modalités de la réincarnation.

— Le *Pouvoir* peut s'exprimer sous divers aspects, politique, financier, etc., mais seul nous intéresse ici celui du « magicien ». Excluons d'emblée le magicien de théâtre, certes habile et imaginatif, mais qui n'a rien à voir avec la véritable magie, c'est-à-dire la manipulation des énergies du Second Monde, puisqu'il œuvre sur et avec les lois du monde ordinaire.

Le *Pouvoir.* Nous reviendrons plus loin sur la magie occulte, mais voyons Amyr. Il possède le sens de l'observation et l'humilité suffisante pour savoir dans quelles circonstances se produisent les phénomènes (besoin de boire de l'eau, goût particulier de la salive, accélération du cœur, sueurs), il distingue le fait que les fleurs ou les médailles tombent, du processus de guérison. « On » l'a entendu, mais le temps de vivre de son patient est achevé. Il connaît les limites et les conditions de son *Pouvoir.* Et surtout il a compris que pour qu'un phénomène se produise, il faut qu'il y ait « syntonie » entre lui et les personnes présentes.

Nous avons tous entendu parler des *magiciens occidentaux* qui tordent les cuillères. Ce phénomène s'accompagne d'une modification de la structure intime du métal. Mais à l'évidence, ils n'ont pas bien compris les lois de la mise en syntonie entre leur corps vibratoire et leur entourage, car ils effectuent leurs expériences dans de mauvaises conditions vibratoires, sans choisir lieux, circonstances, accompagnants, ordre des exercices. D'où l'instabilité des résultats et leur tendance à « tricher » pour mieux « prouver ». Lourde erreur qui porte leurs contradicteurs à nier leurs capacités. Cependant ils ont un *Pouvoir* non maîtrisé.

— Mais ceux qui ont lu *Médecin des Trois Corps* ont pu s'apercevoir que non seulement Antonio Agpaoa maîtrisait ce *Pouvoir,* mais qu'il avait aussi la *Connaissance,* c'est-à-dire le *Savoir* des Lois joint au *Pouvoir.*

CHAPITRE X

VERS RECIFE

Comme au jeu de l'Oie on revient à la case départ, je quittai Brasilia pour revenir à Rio chez mes amis durant quelques jours.

Ils m'attendaient à l'aéroport. Je me demandais comment ils prendraient l'arrivée de mes merveilles : deux médailles matérialisées, une rose et une paire de lunettes « transportée ». Très bien faits à mes aventures, sans commentaires particuliers dès l'arrivée à l'appartement nous regardons les objets à la loupe. Sainte Rita se révèle être une pure merveille de finesse et de précision. Sur une surface d'environ un centimètre carré on voit la sainte devant l'autel, agenouillée en longue robe qui forme de jolis plis et tenant un christ dans ses bras. Sur l'autel au pied d'une croix, un crâne posé sur des fémurs entrecroisés. Et derrière elle les voûtes d'un cloître.

Quant au bouton de rose, il s'est ouvert, devenant une somptueuse rose. Le mieux est de ne pas l'emporter en voyage et de la déposer sur un papier buvard pour l'y laisser sécher ! Ce qui va la « rétrécir » considérablement en lui faisant perdre son eau, n'ayant pas la possibilité de l'enserrer en sa forme primitive entre deux feuillets d'un livre pour lui garder ses dimensions originelles. Avec ses trente centimètres, la rose n'est pas de celles que l'on pose aisément entre deux feuillets d'un missel.

Ayant promis de donner une conférence chez Dona Ines à Rio, je m'exécutai dans un climat très sympathique et fis plus particulièrement connaissance d'Ira, dont la jeune fille me fit nombre de traductions pour ce livre. Nous parlâmes de Thomaz qui s'installait dans la région de Recife où moi-même devais rejoindre Queiroz. Au mieux, je pourrai rencontrer à la fois Queiroz et Thomaz, et boucler ainsi le cyle de mes tours de Brésil.

Un appel téléphonique de São Paulo, émanant d'un lecteur inconnu me proposant de venir me chercher à l'aéroport, tombe du ciel. Il est le bienvenu car précisément Véronique, l'amie de France, n'est pas disponible à cette heure. Cet homme m'attend à l'aéroport, un de mes ouvrages à la main, signe de reconnaissance. Il me dit combien il s'est senti frustré de ne pas avoir eu de réponse à la première lettre. (Si je répondais systématiquement à tout le courrier, il me faudrait bientôt cesser toute autre activité.) Plusieurs centaines de lettres m'attendraient en rentrant du Brésil qui allaient devoir être ouvertes, lues, classées. Comment répondre personnellement à tous les conseils, adresses de guérisseurs ou de médecins, demandes de soins, interrogations diverses en faisant recherches, écriture et soins ?... Mais un jour tout s'arrange, la preuve est là puisque je suis dans sa voiture.

Tout en devisant, nous voici chez Véronique. C'est un immeuble gardé, comme tous le sont, par un monsieur qui avant de vous laisser emprunter l'ascenseur vous demande votre identité, téléphone à l'intéressée.

Mon second ange gardien ? Une femme au regard lumineux, avec laquelle je sympathise immédiatement.

Elle va me mettre en rapport avec les médecins spirites, lesquels m'invitent à une réunion qui aura lieu le soir même. Comme personne ne peut venir me chercher, Véronique se refusant à me laisser aller seule à la réunion m'y conduit. Extrême mérite, quand on sait de quels embouteillages souffre Saint-Paul à sept heures du soir !

LES MÉDECINS SPIRITES

Je fais connaissance avec le président des Médecins Spirites, chef du service de radiologie de l'hôpital. Il me prévient immédiatement contre le Dr Queiroz, disant que le groupe possède un dossier contre lui. J'en suis tout d'abord étonnée. Spirites eux-mêmes, comment ces médecins n'adhèrent-ils pas à son action ?

Ils sont une bonne vingtaine, assis en rond autour de la salle.

On commence par une prière sur un ton récitatif :

« Nous allons rentrer en syntonie avec le Monde Spirituel pour donner le meilleur de nous-mêmes au profit des nécessiteux. Nous allons ouvrir notre mental afin de recevoir ce qu'il y a de meilleur et de mieux le mériter. Nous allons lire le nom des personnes nécessiteuses qui nous ont demandé de l'aide. Maintenant concentrons-nous pour recevoir les énergies nécessaires et les transmettre. Nous allons nous maintenir dans une ambiance de sérénité, de calme, de paix intérieure et d'énergie positive et ainsi recevoir de l'aide. »

Quelques médiums entrent en relation avec différents Esprits et reçoivent des éclaircissements sur des cas médicaux. Ainsi on parle d' « un cas très difficile ». Cette dame souffre d'une dépression depuis très longtemps. Elle a une désorganisation hormonale, etc. »

Ce sont essentiellement les interrogations soulevées par ma présence qui animent la soirée. *Il faut voir de quel étonnement ces collègues font preuve en apprenant qu'il n'existe pas d'association de médecins spirites en France, alors que Kardec est français !* Les médecins français qui me liront feront preuve d'un étonnement semblable en apprenant qu'il existe de nombreuses associations de médecins spirites au Brésil, où Allan Kardec y est vénéré, et que l'ont demande des éclaircissements sur des cas difficiles. Ce qui nous montre bien que toutes nos vérités sont relatives.

On me parle de l'ancienne revue spirite qui a cessé de paraître. Une autre s'y est substituée. C'est *Renaître 2000* qui se singularise et se personnalise par rapport à la doctrine spirite initiale. Peut-être est-ce pour mieux dissimuler son appartenance à notre monde matérialiste, se mettre au goût du jour ? Mais on m'annonce qu'il vient de se constituer une « Union Francophone du Spiritisme ». Un groupe de vingt-cinq spirites de Lyon se sont unis à d'autres spirites de Tours pour créer *La Nouvelle revue spirite* décidée à observer sans fausse honte la doctrine spirite stricte.

J'éprouve une certaine satisfaction à me voir ici, parmi des médecins, à parler d'un sujet tabou entre gens supposés « instruits » mais qui m'interrogent pour avoir été confrontée avec le phénomène.

On me parle enfin de mon expérience aux Philippines.

« Vous considérez-vous comme un médium ? » me demande-t-on.

Il me faut expliquer que je ne « cherche » pas à entrer en contact avec les Esprits, pour éviter de glisser à mon insu vers des excès dus à l'imagination. J'ai vu des gens prendre leurs désirs pour des réalités, oublier de prendre le temps de la réflexion, perdre toute objectivité et se laisser guider par de soi-disant voix, fruit d'une obsession, voire d'hallucinations...

« Mais les Esprits ne sont pas des hallucinations », me dit-on, remettant les choses au point. Quand vous soignez, avez-vous essayé de travailler avec l'intermédiaire d'un Esprit ? Y a-t-il dans votre travail un autre personnage que le malade et vous ?

— Jusqu'à la mort d'Agpaoa, je ne pense pas avoir jamais travaillé avec l'aide d'un Esprit, mais plutôt avec l'appui des énergies ambiantes. Depuis son départ, je suis incapable de donner une réponse à cette question. Les choses peuvent se passer à mon insu. Ignorante de beaucoup de choses en ce domaine, je suis précisément au Brésil pour m'en instruire. »

Puis la pièce étant mise dans une semi-obscurité, vient le temps de la prière avec concentration, laquelle précède un échange de passes magnétiques. Le président me demande si je veux magnétiser. J'avoue mes habitudes : le matin à la lumière du jour, aux énergies montantes. C'est donc le président qui me magnétisera.

La séance terminée, un bavardage informel lui succède. Une dame qui parle français me montre un article sur lequel on évoque la vie de Lincoln qui était un grand spirite. Il continuerait de hanter la Maison-Blanche.

Le problème d'Edson Queiroz remonte à la surface des conversations. On m'explique que des « opérations » qui avaient été faites par l'Esprit ont dû être refaites, par voie normale. Je n'en suis pas étonnée, car l'accès à la matière biologique par la voie directe et non plus par les chemins énergétiques comme chez Agpaoa pose des problèmes.

Sans doute faut-il un degré profond d'incorporation de l'Esprit dans le médium. Ensuite faut-il qu'il y ait accord vibratoire parfait entre l'Esprit incorporé par le médium et le malade.

Conditions qui ne se rencontrent peut-être pas à tout propos.

On m'interroge aussi sur le prix demandé par Edson pour le voir travailler. Rien jusqu'à présent. Nos rapports ont été simples et courtois. Il aurait demandé, pour être observé, mille dollars à un assistant du Pr Stevenson. Ce qui pour moi ne fait qu'évoquer une des techniques dissuasives utilisées par Agpaoa. On se protège comme l'on peut. Quand on vit dans un monde matérialiste, pourquoi ne pas en utiliser parfois les procédés ? Plutôt que de s'en étonner on doit être capable d'y voir une fin de non-recevoir. Edson est assez subtil pour sonder les âmes de ceux qu'il rencontre et reconnaître l'ami de l'ennemi. Et nous donnant rendez-vous samedi pour la conférence, nous terminons la soirée.

L'INATTENDU

Une des jeunes filles m'ayant prêté sa chambre, la nuit se passe sous l'aile protectrice de la famille de Véronique. Je suis supposée être prise en charge par mes collègues spirites les jours suivants.

Au réveil, un mot sur la table du téléphone, qui m'a échappé hier soir, attire mon attention : « On demande à Janine de téléphoner tout de suite au Dr Queiroz. » Par quel détour m'a-t-il trouvée ici ?

Véronique apprend par le secrétaire qu'une soudaine modification du programme du docteur l'oblige à partir cette nuit même après la séance opératoire. Il ne sera pas de retour avant deux semaines. Aussi faut-il venir immédiatement afin que nous puissions nous voir avant mon départ. Ce qui signifie : « Prenez le premier avion », c'est-à-dire la désorganisation de l'emploi du temps de tout mon voyage. Et dans l'immédiat mes rendez-vous avec la Société Spirite.

Le courrier direct s'est déjà envolé. Je ne pourrai venir qu'à 21 heures. Qu'importe, le docteur travaille tard et il s'en va à 4 heures du matin ! On viendra me chercher à l'aéroport et l'on recherche pour moi un interprète. Brutalement, Véronique, séduite par l'irrationnel, décide de m'accompagner. Un mot pour le mari, un mot pour les quatre enfants, un baluchon rapidement fait. En avant pour Recife. Un long et joyeux bavardage nous accompagne jusqu'à l'arrivée.

A l'aéroport un homme se présente : Lira, secrétaire du Dr Queiroz, accompagné d'une dame dont l'âge n'altère ni la beauté ni la grande distinction : Blanche. D'origine tchèque, voici quinze ans qu'elle n'a pas parlé français. On est venu la chercher ce soir pour me servir d'interprète, elle se met à ma disposition, nous retient immédiatement une place d'avion pour le lendemain en prévision de ma conférence chez les médecins spirites.

Dans la voiture, nous évoquons la grande activité du Dr Queiroz qui n'a pas encore à cette heure terminé ses consultations personnelles de chirurgien gynécologue.

Puis on m'interroge sur les événements marquants de mon séjour. J'évoque naturellement l'histoire des médailles. Blanche, à ce propos, annonce que le saint auquel elle se réfère dans le besoin n'est absolument pas connu au Brésil. Elle a demandé à tous ceux qu'elle a pu rencontrer, jamais personne n'a entendu parler de son saint.

« Qui est ce saint mystérieux ?

— C'est *saint Martin de Porres.* »

Un nom qui m'est familier, moi qui pourtant ne vis pas dans l'intimité des saints... Saint Martin de Porres... est le saint devant lequel nous faisions prières et mantras au *Diplomat Hotel* chez Agpaoa ! J'en avertis Blanche ! Stupéfaction de part et d'autre ! Y voyant un signe de Là-Haut, elle pleure d'émotion... Pas loin de l'imiter, j'y reconnais la signature affectueuse et vigilante de l'Esprit de mon Maître qui me suit tout au long de ce voyage au Brésil et dont il est sans doute l'inspirateur.

Le Brésil, lieu privilégié par le Monde des Esprits.

Nous voici au Centre du Dr Fritz. Tout est blanc, nickelé, comme le serait l'hôpital le plus neuf et le mieux entretenu. On y sent la « patte » du chirurgien classique.

A l'étage, voici le bureau de Lira. Blanche et lui-même vont avoir le temps de répondre à nos questions en attendant le Dr Edson.

Ce local n'appartient pas au groupe, il est loué, mais ils espèrent un jour pouvoir en faire l'acquisition grâce à la générosité de donateurs.

Ici, le docteur a pris la relève du célèbre Arigo qui sans technique, sans connaissances médicales travaillait avec de gros canifs, des couteaux, assez brutalement. Depuis sa mort dans un accident de voiture, il a fait à l'état d'Esprit des études médicales, dit-on, et aide ainsi le Dr Fritz.

On a demandé au Dr Fritz pourquoi il travaillait au Brésil et pas dans son pays. Il a répondu que l'Europe était trop en retard sur le plan spirituel pour accepter ce genre d'intervention.

Blanche confirme : « Ma famille m'a laissée, elle a honte de moi et ne me voit plus (histoire bien connue !). Mais quand ils ont de graves ennuis, ils me demandent de l'aide ! »

Les soins ici donnés sont gratuits pour les Brésiliens et payants pour les étrangers. Le Centre fonctionne uniquement à l'aide de dons et grâce au travail de bénévoles. Ainsi, ce sont des peintres bénévoles qui lui ont donné cet aspect net. Des bénévoles font le ménage et entretiennent. Mais le courrier et les frais de timbres-poste semblent rester le grand problème. Dix pour cent des correspondants seulement pensent à mettre une enveloppe écrite à leur adresse et timbrée pour la réponse. Si des bénévoles ouvrent les lettres, les lisent, les classent, les rangent (on me montre d'innombrables paquets annotés et rangés sur des étagères), puis écrivent les adresses sur les enveloppes, il faut faire face au prix des timbres pour deux ou trois mille lettres par mois dont beaucoup viennent de l'étranger. Ils ne peuvent répondre à celles-là que lorsqu'elles contiennent un mandat postal.

Ils sont souvent en relation avec d'autre centres spirites où le Dr Edson fait des conférences. Ceux-ci les aident souvent, mettant à leur disposition photocopieuses, ordinateurs, etc., pour faire leurs études. Tout ici est fait pour mettre en évidence et faire connaître les propriétés médiumniques de l'homme.

Les rapports avec les autres médecins brésiliens sont par contre très mauvais : « Beaucoup de jalousies », dit Blanche.

Quand il est en voyage, le Dr Edson choisit un médium avec lequel il se met en relation médiumnique à distance, afin que les soins et la surveillance pratiquée après l'opération ne soient pas interrompus (belle application des phénomènes de résonance développés largement dans mon dernier ouvrage).

Lira m'interroge discrètement sur mes activités. Me mettant peut-être au défi, il me demande de deviner ce dont il souffre. Un peu étonné que je le découvre sans lui poser de questions, mais simplement en examinant son corps énergétique. Malgré l'heure tardive et ma fatigue, je suis bien contrainte cette fois à une manipulation d'énergie. De constitution médiumnique, il accuse très fort cette manipulation.

Nos rapports en sont tout changés.

Blanche résume superbement la situation.

« Vous possédez en vous un transformateur et Edson un transistor.

— Travaillez-vous à distance, docteur Janine ?

— Non, car j'entends défendre une médecine des Trois Corps, laquelle considère toutes les données d'un individu. Et si par hasard je m'aventurais dans ce genre de soins, il me serait impossible de faire face au courrier qui constitue déjà un problème !

LE « DOTOR FRITZ »

Puis nous descendons dans la salle d'attente. Un enseignement spirite est en cours, auquel succèdent des prières, alternant avec de la musique.

J'admire la patience de ces malades (bien que l'attente soit assez confortable le soir : moins de chaleur, un cadre agréable, des chaises...), mais ils sont ici depuis dix-huit heures. Une consultation chargée et un départ prévu immédiatement à la fin de la séance retardent Edson Queiroz...

Les patients s'entretiennent de leurs expériences passées, relatent leurs guérisons, leurs améliorations, montrent leurs cicatrices, etc. L'ensemble des gens présents est satisfait des soins du Dr Fritz. C'est l'impression que Véronique retient quand son oreille indiscrète se branche sur les conversations. On évoque ici, non pas Edson Queiroz, mais le « dotor Fritz ».

Une librairie. De nombreux livres sur le spiritisme. En vente un disque du Dr Queiroz qui chante et joue de la guitare.

Blanche y rencontre et m'y présente un jeune Allemand, *Peter,* parlant français, un grand jeune homme blond, yeux bleus, regard angélique, ici pour se faire soigner d'une affection oculaire très grave, laquelle évolue inexorablement et risque de se bilatéraliser. Décollement de la rétine, opacification du cristallin, etc. Il est accompagné d'une jeune femme qui termine ses études de médecine. L'un et l'autre sont anxieux : ce soir il se fait « opérer ».

Très rapidement je teste le jeune homme. Des vibrations de base à 5, donc normales, mais face à l'œil malade, elles sont à 2/2/2 avec des signes d'allergie. C'est la formule habituelle des cas échappant aux thérapeutiques ophtalmologiques. Tout se passe comme s'il existait une chute d'énergie élective au niveau de l'œil, et sur ce déficit se greffe un état d'allergie localisée, peut-être une allergie à ses propres tissus. Le tout aboutissant à une dégénérescence des divers constituants de l'organe œil.

Il vient s'asseoir près de nous et dit l'étonnement de sa jeune femme formée au classicisme médical allemand devant l'ambiance qui règne ici.

Voici un mouvement de foule, un silence qui s'établit, le docteur est annoncé. Bientôt Blanche, Véronique et moi sommes appelées à l'intérieur de la salle où se pratiquent les opérations. C'est une pièce blanche ressemblant à une salle d'opération. Edson est déjà là, recueilli, concentré, il lit un texte d'Allan Kardec. Après un temps de silence, c'est l'incorporation de l'Esprit sur un fond musical : Edson pâlit d'une façon extrême, se couvre de sueur et change progressivement de visage : ses narines se dilatent, ses sourcils se lèvent pour garder ouvertes des paupières qui deviennent lourdes. Il semble soudain gonfler, ses bras deviennent maladroits, s'arrondissent en s'éloignant un peu de son corps, il oscille sur ses jambes, fait quelques pas patauds qui évoquent la démarche des astronautes. D'une voix pâteuse qui émet les syllabes avec difficulté et par à-coups, les frappant de forts accents toniques qui succèdent à des sons éteints, il parle :

« Notre-Seigneur nous bénit, c'est moi qui vais soigner. Nous sommes dans une période d'expériences qui ne fait que commencer... »

L'incorporation faite, nous sortons. Et l'attente se poursuit.

Un peu plus tard, c'est toujours un « Edson-astronaute » qui sort de la salle. Marchant lentement, lourdement, animé de gestes lents, il s'avance vers moi, tend le bras, dit que Jésus me bénit, me prenant par la main m'entraîne dans la salle. Sa main est glacée malgré la chaleur extrême des lieux. Véronique et Blanche me suivent.

Un malade est étendu sur la « table d'opération », Edson ou plutôt le Dr Fritz prend la main de Véronique (ancienne infirmière, le devine-t-il ?), applique un de ses doigts sur une paupière supérieure, l'autre sur la paupière inférieure, les écarte (elle a compris qu'elle doit tenir les paupières ouvertes), me fait signe d'approcher encore plus près et commence à inciser une sorte de peau qui a envahi la cornée du patient (ptérygon), coupe délicatement sans que le moindre mouvement soit amorcé par le malade. Pas la moindre accélération du pouls pouvant témoigner d'une agression, d'une douleur.

Un pansement, c'est fini. Le malade quitte la table et va s'asseoir quelques instants le long du mur. Le tout n'a duré que quelques minutes.

Voici un autre patient qui semble souffrir de la colonne vertébrale. Edson enfonce une grosse aiguille du type injection intraveineuse dans la région paravertébrale, la jette par terre. Je la ramasse, il me la reprend et avec ostentation, pique de nouveau le patient (pour bien montrer que l'asepsie n'est pas nécessaire), lequel semble soulagé de sa lombalgie. Je reprends l'aiguille pour mesurer ses vibrations. Elle vibre à 72. Il s'est donc passé quelque chose, elle s'est transmutée.

Quelqu'un nous fait signe de sortir. Sans doute d'autres personnes veulent voir et un relais est à établir. Je ne me sens pas tellement concernée par cette invitation et sais qu'en réclamant Edson accepterait ma présence. Pour ne pas créer d'agitation dans ces lieux ni de discussion, je sors avec mes amies.

Mais c'est bientôt le tour de Peter. Blanche et sa compagne entrent avec lui. Décidée à l'observer, je me glisse par la porte entrouverte sans demander la permission à quiconque. J'observe l'attitude d'Edson ou plutôt du Dr Fritz : aucune remarque.

Peter ne s'allonge pas, le Dr Fritz le fait asseoir sur un tabouret appuyé contre le mur. A peine ai-je eu le temps de m'interroger sur le type de soins qu'il va lui administrer, qu'une autre grosse aiguille pour intraveineuse est enfoncée dans la partie externe de l'orbite, tournée, retournée, vrillée : impressionnant, même pour qui est averti que les muscles de l'œil s'y attachent et que le globe oculaire est épargné.

Mais le plus alarmant c'est de voir qu'elle est enfoncée dans l'orbite de l'œil sain ! On pense à une méprise. On voit Peter devenir pâle puis livide, se couvrir de sueur évoquant le choc. Le collapsus n'est pas loin, ses lèvres deviennent violacées, sa tête vacille, son corps va glisser du tabouret, on le retient. Tombe-t-il en syncope ? Sa jeune femme s'agite, va de Peter à moi dans un va-et-vient angoissé, ne sachant s'exprimer ni en portugais ni en français. Moi-même inquiète de l'allure que prennent les choses, je m'approche de lui, souhaitant lui transmettre un peu d'énergie. Le « dotor Fritz » tournicote toujours aveuglément l'aiguille dans l'orbite. Nous vivons une scène aberrante, une scène de folie, vue du plan médical strict. Malgré la confiance que j'avais accordée à Edson au départ, les idées tournent à une vitesse terrible dans ma tête. Avais-je mal placé ma confiance ? Les procédés sont dangereux et aveugles, ils peuvent occasionner des blessures, des réactions vago-sympathiques gravissimes. Et puis ne s'est-il pas trompé de côté ? Le tout se passe très vite, mais l'émotion est si intense que le temps semble s'éterniser ! Nous recueillons Peter titubant, l'asseyons contre le mur, sur le tabouret. Je l'interroge, anxieuse, lui transmettant de l'énergie, surveillant son pouls.

Contre toute attente, lui dit qu'il va bien, qu'il va très bien, qu'il n'a pas eu mal, qu'il va bien, alors que les signes cliniques demeurent inquiétants. Ne souhaitant plus en voir davantage, je sors avec lui qui imperturbablement répète qu'il est bien, qu'il va bien, il sourit, il a seulement été étonné que le Dr Fritz ait « opéré » l'œil sain.

Alors, l'examinant sur le plan vibratoire, je comprends tout. Ses vibrations sont à 7-7-7/8/9 sur le plan général, ce qui est bien, mais, chose étonnante, *tous les signes vibratoires anormaux devant l'œil malade ont disparu.* L'œil malade a récupéré une énergie normale, l'allergie n'existe plus. Mais un *transfert de la zone pathologique* s'est porté sur la tempe du côté de l'œil sain où une zone triangulaire vibre à 2, où se retrouvent des signes d'allergie. Par un geste simple, une manipulation d'énergie extraordinaire a été faite. En somme, une zone jusque-là saine va devoir métaboliser un secteur vibratoire pathologique.

Je mesure à cet instant l'intérêt de pouvoir observer un même phénomène sur des plans différents. Tout comme aux Philippines, l'incompréhension du travail positif échappe à l'observateur extérieur. En demeurant sur le plan médical classique strict, il est certain que pour moi Queiroz-Fritz se présentait comme un danger public. Par contre l'examen énergétique révèle un tour de passe-passe vibratoire très intéressant, un procédé qui ressemble à l'abcès de fixation en médecine classique, lequel détourne la pathologie de son point d'attaque. Faisant un *mea culpa,* je m'accuse d'avoir eu des pensées mauvaises vis-à-vis du Dr Fritz qui paraît très bien savoir où il va, de là-haut, sans que l'on s'en doute.

Pour ce soir, j'en ai assez vu. L'important va consister à demeurer en rapport avec Peter pour suivre son devenir. Cela ne va pas être aisé puisque nous prenons l'avion de midi.

Vers 2 h 30 du matin, Edson termine son travail et devient visible. Il m'apparaît fatigué, grossi, encore gonflé. Cet homme submergé de travail, luttant contre la misère du peuple du

Nord-Est, devrait bien déclencher pour sa propre personne le « plan survie ».

Nous tombons dans les bras l'un de l'autre. Une telle chaleur humaine émane de lui, une telle bonté ! Des liens effectifs naturels nous relient. Viennent-ils d'une vie passée ? Ou sommes-nous simplement au même degré, concernés dans cette vie par une même quête, une même raison d'être : celle de découvrir notre ultime constitution, notre ultime devenir, au-delà de l'académisme rétréci affublé du nom de « scientifique » par ceux qui réduisent l'intelligence du Cosmos à celle de leur quotient intellectuel.

Il regrette que nous ne puissions demeurer plus longtemps ensemble. Je retrouve son geste affectueux, quand, me caressant l'épaule, il dit : « *Querida, querida.* » J'aimerais tant pouvoir l'aider. Mais cette heure très tardive ne me trouve pas en forme, et nous ne disposons que de quelques minutes. Sa femme l'attend dans la voiture. On me dit qu'elle essaie de toutes ses forces de le protéger, de le limiter dans ses activités.

Peter a récupéré son aspect antérieur, il semble habité d'un bonheur, d'une sérénité, d'une certitude étonnante, malgré son pansement sur l'œil SAIN qui le rend aveugle !

RECIFE

Un appel téléphonique me réveille quelques heures plus tard, c'est Dona Ines qui, après des recherches méritoires au travers du Brésil, me fait appeler par une de ses amies venues à Recife pour la sortie d'un fascicule sur Thomaz, lequel doit être présenté au cours d'une conférence et d'un film demain soir. Thomaz, en principe dans la région, devrait y venir. Elle viendra me chercher pour me conduire au lieu de la conférence.

Cruel dilemme ! Faut-il demeurer ici, y voir peut-être Thomaz et faillir à mes engagements avec les médecins spirites ? Faut-il abandonner Thomaz au bénéfice des médecins spirites ?

Nous en parlons longuement avec Véronique. J'aboutis à la conclusion que la conférence de samedi pour la vingtaine de médecins spirites prévenus aujourd'hui pourra se faire la semaine prochaine. Car les premières motivations de ce voyage sont bien la rencontre de Thomaz et de Queiroz. De plus, rester ici me laisse la possibilité de suivre l'évolution du traitement de Peter, ce qui ne manque pas d'intérêt.

Véronique repartira donc seule.

Recife, capitale de l'État de Pernambouc, fut une des plus anciennes villes fondées par les Portugais. Située dans un estuaire, elle a une grande activité portuaire. Les contrastes y sont saisissants. Elle est à la fois la capitale du Nord-Est, région la plus pauvre du pays, et un lieu de villégiature bien agréable par son bord de mer, surtout aux premières heures du matin et dans la soirée.

C'est Blanche qui m'initie à la vie de Recife. Nous nous rencontrons dès le matin sur la plage. Elle me prête un chapeau. Le chapeau est un signe de reconnaissance important. Les lunettes masquant le visage, le maillot de bain ou la tunique qui vous enveloppe pouvant changer suivant la fantaisie du moment permettent difficilement l'identification des personnes qui s'aperçoivent ou se croisent sur la plage ou dans le bain.

On se reconnaît donc de loin par le chapeau.

Autre élément de l'instruction : reconnaître le bon endroit pour se baigner. Il existe un endroit où précisément les récifs au lieu de vous barrer la mer constituent une sorte de vaste piscine qui vous protège des grosses vagues. Autour de l'hôtel Hoton Palace, point de repère, il est possible de se baigner agréablement sur une certaine distance.

Il faut encore savoir que selon les heures, la faune humaine varie. Très tôt au lever du soleil, les gens qui travaillent font leur jogging et se baignent. Autour de 7 heures, c'est le tour de ceux qui ne travaillent pas, les amies de Blanche en font partie. Plus tard, ce sont les jeunes gens et jeunes filles, les étudiants que le soleil brûlant ne gêne pas.

Et puis, se rencontrant un peu n'importe quand, les touristes...

Les femmes aisées ici sont soucieuses à la fois d'aider les pauvres et d'assumer leur évolution personnelle. J'assiste à une de leurs réunions. Leur groupement humanitaire semble être en relation avec de nombreuses autres régions et même quelques villes d'Europe.

C'est une élégante jeune femme et de brillants amis, dont le conférencier, qui m'accompagnent à réunion donnée en l'honneur de la sortie d'un livret évoquant Thomaz. Comme toujours au Brésil, la séance commence une heure après l'heure officiellement indiquée.

L'auteur, peintre en renom, commence sa conférence dans une salle pleine. Mais le temps passant, on comprend d'une part que Thomaz ne viendra pas, d'autre part que le conférencier (me dit-on), parlera plus de lui-même que de Thomaz. Comme il tarde à montrer les documents filmés, la salle se vide peu à peu. Ceux-ci sont projetés à une heure très tardive après un entracte qui a fini de chasser les quelques auditeurs qui restaient. Le conférencier n'a pas compris que tout ce monde était là pour entendre parler de Thomaz et non pas du célèbre peintre qu'il est.

Je tombe de sommeil, d'ennui et de froid, dans cette salle réfrigérée, et c'est dans le plus extrême malaise que devant dix personnes les documents, abrégés, raccourcis, sont hâtivement projetés. Tellement décontenancée que je préfère dormir qu'aller dîner avec la bande d'amis du peintre.

Invitée chez lui à l'occasion de son prochain anniversaire, il est mieux de s'appesantir ultérieurement sur les pouvoirs de Thomaz. Les contacts sans intermédiaire, l'observation directe et l'étude soigneuse des phénomènes énergétiques contemporains des événements sont préférables à toute autre formule, quand il s'agit de la production et de l'observation de phénomènes non ordinaires.

En compagnie de Blanche et de son mari, dans leur petite voiture, nous allons, longeant le joli bord de mer, visiter Peter chaque jour vers 11 heures du matin.

Il observe les prescriptions : position allongée, jeûne le premier jour, quelques médicaments : acide glutamique, vitamines... L'œil sain bandé ne lui laisse voir aucune lumière.

Je le trouve un peu fébrile, mais la chaleur est telle dans cette petite chambre qui pourtant donne sur la mer qu'il est difficile de porter un jugement de valeur. Il est calme, confiant. Il explique que le Dr Fritz est venu le visiter par l'Esprit et qu'il a senti qu'alors un gros travail se faisait au niveau de l'œil.

A l'examen, l'œil malade ne donne plus aucun signe d'anomalie énergétique, alors que la partie externe de l'orbite du côté sain continue de porter les perturbations énergétiques qu'autrefois j'avais notées devant l'œil malade. Chaque jour, je pourrai observer ce fait, ainsi que la reprise progressive d'un état général normal. Mais il faut bien noter qu'à cette manipulation énergétique a succédé une très grande fatigue et qu'une vraie convalescence a été nécessaire.

(Trop souvent d'ailleurs les malades imaginent que des manœuvres énergétiques peuvent être réalisées entre deux trains, deux avions ou entre deux bons repas arrosés. Il n'en est rien. Combien en ai-je vu chez moi, contraints de demeurer immobiles et allongés dans les heures qui suivaient. Alors que d'autres, malheureusement, allaient se hâter de perdre le bénéfice du traitement qui venait rapidement de leur donner un sentiment d'euphorie et de bien-être, en s'activant inutilement dans Paris.) Ici la prescription est claire : jeûne et lit.

A des heures prévues, le Dr Fritz vient par la voie de l'invisible visiter son malade qui à ce moment se trouve, semble-t-il, dans un état second ou sentant des mouvements d'énergie au niveau de l'œil.

Depuis, je suis restée en contact avec Peter. La maladie a cessé d'évoluer. Seule une très légère amélioration a été notée sur l'œil malade. Par contre, l'œil sain, qui semblait commencer à souffrir au dire de l'ophtalmologiste (non averti de ce qui s'est passé), est parfaitement normal. Peter est retourné en novembre 1986 à Recife avec l'intention d'y demeurer quelques mois afin d'y subir plusieurs séances.

Je ne l'en ai pas dissuadé, dans l'ignorance où je suis de ce qui peut se passer au cours de ce genre de thérapeutique. Mais je suis persuadée que si une intervention chirurgicale classique est un jour réalisable au niveau de cet œil, elle se fera sur un terrain favorable.

De toute façon, les thérapeutiques jusque-là pratiquées en Allemagne ou en Autriche n'avaient en aucune façon été capables d'arrêter l'évolution.

Je visite un après-midi le Centre vu du côté administratif. Lira, à son bureau, fait les comptes, vérifiant les réserves de pansements, d'alcool, de savons, etc. Nous sommes très bons amis car je l'ai soigné sérieusement un matin.

Sur la terrasse abritée, les volontaires du courrier : une personne coupe les enveloppes à l'aide d'un appareil qui en tranche une extrémité ; une autre en sort les lettres ; d'autres s'en partagent la lecture, en différentes langues. Les lettres sont classées par catégories. Celles qui demandent un rendez-vous et sur lesquelles sont décrits les troubles sont soulignées en rouge au niveau des passages importants. Elles seront soumises au Dr Queiroz. D'autres, qui demandent le traitement à distance, sont mises dans un récipient particulier autour duquel on priera. Les médiums serviront d'intermédiaires entre les demandeurs et le Dr Fritz. Les recommandations qui suivent leur sont envoyées postées depuis la « Fundação Espirita Dr Adolph Fritz », R. Cel José Martins, 65 Espinheiro — Recife C.E.P.50 000.

1) La semaine qui précède :

— assister à des réunions pour étudier la doctrine spirite ;

— lire l'Évangile spirite ;

— prier et contrôler les pensées et les actes ;

— éviter les efforts physiques ;

2) Le jour du traitement (ici l'heure est indiquée) :

— continuer le repos physique et mental ;

— maintenir des conversations et des vibrations positives dès le matin ;

— ne pas fumer ni boire d'alcool ;

— prendre une alimentation molle, sans viande ni dérivés, sans conserves, graisses, fritures, fruits acides.

Enfin une personne glisse ces papiers à l'intérieur d'une enveloppe pendant qu'une dernière s'emploie à les coller.

Les personnes qui sont là sont pour la plupart des patientes du Dr Fritz qui me disent avoir été soignées et guéries par lui. C'est en signe de reconnaissance qu'elles viennent ici participer à ce travail.

C'est avec beaucoup de regrets qu'il me faut quitter ces nouveaux amis. Sur le pas de la porte, après de grandes embrassades, Lira et Blanche n'en finissent pas d'agiter leurs mains alors que le taxi m'emporte vers l'aéroport.

CHAPITRE XI

VOIX ET ŒUVRES DES ESPRITS

VISITE A ANDRADE GUIMARAES

En amis attentifs, Véronique et son mari m'attendent à l'aéroport de São Paulo. L'époux de Véronique, contrairement à ce que l'on pouvait craindre, s'est beaucoup amusé de sa décision de m'accompagner en abandonnant mari et enfants ; il évoque cette escapade avec beaucoup d'humour. Sorti d'une grande école militaire puis devenu banquier, il se trouve être très intéressé par les recherches qui m'amènent au Brésil. Intuition et sensibilité à l'ambiance vibratoire, en l'aidant à prévoir les attaques et les mouvements de troupes, l'ont beaucoup aidé à sa survie et à celle de ses hommes durant sa période de baroudeur. Sa conversation me surprend, j'ignorais que le *feeling* servait dans les périodes de guerre.

J'ai décidément beaucoup de chance d'être ainsi comprise par les amis qui m'accueillent, car l'époux de France m'avait fait la même remarque dans un domaine différent, celui des affaires et du contact avec le personnel.

Par contre l'escapade a beaucoup moins ravi les médecins spirites qui avaient lancé cinq cents convocations pour ma conférence. Quelqu'un m'a remplacée au pied levé, mais c'est une Française qu'ils attendaient.

J'ignorais qu'une publicité eût été faite et me sens gênée rétrospectivement, tout particulièrement vis-à-vis du Pr Andrade Guimarães qui m'a fait connaître les spirites.

Celui-ci accepte de me recevoir et c'est avec courtoisie qu'il m'accueille. « J'étais venu vous écouter », dit-il. Sans doute

comprend-il en tant que chercheur ma course après Thomaz.
Mon escapade ayant interrompu les contacts et les appuis que devaient m'apporter mes collègues, c'est Véronique qui m'accompagne, prenant goût à mes recherches. Pourtant, il y a huit jours, elle en ignorait tout.

Nous évoquons une fois de plus les réincarnations. Le Pr Andrade expose de nouveau à l'intention de Véronique l'histoire de « Simone et Angelina ». Il nous parle de sa dernière découverte, une réincarnation probable et impressionnante de la princesse de Lamballe, dont il va faire une monographie. Dès l'âge de dix-sept ans il a commencé à étudier ces phénomènes, à les observer.

« Voici le cas d'un soldat de la révolution paoliste qui apparut vingt-neuf ans après sa mort durant une cession spiritualiste. Il a donné des indications très précises qui ont été vérifiées avec beaucoup de soins dans le Minas Gerais.

Je participe, dit-il, à une cession de spiritisme par semaine. La communication avec les Esprits est très commune au Brésil.

— Mais qu'est-ce que cela apporte de converser avec les Esprits, demande Véronique ingénument.

— Le même plaisir que j'ai de converser avec le Dr Janine. Les Esprits sont des amis. Voici les photos de deux Esprits qui sont des amis et que je rencontre au travers d'un médium. Une petite fille médium dès l'enfance ; quand elle est devenue jeune fille, elle a reçu l'Esprit de cet esclave. Elle a conversé avec lui. Elle avait une très grande sagesse, beaucoup d'amour et d'affection. Dans une cession, l'Esprit a dit qu'il allait m'apporter un cadeau. “ *Un cadeau que seul un vieil homme noir peut te donner.* ” Le jour suivant j'étais dans le bureau de ma maison. Un de mes enfants faisait de la bicyclette autour de celle-ci. Il est arrivé avec une canne faite avec un tronc d'arbre.

“ Papa, j'ai trouvé cette canne ici et je l'ai jetée de l'autre côté. En repassant par là, je l'ai retrouvée là, elle était revenue. C'est arrivé trois fois. ”

C'était une canne d'esclave noir. La semaine suivante, j'ai montré la canne au médium qui a confirmé. J'ai eu de nombreuses expériences de cette sorte. »

Puis nous parlons de Chico Chavière, toujours très difficile à voir. Quand on va le voir, on reçoit des messages de gens qui sont morts. C'est une façon d'avoir de leurs nouvelles. Il donne des recettes homéopathiques et a écrit deux cents livres sous la dictée des Esprits.

ELECTRIC VOICE PHENOMENA

Toujours intéressé par l'enregistrement des voix de l'Au-delà, il m'en fait écouter un bref enregistrement, puis m'offre la cassette. Langue anglaise, enregistrement lointain. Y est expliqué que depuis le début des temps, les hommes de tous endroits du globe ont voulu savoir *si oui ou non, la mort était la fin du parcours.*

On nous a dit que la vie après la mort existait, mais personne ne pouvait prendre un téléphone ou une radio et poursuivre une longue conversation pleine de sens même avec un seul de ces morts. Et pourtant on peut approximativement évaluer à huit billions le nombre de personnes qui ont vécu sur Terre avant de mourir. Désormais le contact direct avec des personnes mortes va devenir réalité.

L'idée de communiquer avec les morts date de l'âge du téléphone et du radar. Les plus grands inventeurs, tels Edison, Marconi et Nicolas Tesla ont essayé de trouver des moyens de communiquer avec le Monde des Esprits mais sont décédés avant d'avoir réussi à inventer un tel instrument. Edison, par exemple, est mort en 1931 ; à cette date, la connaissance scientifique sur la nature de l'énergie était très peu avancée.

C'est le 25 février 1948 qu'Ernest Thomson prononça une conférence intitulée : « Electronic Communication, the future basis of Spiritualism. »

Il rappelait que « la pensée est aussi de l'énergie et que l'instrument électronique doit donc être capable de capter et de conduire ces vibrations où elles sont requises ». Il se demandait alors si l'intermédiaire nécessaire pour relier le monde de la matière et le monde de l'éther pourrait passer par les lampes à électrodes. Depuis, les transistors chimiques ont remplacé les lampes à électrodes dans la technique électronique.

En 1956 en Californie, un écrivain, Raymond Bayless, et un photographe, Attilla von Szalay ont commencé à étudier ce qui est connu maintenant sous le nom d'E.V.P. ou « Electric Voice Phenomena ». Ils enregistrèrent sur des bandes magnétiques des voix qui logiquement n'avaient aucune raison d'être là et publièrent un article relatant le fait dans le journal d'une société américaine de recherche en psychologie en 1959. En Europe, Fred Jügerson, alors qu'il essayait de capter des voix d'oiseaux de la campagne, la nuit sur cassettes, entendit une faible voix s'exprimant en norvégien disant quelque chose. Il se demanda s'il ne s'agissait pas tout d'abord de transmission radio. Mais les voix incluaient quelques messages personnels tels que : « Frédéric tu es en train d'être observé. »

Quelques semaines plus tard, il enregistra ce qu'il reconnut comme étant la voix de sa mère qui était morte quatre ans plus tôt et disant : « Mon Frediel, mon Frediel, peux-tu m'entendre ? » Il continua ses expériences et publia un livre en 1964.

En plus de l'utilisation d'une bande avec microphone, il fit des expériences avec des enregistrements de radio, les étudiant pour voir s'il y avait des voix supplémentaires. Son livre fut lu par le Dr Constantini Raudive, un psychologue auteur de livres philosophiques qui vivait en Allemagne. Après lui avoir rendu visite et écouté ses bandes, il décida d'expérimenter lui-même. Pendant trois mois, il ne put rien détecter de paranormal sur ces bandes, puis il entendit un chuchotement : « Ceci est correct... » en langue laponne ! Encouragé, il continua d'enregistrer nombre de voix. Quand il publia son premier livre en 1968, il avait enregistré environ soixante-dix mille phrases. Il expérimenta diverses techniques. Ainsi, en réglant la radio sur les zones silencieuses situées entre les stations et en les enregistrant sur cassettes, on s'apercevait que sur les cassettes des voix avaient été enregistrées. Son travail se répandit, des scientifiques et des chercheurs en Europe tentèrent de le reproduire. Alex Schneider, un physicien suisse, l'aida à développer de nouvelles méthodes d'enregistrement. Ils découvrirent que les voix non entendues par l'oreille humaine pouvaient être détectées sur une cassette. D'autres coopérèrent avec lui, dont Théodore Rudolf ingénieur travaillant sur les hautes fréquences pour les téléphones, qui construisit alors son propre appareil d'enregistrement, et un ingénieur en électronique de Vienne, le Dr Franz Seidi.

Alors une jeune femme viennoise mit sur pied un journal destiné à permettre aux expérimentateurs de rester en contact et d'échanger des idées. Actuellement on peut compter environ mille personnes en Allemagne enregistrant, cataloguant et analysant les voix paranormales.

En 1971, George W. Meek commença ses recherches dans le domaine de l'E.V.P. (Electronic Voice Phenomena), des appareils successifs furent élaborés, nommés tous « Spiricom » (Spiritual communication), avec lui : William H. O'Neil (doué de facultés psi) Hans Heckmann, William Cernay, avec la collaboration depuis l'Au-Delà d'un docteur en philosophie décédé d'une crise cardiaque : George Jeffrie Müller.

Les voix ainsi enregistrées sont très particulières, brouillées, d'un timbre métallique, vibrant, s'annonçant par brèves rafales du double de la vitesse de la voix normale et d'un rythme différent du nôtre.

L'auteur de la cassette avoue lui-même que le contenu des messages enregistrés est difficile à comprendre, parfois plusieurs mots ou phrases se succèdent en différentes langues. Certains esprits disent que, chaque fois qu'un chercheur établit un contact, plusieurs esprits se précipitent vers le micro et parlent tous en même temps. Il semble aussi que le subconscient de personnes présentes puisse parfois être enregistré [1].

Il explique qu'il a rencontré William J. O'Neil, électrotechnicien doué de capacités de clairaudience et de clairvoyance. Ce William a pu le mettre en relation avec un docteur en philosophie, décédé d'une crise cardiaque, le Dr George Jeffrie Müller, ancien opérateur radio-amateur qui suggéra d'utiliser d'autres fréquences que celles utilisées jusque-là. Ces nouvelles fréquences pourraient alors rencontrer les cordes vocales du corps astral du docteur. Ceci permettrait en somme aux voix de l'Au-Delà de « voler de l'énergie » au milieu ambiant. Un mélange de sons, de fréquences de sons des mots parlés ou chantés, ou artificiellement créés lui est donc offert et, le 27 octobre 1977, au milieu de ce mélange de sons surgit une voix disant par exemple : « On ne peut blâmer William d'avoir eu peur la première fois qu'il est entré en communication avec quelqu'un qui était mort depuis cinq ans », il a gardé son bon sens quand il a demandé au docteur : « Pensez-vous que nous pouvons réellement croire en cela ? »

Pour tester la valeur de ces communications spirites, nous avons demandé à l'Esprit du Dr Müller de nous donner une preuve. Il nous a dit où nous pouvions trouver son certificat de décès fait en 1957, son numéro de Sécurité sociale et précisa les dates importantes de sa vie. Il nous donna tous les détails sur ses

1. Voir pour la bibliographie : *Renaître 2000* n°s 35 et 36.

activités dans les diverses universités fréquentées, son professorat en physique à Cornell, ses postes de haut niveau au gouvernement et à l'industrie.

Le fait que le Dr Müller ait écrit un livre sur l'électronique, son passe-temps favori pendant qu'il vivait, et qu'il ait étudié la théorie de la musique lui a permis d'aider à amener notre recherche au-delà de ce que nous avions atteint et d'atteindre notre dernière étape, essentielle dans la compréhension des radio-fréquences le 22 septembre 1980. Il préconisa des modifications par l'introduction dans le montage d'une résistance au carbone de 100 à 150 ohms, en parallèle avec un condensateur céramique d'une capacité de 0,0047 microfarads. Nous avions enfin établi des instruments de communication compréhensibles avec une personne qui avait perdu son corps physique. Les meilleurs enregistrements ont duré une demi-heure, parfois un peu plus. Ce sont là les meilleures performances de l'appareil nommé « Spirocom ». En écoutant la cassette, on peut entendre des conseils de mise au point concernant des circuits électroniques, l'impédance, etc. Parfois, on entend le Dr Müller s'adresser à un autre Esprit qui se nomme Nathamuel. Mais ce dernier n'est détectable ni par clairaudience ni par clairvoyance.

Bien que les appareils soient en état de fonctionnement, les contacts sont sporadiques. On peut rester plusieurs jours ou plusieurs semaines sans avoir de communication avec le Dr Müller.

Le Pr Andrade précise que l'appareil actuellement le plus efficace, ne suffit pas à lui seul pour enregistrer dans de bonnes conditions. Il faut utiliser un médium capable d'émettre de l'énergie pour relier l'Au-delà à l'appareil. Sans doute certaines vibrations humaines ne peuvent-elles être fournies par les appareils (le même phénomène se retrouve au niveau de la guérison, nul appareil ne possède les qualités d'un guérisseur). Dans ces cas, le médium communique les énergies nécessaires à l'Esprit pour que celui-ci puisse se rapprocher du monde ordinaire et s'exprimer. C'est donc le médium qui dispense une partie de l'énergie subtile, l'irremplaçable car humaine, intermédiaire entre l'Esprit et l'appareil. Mais c'est l'appareil qui donne les sons parlés et non pas le médium.

RÔLE DU MÉDECIN SPIRITE

C'est évidemment devant un comité réduit que je fais ma conférence devant les médecins spirites, huit jours après la date prévue.

En sortant de la conférence, un des médecins, homéopathe et spirite, me propose de me ramener chez Véronique et va me renseigner sur un certain nombre de points. Tout d'abord, il m'apprend qu'il a fait des travaux sur le réglisse, substance susceptible, à dose homéopathique, de jouer un rôle efficace en homéopathie, bien que nul travail à ce sujet n'ait été publié et me communique son article que je remettrai à la société de Biothérapie en espérant qu'elle voudra bien le publier.

Je lui demande de me préciser le rôle du spiritualisme en médecine.

« Le spiritualisme modifie notre compréhension des cas médicaux. S'il s'agit d'une obsession, c'est qu'un être humain désincarné en fonction de ses affinités vibratoires voisines des nôtres s'approche de nous et s'incorporant dans notre aura y produit des perturbations énergétiques. Ainsi, j'avais une cousine que ma mère morte avait beaucoup aimée. Un jour, ma cousine était chez le coiffeur et une dame la regardait...

“ Comment vous sentez-vous ? Dormez-vous bien ? lui dit-elle.

— Pourquoi me demandez-vous cela ?

— Parce qu'à vos côtés il y a une dame. (Elle décrit exactement ma mère.) Elle vous aime beaucoup, mais elle ne sait pas les troubles qu'elle provoque chez vous. Elle a besoin de prières. (Ma mère était une femme très douce, très bonne, mais qui n'avait pas beaucoup de lumière.)

Il y a un autre type d'Esprits. Ils ne sont pas bons, ils étaient déjà mauvais sur Terre et sont pareils de l'autre côté. Quand ils sont là, près de vous, ils peuvent vous rendre mauvais et s'en amusent.

Un troisième type d'obsession est celui-ci : quand vous avez eu des ennemis pendant votre incarnation, l'Esprit d'un de vos ennemis peut continuer de vous obséder. Ce n'est pas un criminel, c'est comme un créancier qui veut recevoir sa dette, il vous poursuit.

Les spirites vont résoudre les deux sortes de cas : celui de l'Esprit qui n'a pas de lumière en lui disant que la vengeance n'est pas bonne et qu'il faut pardonner au prochain pour passer sur les plans supérieurs ; le spirite peut aussi aider l'obsédé en le libérant de l'âme qui l'obsède.

Dans mes consultations, quand je vois des cas semblables, je demande : " Quelle est votre religion ? " S'il dit : " je suis catholique romain ", alors je me sens les mains liées. Mais s'il dit d'un ton plus léger : " Je suis catholique, mais... je ne vais pas à la messe ", alors je me sens plus libre et je peux lui parler de spiritisme.

Je fais aussi de la chromothérapie. Initialement nous projetons le bleu clair dans l'aura pour la nettoyer et permettre que le traitement agisse. Puis le vert clair, qui cicatrise, améliore et calme. Ceci pendant deux minutes. S'il est épuisé de son énergie vitale nous projetons du bleu foncé sur le plexus solaire pour lui donner de l'énergie. Dans le Monde Spirituel nous avons une assistance de médecins décédés qui travaillent avec nous. Certains ont fini leurs incarnations, mais ils choisissent de demeurer dans le plan astral pour nous aider.

— Si j'ai bien compris, les médecins spirites ne pratiquent pas la désobsession, ils reconnaissent simplement les désobsessions qui seront à envoyer dans les Centres Spirites.

— Oui, dans l'ensemble, c'est cela. Certains sont capables de le faire pourtant, mais ce n'est pas toujours bien considéré. La majorité des médecins spirites n'utilisent pas le spiritisme en consultation, ils prescrivent des médicaments comme les autres, mais ils savent quand il faut envoyer un malade au Centre Spirite.

— Sur quels signes le médecin va-t-il porter cette indication ?

— Ils ont une propédeutique, comme pour les autres maladies. Mais certains ont des intuitions. Certains connaissent même le diagnostic avant de voir le malade, en entrant dans la maison.

— Y a-t-il des médecins voyants dans votre groupe ?

— Non, pas vraiment. C'est plus fréquent chez les femmes. Savez-vous que le Dr Maurice Netter a conçu le traitement des phobies avec la reconstitution du passé réincarnatoire ? C'est très intéressant. Nous avons une collègue qui a fait venir le docteur pour donner des cours ; quand ceux-ci ont été terminés, le docteur a fait une démonstration sur notre collègue.

Il l'a fait s'allonger, a fait le travail suivant la technique qui est la sienne, puis lui a demandé. “ Qu'est-ce que vous voyez, qu'est-ce que vous sentez, qu'est-ce que vous entendez ?

— Je vois une femme sur un cheval.

— Qui est cette femme ?

— Je ne sais pas. ”

Il a recommencé les mêmes questions, plusieurs fois, elle a répété : “ Je ne sais pas ”, mais à un certain moment où elle s'est sentie sur un cheval, heurtant une branche, elle est alors tombée sur une pierre, heurtant celle-ci, elle s'est blessée, le sang a coulé. (Elle décrit alors ce qu'elle sent et ce qu'elle voit.) Puis les serviteurs sont arrivés, ils parlaient entre eux, elle dit alors une phrase en français relatant leurs propos (alors qu'elle ne parle pas le français). C'était : “ Elle est en train de mourir. ” Elle a dit le nom de son mari et elle est morte. C'était la relation d'une vie antérieure.

En fait, cette collègue avait une épilepsie à localisation temporale droite, exactement la localisation notée dans la chute. Elle prenait des médicaments pour soigner cette épilepsie. Depuis cette expérience, elle est guérie. La seule régression l'a guérie. C'est vraiment très intéressant. Ce n'est pas de l'hypnose. Ce n'est pas une régression année par année. Ce thérapeute joue seulement sur une phrase, celle que chacun a l'habitude de répéter. Et cette phrase lui sert d'hameçon pour permettre au phénomène de régression de se développer. Il a écrit un livre intitulé *Past Life.* »

GASPARETTO

L'adresse du contact de Gasparetto m'ayant été donnée, Véronique, toujours dévouée, fait les démarches pour le rencontrer. Il ne travaillera que samedi soir... et samedi, j'aurai pris l'avion pour Paris. Très aimablement il accepte une rencontre et nous donne rendez-vous dans le Centre Spirite qu'il fréquente.

Arrivant au Centre, on nous annonce que ce n'est pas son jour, donc qu'il ne viendra pas. Nous entrons malgré tout dans la salle.

Une salle de plusieurs centaines de personnes, de nombreux couples avec leurs enfants, dans l'ensemble une population jeune. Une femme très sympathique expose et commente avec beaucoup de certitudes la doctrine spirite qu'elle appuie d'exemples vécus.

De temps en temps un bébé pleure. La mère s'éclipse un moment avec lui. Les jeunes enfants, d'abord sagement assis, se trouvent rapidement debout, l'œil brillant, attentifs les uns aux autres. Avec le temps qui passe on les voit doucement échapper à leurs parents, glisser sous les chaises, se rejoindre et se retrouver en petits groupes de jeux, alors que le sermont s'égrène.

Des mouvements de foule étonnants : par rangées successives, des personnes de l'assistance disparaissent pour revenir ensuite, ou ne pas revenir suivre la conférence.

Un jeune homme remplace la commentatrice, donne des conseils avec beaucoup d'aisance. On a un peu l'impression qu'il vient là pour donner un avis définitif sur des sujets déjà discutés.

Notre rangée, la dernière au fond de la salle, se trouve à son tour sollicitée pour quitter le rang, nous suivons sans en savoir davantage et rencontrons une file d'attente. Un moment plus tard, notre contingent entre dans une pièce sombre, une sorte de couloir où l'on devine difficilement des chaises rangées sur un des côtés. Nos voisins s'y assoient. Nous aussi. La pénombre laisse deviner des personnes devant nous, debout, appuyées sur le mur d'en face. Bientôt elles s'approchent et font des passes. Ce sont des magnétiseurs !

C'est donc un traitement systématique collectif et sans doute préventif qui se pratique pendant le discours ; bon entraînement pour les apprentis !

Croyant avoir terminé notre tour d'horizon, nous partons... Nous voici dans la rue, on nous appelle :

« Comment, vous partez alors que Gasparetto vous attend, venu spécialement pour vous ! »

Le grand jeune homme qui parlait, oui, c'était lui. Dans la salle maintenant vide, nous voici en compagnie de Gasparetto. Il dit que le spiritisme a commencé avec Allan Kardec en France, avec un accent positiviste. Après cela il s'est mêlé de catholicisme. Le spiritisme est important pour ceux qui cherchent une ouverture plus grande, sans manichéisme, sans dualisme, sans peur de Dieu. Nous avons une manière relativiste de comprendre. Chaque personne a son niveau de développement.

« Comment soignez-vous ?

— Je ne fais pas de psychiatrie, mais de la psychologie. Je suis spécialisé dans un domaine particulier ; normalement ceux qui viennent à moi sont les médiums, les hypersensitifs qui savent que je comprends les deux côtés de la situation. Ils ont du mal à accepter leur sensibilité, et ce dès leur enfance. Ce sont des personnes plus sensibles que les autres. Ils ne sont *pas seulement sensibles à la parole mais aussi à la vibration.* Ils sont plus facilement impressionnés que les autres. Je connais ainsi beaucoup de médiums que l'on veut prendre pour des fous. Je suis moi-même très suggestionnable, extrêmement sensitif.

Au Brésil, les choses sont acceptées très facilement de la part des médiums, on reconnaît un médium avec simplicité.

Il faudrait que la reconnaissance de la médiumnité commence en France. Mais je crois que la France acceptera quand les États-Unis et l'Angleterre auront fait la transformation. Les États-Unis sont déjà très avancés sur ce plan. Ils commencent à écrire des livres, car il y a trois ou quatre médiums très fameux. Un enseignement sur les miracles a été écrit. Il n'y a pas d'auteur, ce sont les Esprits qui dictent.

— Le traitement magnétique c'est quand tu donnes *seul* l'énergie.

— Le spirituel c'est quand il y a un Esprit avec toi.

La différence ? Le médium reconnaît quand il est habité.

Pour les passes magnétiques, nous avons une formule, toujours la même, et quand vient l'Esprit, il fait comme nous. »

J'examine Gasparetto qui vibre à 7-7-7/8/9 et je reconnais le Corps spirituel particulier de ceux qui sont capables d'entrer en relation avec les Esprits. Quand il se met en situation de peindre, le Corps Spirituel change de forme et vibre d'une façon particulière, toujours la même.

« Nous faisons, ajoute Gasparetto, une différence entre la médiumnité passive, quand l'Esprit vient, et la médiumnité active, quand je peux la contrôler moi-même et " entrer " dans la personne.

J'ai la possibilité de sentir immédiatement la personnalité. J'entre après deux paroles dans la personne et je découvre le problème. Cela c'est une médiumnité. Après deux ou trois mots, j'entre dans ton subconscient, je suis un canal sur la personne.

Nous avons l'*anima* et l'*égo*. Je suis un très bon canal pour l'*anima* de la personne. Les gens n'écoutent pas toujours leur *self* supérieur et je suis un très bon canal pour cela. Je sens et je deviens un canal pour te faire écouter toi-même. C'est une médiumnité que j'emploie beaucoup en thérapeuthique. Cela accélère beaucoup les traitements. Mais ce n'est pas tous les jours aussi bien. Cela dépend. Quand je n'ai pas de problème de tension, quand je suis gai (cela, c'est très important), et quand j'ai des affinités avec la personne qui est en face. Il y a des personnes qui sont plus difficiles, mais c'est toujours possible. »

Nous l'interrogeons sur les raisons qui font que la France, qu'il connaît, est un pays retardataire :

« Il y a dans tous les pays une, ou deux, ou trois personnes qui sont comme toi en avance, et qui préparent le futur, dit-il. Mais c'est plus difficile en France que partout ailleurs. »

En France, le titre, le savoir en un domaine très localisé est supposé conférer la connaissance universelle et définitive en tous les domaines sans jamais s'être penché sur le problème évoqué. Parfois la légèreté des écrits de gens supposés connaître les procédés d'une démarche scientifique nous inquiète, quand ils parlent de ce qu'ils ne connaissent pas. Écrivant cette page en octobre 1986 au moment de la venue du pape en France, laquelle actualise une prophétie de Nostradamus (pour laquelle la date n'est pas précisée), on peut lire dans le quotidien *Le Figaro* quelques lignes révélatrices : « A propos d'un grand thème, celui de la prévision (problème passionnant qui met en cause les problèmes de la constitution de l'homme, du principe de non-séparabilité, de l'espace-temps, etc.), Louis Leprince-Ringuet, représentant d'un certain catholicisme scientifique, interrogé, fait la réponse que voici. " Comme disait récemment une personnalité, Nostradamus, je m'assieds dessus. " Il continue : " Pour moi, scientifique, je n'attache aucun élément de sérieux aux prophéties, qu'elles soient médiatisées ou non, et je les considère, ainsi que l'astrologie, comme une sorte de drogue. " »

Il me semble qu'il y a mieux à faire, être prêt par exemple à accepter l'idée que l'on doit s'instruire d'une discipline avant que d'en parler, procédé élémentaire de la démarche scientifique.

Je préfère la réponse d'un littéraire, celle de Robert Laffont, qui côtoie la précédente : « Je me sens plus proche des inquiets, dit-il, qui cherchent et doutent, que des épanouis dans leurs certitudes... *Je pense que tous les sentiers sont à explorer et que le danger n'est pas en eux mais dans le comportement de celui qui s'y engage...* Le pouvoir d'émerveillement, d'adaptation de l'irrationnel sans perdre tout sens critique, sans sectarisme, permet des explorations fructueuses. »

Peut-être serait-il bon de privilégier l'entrée des littéraires, plus qu'il n'est fait dans les grandes écoles et en médecine. Ce sont des êtres plus sensibles, souvent plus humbles, parce que plus conscients, plus imaginatifs aussi, donc plus doués pour la recherche. Les études médicales ne devraient-elles pas aussi traverser le domaine anthropologique ? Car la réalité humaine ne se limite pas uniquement à ce que l'on est et ce que l'on pense dans les facultés et les hôpitaux occidentaux.

Et je me demande si ceux que l'on a tendance à présenter comme des maîtres à penser, des joyaux de la science ne sont pas pour quelque chose dans le retard notoire que mon pays affiche parfois dans les secteurs évoqués. Beaucoup souhaitent que la France sorte de cet enfermement pour retrouver son rôle. L'ère du Verseau qui approche hâtera le processus d'une façon qui risque d'être brutale.

Gasparetto est ma dernière rencontre avec un peuple dont certains êtres, évoqués le long de ces pages, font partie au même titre que ceux qui ne les acceptent pas des représentants du savoir et de la sagesse humaine.

Et c'est le retour vers Rio, destination Paris.

Chapitre XII

SURNATUREL ET MAGIE

A PROPOS DU SURNATUREL

Les jeux étranges auxquels nous nous sommes livrés en toute simplicité chez Mgr Airlindo, la relation faite par Amyr de sa vie, les remarques faites par Gasparetto nous amènent à nous poser quelques questions sur ce que l'on a coutume d'appeler surnaturel, magie, parapsychologie, etc.

On imagine appartenir au surnaturel tout événement dépassant les limites de notre capacité explicative. Pourtant, l'appellation de surnaturel est différente suivant le milieu dans lequel le fait est considéré. Pour les populations les plus primitives, le fait d'aller se poser sur la Lune peut appartenir au domaine du surnaturel. Alors que certaines capacités appartenant à ces dites populations passent chez nous, Occidentaux, pour être des phénomènes surnaturels. *Le surnaturel, c'est le monde du mystère, de l'inconnaissable, de l'incompréhensible, face à la capacité de représentation du monde de notre cerveau.*

La notion de surnaturel passe généralement dans nos pays pour caractériser ce qui est religieux, car la religion par certains côtés récupère les faits merveilleux qui échappent à la science, à la pensée rationnelle. Elle s'en fait la spéculatrice. Certains faits hors des normes courantes sont reliés au monde du Christ, de la Vierge et des saints, à de grands archétypes, devenant des preuves de leur existence.

Bien que nous ayons l'habitude de faire référence en Europe à la religion chrétienne, celle-ci n'apparaît que très tardivement dans l'histoire des religions. Elle est totalement ignorée des peuples nommés « primitifs » et qui, nous l'avons vu à propos des Indiens, le sont moins que nous sur le plan du surnaturel. Elle est ignorée de ceux qui échappent à notre culture et qui vivent des événements identiques, car : « *Les explications qui nous surprennent paraissent au primitif les plus simples du monde.* » Il n'y voit pas une sorte d'*ultima ratio*, mais la manière la plus immédiate de se représenter et de comprendre ce qu'il observe autour de lui.

« Pour lui, il n'y a rien d'étrange à ce que l'on puisse, de la voix ou du geste, commander aux éléments, arrêter ou précipiter le cours des astres, susciter la pluie ou la suspendre, etc.

« Les rites qu'il emploie pour assurer la fertilité du sol ou la fécondité des espèces animales dont il se nourrit ne sont pas à ses yeux plus irrationnels que ne le sont aux nôtres les procédés techniques dont les agronomes se servent pour le même objet.

« Les puissances qu'il met en jeu par ces divers moyens ne lui apparaissent rien avoir de spécialement mystérieux. Pour celui qui y croit, elles ne sont pas plus inintelligibles que ne sont la pesanteur ou l'électricité pour le physicien d'aujourd'hui...

« La raison ne répugne pas *a priori* à admettre que les corps dits inanimés soient, comme les corps humains, mus par des intelligences, bien que la science contemporaine s'accommode difficilement de cette hypothèse.

« Quand Leibniz proposa de concevoir *le monde extérieur comme une immense société d'esprits entre lesquels il n'y avait et ne pouvait y avoir que des relations spirituelles*, il entendait faire œuvre de rationaliste et il ne voyait dans cet animisme universel rien qui pût offenser l'entendement » (Émile Durkheim, *Les Formes élémentaires de la vie religieuse*, P.U.F.).

Admettre l'idée du surnaturel supposerait qu'il existe un ordre naturel des choses, auquel un certain nombre d'événements pourraient échapper. Tout ce qui déroge à ces lois devrait apparaître comme en dehors de la Nature et par suite de la raison. Est-ce bien raisonnable ? Nous avons vu qu'Eliezer Mendes et moi-même pensons que le terme « parapsychologique » est un terme impropre, tout comme celui de « surnaturel ».

Tout ce qui relève du surnaturel ou de la parapsychologie délimite en fait un espace d'ignorance. Telle est mon opinion.

Lequel espace appartient aux Mondes Subtils, à l'Invisible dont on n'a pas intégré suffisamment les lois à la vie humaine.

Ainsi l'idée du mystère est forgée par l'homme lui-même. C'est pourquoi elle ne prend sa place que dans un petit nombre de religions, celles qui ont perdu le contact avec la Nature. Ainsi le surnaturel tout autant que le spirituel nous posent le problème de la définition de cet espace.

LES ÊTRES SPIRITUELS : LEUR DÉFINITION

Empruntons à Émile Durkheim sa définition.

« Par êtres spirituels, il faut entendre des sujets conscients, doués de pouvoirs supérieurs à ceux que possède le commun des hommes ; cette qualification convient donc aux âmes des morts, aux génies, aux démons aussi bien qu'aux divinités proprement dites... Ce sont des êtres conscients ; nous ne pouvons donc agir sur eux que comme on agit sur des consciences en général, c'est-à-dire par des procédés psychologiques, en tâchant de les convaincre ou de les émouvoir, soit à l'aide de paroles (invocations, prières), soit par des offrandes ou des sacrifices » (p. 41).

Pourtant il existe des grandes religions d'où l'idée de dieux est absente ou ne joue qu'un rôle secondaire et effacé. C'est le cas du bouddhisme qui, contrairement au brahmanisme, se situe comme une morale sans Dieu, un athéisme sans Nature.

Le bouddhisme remplace l'intercession des êtres spirituels par la notion du salut. On obtient celui-ci en connaissant et en appliquant la doctrine. Bouddha a révélé la doctrine, son œuvre est accomplie, l'essentiel est fait. Alors que dans le catholicisme on s'applique tous les jours à imaginer que le Christ est immolé et même à reproduire cette immolation sur l'autel de la messe.

J'ai parfois le sentiment que *nous* sommes, tout comme le Christ, crucifiés à certaines périodes de notre vie, non pas sur la croix, non pas sur l'autel, mais par les circonstances, mais par la vie sur la Terre, tant certaines périodes sont cruelles à traverser. Et je me demande à cet instant si la crucifixion subie par Jésus nous a vraiment tous sauvés, ou si elle ne fut pas seulement destinée à nous montrer symboliquement ce que nous devions tous un jour accepter, tout comme lui, de subir avant de nous transmuter et de pouvoir « ascensionner ».

L'ATTITUDE DU PÈRE HIMBERT BIONDI

Après les expériences vécues chez Mgr Airlindo et l'exposé de ses idées qui sont celles d'un représentant de l'Église catholique, il est bon de faire appel aux idées d'un autre prêtre « avancé » français : le père Biondi. Ce qu'il dit des Esprits me réjouit par son à-propos, car bien des gens qui rejettent le spiritisme avec horreur le pratiquent sans le savoir. Le pétillant père Biondi, qui lui n'a pas oublié de réfléchir, dit :

« Prenons garde en effet que les prières adressées aux saints par les croyants, et même à la Vierge et au Christ, appellent à la rescousse des morts, même si leur destin outre-tombe a semblé si glorieux qu'on puisse espérer d'eux aide et intercession.

« *Quiconque invoque des saints, en présence ou non de leurs reliques même à la messe, parle à des morts, tout autant que celui qui pense à ses parents ou amis disparus. Tous devraient être également suspectés de spiritisme puisqu'ils pratiquent la communication avec l'Au-Delà.*

« Mais l'Église traditionnelle a toujours prié pour et avec des morts, saints ou non, surtout pour ceux qu'elle appelait les " âmes du Purgatoire ", c'est-à-dire les Esprits en évolution dans une phase de leur vie différente de celle d'ici-bas. Même si le mode de cette dévotion s'est un peu évanoui, si les prêtres en parlent avec de plus en plus de discrétion, elle relève de l'orthodoxie traditionnelle. »

Le père Biondi dit encore : « Le Christ ressuscité connaît lui-même des phases différentes de transformation : " Ne me touche pas, dit-il à Madeleine, je ne suis pas encore remonté vers mon Père. "

« Si des faits bien établis ne concordent pas avec nos théories, il faut réviser nos théories ou nos habitudes de penser, même religieuses !

« A propos de cette nouvelle remise en vogue de l'au-delà (après le succès de *La Vie après la vie*), l'Église n'a pas voulu rester silencieuse ; elle aurait risqué de laisser le champ libre à toutes les fantaisies... Rome a donc envoyé aux évêques du monde entier une " Lettre sur quelques questions concernant l'au-delà et la vie éternelle ". Les derniers documents d'Église d'un contenu aussi important que cette lettre de 1979 datent de plusieurs siècles.

Jean XXII et Benoît XII, papes d'Avignon, avaient approfondi en 1334 et 1336 la nature et l'intensité de notre béatitude céleste par et dans la vision de Dieu. Comme dit saint Jean : " Nous lui serons semblables car nous le verrons face à face tel qu'il est. " »

Bien qu'à mon sens, la lettre sur l'Eschatologie, qui ne tient pas compte *des* réincarnations (démontrées d'une façon absolue par H. Guimãres Andrade et bien d'autres) ni du fait que celles-ci correspondent à la loi générale de progression et d'épuration de l'esprit, bien que cette lettre soit très loin des réalités, alors qu'elle se veut marquer une avancée, nous la reproduisons à la fin de l'ouvrage à l'usage des catholiques grand teint.

LA MAGIE

Surnaturel et magie se confondent au niveau de l'efficience.

Un exorciste, *Francis Gosselin de Boismontel,* évêque exorciste de « *l'Église catholique gallicane vieille catholique* », rencontré un jour et qui je crois exerce dans la région lyonnaise, me remit à titre documentaire quelques feuillets sur « Le pouvoir occulte de l'exorcisme ». Il cite des extraits des Saintes Écritures prouvant que la magie y est considérée.

Du livre d'Énoch :

« Que les anges descendent du ciel pour choisir des épouses parmi les filles de la race humaine afin d'engendrer un peuple élu.

« Les deux cents anges prirent des épouses auxquelles ils s'unirent, puis ils leur enseignèrent la magie, les envoûtements, la division des racines et des arbres. »

Il ajoute : « Les anges dont parle le livre d'Énoch, qui étaient pour ainsi dire des fils de Dieu, étaient initiés à la magie et après leur chute, ils enseignèrent aux hommes. La volupté fut l'appât qui les perdit et la luxure permit la divulgation des secrets. »

Voici un autre texte, dans lequel la tradition magique est présentée sous forme de légende et qui concerne le châtiment d'Adam :

« Adam eut deux fils : Caïn qui était la force brutale et Abel, qui n'était qu'intelligence et douceur. Ces deux frères ne pouvaient s'entendre et l'un périt par la main de l'autre. Ainsi leur succession passa à un troisième enfant du nom de Seth. Seth était un homme juste ; il put arriver jusqu'à l'entrée du Paradis Terrestre sans que l'ange placé là comme sentinelle ne l'éloigne d'un geste de son épée. Ainsi Seth vit que l'arbre de la science et l'arbre de vie s'étaient mêlés et n'en formaient qu'un seul. Alors l'ange lui offrit trois graines qui contenaient toute la force vitale de l'arbre.

« A la mort d'Adam, suivant les instructions de l'ange, Seth mit les trois graines dans la bouche de son père comme un gage de vie éternelle. Les branches produites par ces trois graines formèrent le Buisson Ardent à l'intérieur duquel Dieu lui-même révéla à Moïse son nom éternel : l'Être qui est, qui a été et qui sera.

« Moïse cueillit une triple branche du buisson sacré, et cette branche fut pour lui la verge des miracles.

« Ce rameau, bien que détaché de sa racine, ne sécha jamais et continua même à fleurir, de sorte qu'il put ainsi être conservé dans l'Arche.

« Le roi David planta à nouveau ce rameau vivant sur la montagne de Sion ; plus tard, Simon prit le bois de cet arbre au triple tronc pour en faire les deux colonnes qui étaient à l'entrée du Temple ; il les recouvrit de bronze et posa le troisième morceau de bois sacré sur le fronton de la porte principale. C'était un talisman qui empêchait quiconque était impur de pénétrer dans le Temple. Mais les lévites corrompus arrachèrent une nuit l'obstacle, car ils étaient iniques, et ils le jetèrent au fond de la piscine probatique, puis ils le recouvrirent de pierres. »

Réalisée par le patriarche Jacob, voici une opération magique en tout point (Genèse 30-25) : Jacob et son beau-père Laban ayant décidé de se partager les troupeaux, convinrent que Laban prendrait les bêtes à fourrure unie et que Jacob prendrait les bêtes tachetées.

Celui-ci décortiqua des baguettes blanches et des baguettes sombres de peuplier, d'amandier, et de platane.

Il les posa dans les abreuvoirs où les bêtes venaient se désaltérer.

Le moment venu, des bêtes s'accouplèrent devant les baguettes à rayures et d'autres devant les baguettes claires et les femelles conçurent.

Les bêtes conçues devant les baguettes à rayures produisirent des bêtes à toison rayée, les bêtes conçues devant les baguettes blanches produisirent des bêtes à toison claire.

Le patriarche devint riche parce qu'il avait des connaissances de magie.

Le stratagème de Jacob s'inspire du principe : « Le semblable produit le semblable. »

Dans le Nouveau Testament Jésus soigna un obsédé « qui jour et nuit criait parmi les tombes et se blessait avec des pierres ». Jésus chassa les démons et ceux-ci se précipitèrent dans une étable et se confondirent avec un troupeau de porcs. N'est-ce pas un transfert d'énergie ?

Le but de la magie sacrée est de restaurer le libre arbitre des êtres qui l'ont perdu totalement ou partiellement. Elle rend la liberté à celui qui est esclave.

A côté de la magie blanche, il existe une magie noire et l'on peut se demander si l'histoire qui suit ne relève pas de cette dernière :

Un jour, une terrible sécheresse se fit sentir en Israël, David, fils et successeur de Saül s'adressa à l'oracle qui lui apprit que la cause en revenait à Saül. Mais Saül était mort depuis longtemps. David fit alors rechercher sept de ses nombreux enfants qui furent pendus devant le Seigneur. Le sacrifice répondit aux espérances de David et des pluies abondantes tombèrent. On fit aux cadavres des descendants de Saül des sépultures dignes de leur rang.

Au Moyen Age, les sorcières préparaient des mixtures avec les os des défunts pour amener la pluie.

Bien que la magie ait disparu de la liste des délits ou des crimes dans la plupart des codes criminels contemporains, beaucoup considèrent la magie, même sacrée, comme une activité néfaste et condamnable. Comme elle confère un certain pouvoir, certains théologiens se sont demandé si elle ne se manifestait pas comme une volonté de puissance, auquel cas elle serait incompatible avec l'humilité chrétienne. Mais si nous donnons la parole aux apôtres (Actes des Apôtres, IX 32-34 : « Pierre, qui passait partout, descendit également chez les saints demeurant à Lydda. Il y trouva un homme du nom d'Énnée qui gisait sur son grabat depuis huit ans et qui était paralysé. Pierre lui dit : " Énnée, Jésus te guérit, lève-toi et fais toi-même ton lit ! et immédiatement Énnée se leva ". Nous voyons qu'il s'agit ici d'un acte de guérison spirituel fait au nom du Christ.

« Ce qui établit la légitimité de la magie, c'est son but, ses moyens, sa source », dit l'évêque exorciste.

Quand Jésus dit : « Quelqu'un m'a touché, une force est sortie de moi », n'a-t-il pas agi en médium et en guérisseur conscient de l'énergie et des mouvements de celle-ci ?

Les formulaires de la magie sacrée ne sont pas secrets, mais encore faut-il ne pas les trahir et ne pas les arracher de leur contexte sacré pour les faire descendre sur les plans inférieurs.

« Les formulaires de la magie sacrée, dit l'évêque sans donner plus de détails, se trouvent :

— dans l'Ancien Testament (Genèse, Psaumes, Prophètes) ;
— dans le Nouveau Testament (Évangile selon saint Jean) ;
— dans les rituels liturgiques ;
— dans la tradition écrite ou orale relative aux saints ;
— dans les rituels des organisations initiatiques ;
— dans certains grimoires magiques ».

Il ajoute : « Celui qui s'aventure dans le domaine de la magie sans être guidé par un Maître ou une organisation traditionnelle authentique se trouve dans la situation d'un enfant qu'on laisserait jouer avec des allumettes. La mise en œuvre de rituels magiques par une personne non qualifiée entraîne pour celle-ci des troubles graves : altération de la fonction cardiaque, atteinte du système nerveux et du mental, déséquilibre psychique, possession, folie. »

« La magie sacrée a pour origine le divin. Elle est la puissance du Verbe qui éveille les forces de l'Univers. Le magicien retrouve une prérogative de l'état primordial : celle qui voyait Adam nommer les êtres pour les appeler à la vie. Le Verbe, c'est le Fils à qui tout pouvoir a été donné au Ciel et sur la Terre. Aussi la magie sacrée prend toujours le pas sur la magie noire car :

— le Mal est limité en son principe alors que le Bien est infini ;
— la création voulue par Dieu est appelée à sanctifier le Nom du Seigneur ;
— elle est une pratique positive qui participe de ce fait à l'œuvre divine. »

Les opérations de haute magie se ramènent à quatre types fondamentaux :

— la consécration qui sacralise des personnes ou des objets pour leur conférer un pouvoir ;

— l'exécration ou l'exorcisme qui expulse les forces démoniaques ;
— l'invocation qui réalise un contact avec le divin ;
— l'évocation qui demande aux forces divines de bien vouloir se manifester.

« La haute magie suppose donc la connaissance approfondie de la théologie et de l'astrologie. Elle est donc intimement liée à la religion. Celle-ci connaît d'ailleurs une décadence quand elle cesse d'être enracinée dans la mystique, dans la gnose et dans la magie. Elle devient alors un légalisme théologique et moral, sans âme.

« La magie réalise donc les conditions d'un monde animé par la Vie divine, d'un microcosme que la relation avec le tout dote d'une puissance opérative en chacun de ses éléments. Elle est une participation active du divin. »

L'OCCULTISME

En dehors de la magie sacrée, fonctionne l'occultisme, nom de la doctrine ésotérique qui assure la continuité de la tradition antique et qui consiste à rechercher un ensemble de connaissances non immédiatement accessibles aux sens usuels, mais aux seuls adeptes. Ces connaissances échappant, classiquement, à toute explication rationnelle.

En fait les progrès de la physique moderne nous permettent de donner des explications sur l'origine d'événements jusque-là inexpliqués rationnellement. Nous l'avons vu dans *Nos Trois Corps et les Trois Mondes*.

En étudiant le microcosme, à partir du principe d'analogie, les occultistes déterminent les lois du macrocosme, c'est-à-dire de l'Univers. Par réciprocité l'étude du macrocosme permet d'en déduire des connaissances concernant l'homme.

Jusqu'au IIe siècle après Jésus-Christ, les communautés chrétiennes possédaient des recueils oraculaires, des procédés divinatoires sacrés par lesquels elles se permettaient comme au temps de l'Ancienne Alliance de solliciter les conseils ou les décisions du Seigneur.

Mais aux ve et vi^e^ siècles l'Église mit à l'index ces recueils car des clercs en faisaient une utilisation profane.

Aujourd'hui l'occultisme a pris pour certains une odeur de soufre.

Pourtant chez Mgr Airlindo, pas de secret apparent, il suffit de demander, on obtient !

Branchée sur le niveau vibratoire adéquat et de connivence avec Amyr, lequel m'a servi d'« échelle », j'ai obtenu la demande « imposée » : sainte Thérèse de Lisieux. Mais par mon désir secret, j'ai cependant perturbé la matérialisation de cette médaille devenue lisse sur son revers et modifiée dans sa forme et couleur. (Bien que je n'aie absolument rien contre sainte Thérèse, mon désir immédiat allait plus vers ce qui représentait une valeur essentielle à mes yeux : la médaille donnée comme un élément protecteur et qui m'avait permis d'avancer dans mes recherches.)

On a vu que ces matérialisations ne se faisaient pas sans perte d'énergie de la part d'Amyr dont le niveau vibratoire baissait, qui devenait blême, se couvrant de sueur et dont le cœur souffrait de tachycardie. A ce moment il avait soif et buvait abondamment de l'eau. On peut reprendre à titre explicatif le schéma déjà fait avant l'heure dans *Nos Trois Corps et les Trois Mondes,* celui des « Trois Fleurs ».

Si l'occultisme sous-entend la notion de connaissance, on voit que certains individus possèdent à la naissance des capacités qui ne relèvent pas du savoir appris.

LETTRE SUR L'ESCHATOLOGIE

Cette Sacrée Congrégation, qui a la responsabilité de promouvoir et de protéger la doctrine de la foi, veut ici rappeler l'enseignement que donne l'Église au nom du Christ, spécialement sur ce qui advient entre la mort du chrétien et la résurrection générale.

1) L'Église croit (cf. le *Credo*) à une *résurrection des morts.*

2) L'Église entend cette résurrection de l'*homme tout entier.*

3) L'Église affirme la survivance et la subsistance après la mort d'un élément spirituel, qui est doué de conscience et de volonté, en sorte que le « moi » humain subsiste. Pour désigner

cet élément, l'Église emploie le mot « âme », consacré par l'usage de l'Écriture et de la Tradition. Sans ignorer que ce terme prend dans la Bible plusieurs sens, elle estime néanmoins qu'il n'existe aucune raison sérieuse de le rejeter et considère même qu'un outil verbal est absolument nécessaire pour soutenir la foi des chrétiens.

4) L'Église exclut toute forme de pensée ou d'expression qui rendrait absurdes ou inintelligibles sa prière, ses rites funèbres, son culte des morts, lesquels constituent dans leur substance des lieux théologiques.

5) L'Église, conformément à l'Écriture, attend « la manifestation glorieuse de Notre-Seigneur Jésus-Christ » (*Dei Verbum* I,4) considérée cependant comme distincte et différée par rapport à la situation qui est celle des hommes immédiatement après leur mort.

6) L'Église, dans son enseignement sur le sort de l'homme après sa mort, exclut toute explication qui ôterait son sens à l'Assomption de Marie en ce qu'elle a d'unique, c'est-à-dire le fait que la glorification corporelle de la Vierge est l'anticipation de la glorification destinée à tous les autres élus.

7) L'Église, dans la fidélité au Nouveau Testament et à la Tradition, croit à la félicité des justes qui seront un jour avec le Christ. Elle croit qu'une peine attend pour toujours le pécheur qui sera privé de la vue de Dieu, et à la répercussion de cette peine dans tout son être. Elle croit enfin pour les élus à une éventuelle purification préalable à la vision de Dieu, tout à fait étrangère cependant à la peine des damnés. C'est ce que l'Église entend lorsqu'elle parle d'Enfer et de Purgatoire.

En ce qui concerne les conditions de l'homme après la mort, le danger de représentations imaginatives et arbitraires est particulièrement à redouter, car leurs excès entrent pour une grande part dans les difficultés que rencontre souvent la foi chrétienne. Les images employées dans l'Écriture méritent cependant le respect. Il faut en saisir le sens profond, en évitant le risque de trop les atténuer, ce qui équivaut souvent à vider de leur substance les réalités qu'elles désignent.

CONCLUSIONS AU TROISIÈME VOYAGE

La Vérité ne triomphe jamais mais ses adversaires finissent par mourir. Max Plank.

Ce troisième voyage vient apporter confirmation de l'utilité de la recherche entreprise au moment où je quittais le service hospitalier d'anesthésie et de réanimation dont j'avais la responsabilité. Ainsi que j'en avais eu l'intuition tout autant que le désir, l'Homme ne se réduisait pas à ce qu'on nous en montre dans les salles de dissection, à ce que l'on nous en désigne sur les planches d'anatomie pathologique ou sur des listes d'examens de laboratoire. Suivre mon intuition, sans me laisser démonter par les opinions voire la vindicte, en demeurant sur ma ligne verticale m'avait donc été bénéfique. Au Brésil, j'ai bénéficié, tout au long du parcours, des aides petits et grands, je dois leur manifester une grande reconnaissance.

La constitution physique et énergétique de l'homme vivant me semble donc bien répondre au schéma de l'atome de Niels Bohr. Le Corps Spirituel possède également son anatomie sur laquelle nous reviendrons un jour.

Toutes les expériences décrites chez Mgr Airlindo tendent à confirmer ce qui était énoncé dans *Médecin des Trois Corps,* à savoir l'importance de l'eau. Agpaoa utilisait l'eau et le coton pour « matérialiser » la matière biologique. Amyr souffre de soif et boit abondamment dès qu'il amorce une matérialisation.

Il est intéressant de noter que Gitta Malasz écrit :

« Souvent lorsque mon Ange nous parlait, Hanna était obligée physiquement de boire de l'eau. L'unité entre elle et l'Ange devenait alors presque *organique.*

L'eau m'approche de toi ;
ce que fait le feu pour toi. —
L'eau le fait pour moi ;
le feu est joyeux — l'eau est pesante.

« L'eau coule vers le bas, les larmes coulent vers le bas. Le feu est léger, son flamboiement monte vers le haut. Lorsque mon

Ange, plus tard, parla de l'attirance d'amour entre la lumière et le poids, son feu fut tel qu'Hanna de nouveau put à peine le supporter et il demanda de l'eau. Hanna en but et il dit alors :

" ME VOILÀ DESCENDU PLUS BAS. "

« Une fois alourdi, mon Maître pouvait descendre dans notre élément de vie, mais il lui était interdit de toucher à l'eau même. [...] Ainsi l'Ange descendait jusqu'où cela lui était possible. Hanna, elle, s'élevait jusqu'à la limite humaine. Ils se joignaient là et pourtant l'Ange restait Ange et l'homme l'homme. Rien n'était flou ni effacé. C'est précisément leur différence, leur complémentarité qui rendaient possible cette union » (*Les Dialogues tels que je les ai vécus,* p. 26).

A plusieurs reprises dans mes livres, j'ai fait allusion non seulement aux Trois Corps, mais aussi aux Trois Mondes, chacun ayant ses propres lois de physique. Amyr et son grand-père (ainsi que Thomaz), en transmutant leur forme, changent en même temps de Monde, acquérant ainsi les propriétés physiques conférées par ce Monde. De la même façon, l'eau acquiert des propriétés nouvelles en se transformant soit en glace, soit en vapeur d'eau : Amyr peut léviter, mais aussi apparaître, disparaître, passer au travers d'un mur, parfois à son insu. Se manifeste une sorte d'instabilité et donc de réversibilité entre les « Trois États ».

Fait à souligner, ces capacités supposent un corps physique en bon état de santé : Amyr dit que lorsqu'il ne travaille pas, il matérialise tout ce qu'il veut et sans souffrir du cœur. Le corps physique mérite des égards pour exister pleinement sur les autres plans, même chez des individus exceptionnels. Ce qui doit ramener vers l'humilité ceux d'entre nous qui croient posséder des pouvoirs sans limite.

Il faut souligner que tout se passe dans la plus extrême simplicité, sans aucune mise en scène, sans aucune stratégie particulière. Cette simplicité m'a beaucoup étonnée. Pas de recueillement, pas de prières, pas de signes de croix. On se trouve exactement dans les conditions d'une réunion d'amis heureux de se retrouver, de passer un moment ensemble. On y raconte en riant des histoires touchant à ce qui nous semble incroyable, voire sacré. Les farces sont réalisées ici par... l'invisible joyeux.

« SEULE LA JOIE EST SÛRE, disait l'Ange. Pour tout il y a une explication. Pour la joie il n'y en a pas. Nous ne savons pas dire pourquoi nous nous réjouissons, mais c'est là notre service. Et ce que vous avez reçu est joie pour les sans-joie. »

On joue chez Mgr Airlindo car « LE MOMENT JUSTE, C'EST LE BUT, C'EST LA JOIE DANS LE JEU ».

Et qu'est-ce que le jeu ? « PRÉPARATION, EXERCICE DE MAÎTRISE SUR LA MATIÈRE ET SUR LA FORCE » (*Dialogue avec l'Ange*, p. 118).

Sommes-nous devant les premiers HOMMES NOUVEAUX ? Les hommes réalisés que je cherchais.

Autre problème : celui des Esprits. J'ai cru bon de ne m'autoriser à étudier cette question qu'en fonction des théories de Claude Bernard, c'est dire combien pèse encore sur moi l'influence des systèmes de croyance occidentaux.

Pourtant il apparaît que de tout temps, en tout lieu, les Esprits ont fait partie de notre vie, chez nous y compris, ainsi que l'exprime le révérend père Biondi.

La question qui se pose est évidemment celle de la « descente » de l'Esprit désincarné dans le corps humain vivant.

Celle-ci obéit à des Lois connues et mises collectivement en pratique dans le Candomblé ou l'Umbanda par exemple. Nous avons vu ce qu'en pense Allan Kardec, ce qu'en fait Edson Queiroz.

J'ai tendance personnellement à accepter le fait dans certaines limites.

Le fait est possible sur le plan vibratoire. Souvent, à l'instant où une personne est soulagée d'une douleur rebelle, je la ressens sur moi. Je l'ai donc incorporée, avant de la métaboliser plus ou moins rapidement au travers de mon propre corps.

Pour avoir étudié ces phénomènes au travers des affinités planétaires de cartes du ciel astrologiques, il me semble que le degré d'incorporation soit commandé par le jeu des accords planétaires des personnes en présence. Par le jeu des affinités et des forces en présence.

Logiquement, l'amplitude du travail réalisé par l'Esprit au travers du corps du médium est fonction des affinités vibratoires existantes entre *médium et Esprit* (en principe ils se sont déjà reconnus), mais aussi fonction des affinités vibratoires de ce couple *avec la personne traitée*. Et de cette affinité pourrait dépendre la puissance d'intervention du couple médium-Esprit sur le corps physique du patient. Tout confirme mon intuition initiale : nous sommes différents du modèle qui nous est enseigné à la faculté de médecine, il est bon d'en être conscient et de le faire savoir à qui ne craint pas de le savoir.

L'être humain n'est pas résumé en un corps physique, il est aussi une âme accompagnant ce corps. Cette âme possède une vie indépendante de celle du corps physique. Elle préexiste à la naissance, elle perdure au-delà de la mort.

Cette conception modifiera un jour la psychologie « des profondeurs », la transformant en psychologie « cosmique ». Le psychologue et le médecin observeront alors un personnage sur la scène tournante d'une vie sans fin. L'épisode actuel se présentera comme le fragment d'une histoire ayant un passé, un présent, un futur. On y reconnaîtra les effets de la transmutation sous la pression du temps, des joies et des épreuves.

On y verra, non seulement qu'à l'instant présent nous communiquons entre nous dans l'invisible et que le mal que nous faisons à l'autre nous le faisons à nous-mêmes, mais aussi que nos interrelations remontent au passé et possèdent un futur.

Et cette conception, entérinée par le corps médical constitué responsable de la santé, amènera des modifications profondes des thérapeutiques préventives et curatives ; elle mettra des limites aux excès thérapeutiques puisque la mort n'est qu'une renaissance dans l'Ailleurs que Gérard de Nerval évoque dans un poème : « Souvenir ».

Il est un air pour qui je donnerais
Tout Rossini, tout Mozart et tout Weber ;
Un air très vieux, languissant et funèbre
Qui pour moi seul a des charmes secrets.

Or, chaque fois que je viens à l'entendre
De deux cents ans mon âme rajeunit :
C'est sous Louis Treize... Et je crois voir s'étendre
Un coteau vert que le couchant jaunit,

Puis un château de briques à coins de pierre,
Aux vitraux teints de rougeâtres couleurs,

NOTRE QUATRIÈME MONDE

Ceint de grands parcs, avec une rivière
Baignant ses pieds, qui coule entre les fleurs ;

Puis une dame à sa haute fenêtre,
Blonde aux yeux noirs, en ses habits anciens
Que dans une autre existence, — peut-être,
J'ai déjà vue — et dont je me souviens !

TABLE DES MATIÈRES

Du même auteur

MÉDECIN DES TROIS CORPS

De la faculté de Médecine de Paris
à l'Ashram philippin

★

LA MÉDECINE DU CORPS ÉNERGÉTIQUE

Une révolution thérapeutique

★

NOS TROIS CORPS ET LES TROIS MONDES

Couverture : photos Sylvie Mercier.

Dépôt légal : juin 1987.
N° d'Édition : 30518. N° d'Impression : 829-570.